BEYONCÉ

CRAZY IN LOVE

DARYL EASLEA **THE BEYONCÉ KNOWLES BIOGRAPHY**

碧昂丝

疯狂的爱

[英] 达里尔·伊斯利 著

陈珂瑾 译

广西师范大学出版社

·桂林·

著作权合同登记号桂图登字:20-2013-234号

图书在版编目(CIP)数据

碧昂丝:疯狂的爱/(英)伊斯利 著;陈珂瑾 译. —桂林:广西师范大学出版社,2014.6

书名原文:Crazy in love: the beyonce knowles biography

ISBN 978-7-5495-5165-1

Ⅰ.①碧… Ⅱ.①伊… ②陈… Ⅲ.①诺尔斯,B.G-生平事迹 Ⅳ.①K837.125.76

中国版本图书馆 CIP 数据核字(2014)第042561号

出 品 人:刘广汉
责任编辑:解华佳
装帧设计:胡　斌

广西师范大学出版社出版发行
(广西桂林市中华路22号　　邮政编码:541001
网址:http://www.bbtpress.com)
出版人:何林夏
全国新华书店经销
销售热线:021-31260822-882/883
北京东君印刷有限公司印刷
(北京市大兴区黄村镇三间房工业区　邮政编码:102600)
开本:690mm×960mm　1/16
印张:18.5　字数:159千字
2014年6月第1版　2014年6月第1次印刷
定价:39.80元

目　录

引　言

天后的乐魂

天命真女的成员们做事非常认真。
这个组合真的是史无前例。

多丽丝·罗兰,2000 年

21 世纪初,流行音乐的品位和传播方式经历了前所未有的断层期。尽管网络媒体在市场中占有的份额仍然较少,但是乐迷们已经开始利用网络接触他们喜爱的音乐。Napster(一款可以在网络中下载 MP3 格式音乐的软件)的广为流行已经表明,音乐制品的管理权和销售权已经不再只由唱片公司掌握。流行音乐呈现出更加多元化的发展趋势。当鼓击乐团(The Strokes)这类乐队引领着白人独立音乐的时候,饶舌乐和嘻哈乐已经从非主流的地下音乐转变为众所周知的音乐形式。

20 世纪 90 年代中期,帮派之争以及随之而起的帮派饶舌歌手 2Pac 和声名狼藉大先生(The Notorious B. I. G.)的枪击事件都逐渐平息下来。直到20世纪末,饶舌音乐迎来了饶舌界的“猫王”,他就是原名马歇尔·马泽斯(Marshall Mathers)的埃米纳姆(Eminem)。之前的白人饶舌歌手有点像中产阶级乳臭未干的毛头小子,而埃米纳姆则不同,和黑人饶舌歌手在底特律同一街区长大的他对说唱音乐的热爱是毋庸置疑的。就是在这种音乐环境的熏陶下,美国新生代 R&B 女子三人组天命真女(Destiny's Child)应运而生,其成员有碧昂丝·诺尔斯(Beyoncé Knowles)、凯莉·罗兰(Kelly Rowland)和米歇尔·威廉姆斯(Michelle Williams)。当所有女子组合都追随风尚合唱团(En Vogue)、TLC 组合、美声姊妹合唱团(SWV)以及辣妹组合(Spice Girls)的时候,天命真女秉承着对音乐独有的态度、优美动听的三部合唱、标志性的美貌以及耳目一新的演唱风格,在流行乐坛中独占鳌头。

尽管天命真女已经于2005年解散,但是她们却成了享誉全球的音乐组合,并且创下了前所未有的唱片销售成绩。2000年她们推出的单曲《玩美当家》(*Independent Women Part I*)大获成功。这首单曲是德鲁·巴里摩尔(Drew Barrymore)主演的电影《霹雳娇娃》(*Charlie's Angels*)的主题曲。歌曲问世后,响彻欧美,销量直冲云霄。天命真女年轻有为,镜头感极强,势必有着无限的市场号召力。在发行两张专辑后,天命真女的演艺事业蒸蒸日上(这也给她们的经纪公司——索尼音乐带来了不可估量的经济收益),但关于她们的流言蜚语也避免不了:与前成员的分歧导致对方心生怨恨,并有意泄露她们的隐私。天命真女唱功精湛、极富特色,主唱名字很特别,大家通常叫她碧昂丝。当时,碧昂丝只有18岁,却天赋异禀;人们想象不到,十年后,这个小女孩会成为流行乐坛最夺目的巨星之一。

从2000年到2010年这瞬息万变的十年间,碧昂丝已然成为一位万众瞩目的国际巨星。尽管有着上世纪六七十年代古典灵魂乐女歌唱家的气质，但是碧昂丝的魅力远不止于此。她的公众形象更像是一个千面娇娃：既能掌控硬核说唱(hardcore hip-hop)和 R&B 风格，又能独当一面担当主流歌手。能像她一样处在这个位置却鲜有绯闻的女艺人少之又少。她，是 21 世纪的艺术家，与灵魂乐第一夫人艾瑞莎·富兰克林(Aretha Franklin)同样受人敬仰。她激情四射，多才多艺。她的成功经历不像艾瑞莎那样按部就班，也没有人要求她拥有和艾瑞莎相同的历史地位，但是她在音乐上的深度、激情以及才能，同艾瑞莎一样卓越非凡。碧昂丝对音乐的热爱和感悟是无可争议的，她才华横溢，能力出众，事业涉及音乐、影视、时尚以及最近的香水等各个领域。

她的故事饱含辛勤的汗水和坚强的毅力。其他艺人为达目的可以不惜一切代价，而她却不同，在基督教的影响下，她有着爱憎分明的善恶观。她像一个不解之谜一样令人难以琢磨。是的，正如碧昂丝的传记作者珍妮丝·阿勒诺夫斯基(Janice Arenofsky)所说："她是一个谜。面对深爱她的歌迷和质疑时，她展现出与以往性感尤物形象截然不同的传统价值观。"碧昂丝有实力为自己的音乐去挑选最优秀的创作和制作团队，而她的团队也吸引着很多音乐家的关注，甚至连小孩子都向往着有朝一日能成为碧昂丝团队中的一员。

2011 年以前，碧昂丝的经纪人一直是她的父亲，父亲对她的影响也为她的成功奠定了有力的基础。马修·诺尔斯(Mathew Knowles)曾从事医疗器械销售工作，为了宝贝女儿的事业，他毅然放弃了待遇优厚的工作。马修对碧昂丝的疼爱也是众人皆知的，尽管他们也有意见分歧的时候，但是父女之间的亲密关系却始终如一。

马修的妻子蒂娜是天命真女的造型师。马修和蒂娜被认为是美国黑人赋权的典型代表，即“约书亚一代”(Joshua Generation)。直到20世纪末，美国黑人才真正享受到60年代“公民权利运动”(Civil Rights movement)所提出的权利。如果将马丁·路德·金比作带领人民解放并且让后代也能受益的摩西，那么黑人商人如马修以及他的女婿——碧昂丝的丈夫Jay-Z便印证了肤色不再是阻碍他们与世界平等的负担。2000年后，奥普拉·温弗瑞(Oprah Winfrey)为数百万的黑人以及白人观众树立了榜样。2008年，第一位黑人总统——贝拉克·奥巴马(Barack Obama)入驻白宫。但是，正如奥巴马所言，当他2007年在亚拉巴马州塞尔玛准备竞选总统时，“约书亚一代”仍然有很多需要为之奋斗的。他们面对的不仅仅是物质财富的问题，更应该关注权利问题。奥巴马说得很清楚：“我能够在这里，是因为有人为了黑人不断前进和斗争；我能够来到这里，是因为你们为了我而牺牲自己；我是站在巨人们的肩膀上。”

碧昂丝在奥巴马就职舞会上的献歌就像黑人人权运动最终胜利的凯歌。作为世界上最受欢迎的歌手之一，她亦代表了全世界千百万追求自立平等的女性——无论她们是什么肤色，无论来自何方。斯塔福德郡大学(Staffordshire University)的埃利斯·卡什莫尔(Ellis Cashmore)教授在他的文章《购买碧昂丝：种族主义的终结》(*Buy Beyoncé: The Deal That Ended Racism*)中说道，碧昂丝获得了无数的成就，她打破了肤色之间的隔阂，而美国白人也意识到了这一点。

☆

从长远角度看，我们很难精准地界定碧昂丝在流行音乐史中的地位。许多人认为她仅仅是一位流行音乐歌手，但是她的唱片有着真正的力量与深度。事实证明，碧昂丝始终都属于最成功的艺人行列，这一点从她所获的奖项中可见一斑。但是到了21世纪，涌现出越来越多为摇滚、流行音乐和R&B音乐设置的奖项。要知道，当艾瑞莎·富兰克林或夏卡·康(Chaka Khan)走红的时候，并没有美国黑人音乐奖(MOBO)、美国黑人娱乐电视大奖(BET)、全英音乐大奖(BRIT)或全球音乐电视台大奖(MTV)等奖项，所以单纯以奖项来衡量碧昂丝的成功是没有任何意义的。可即便是不考虑获奖因素，她的成就依旧瞩目。

碧昂丝的成名并不是因为她千面娇娃的形象。与其他地位相当的艺人相比，关于她的负面言论真是少之又少。2001年，在美国单曲榜上与碧昂丝相抗衡的是Pink、米娅(Mya)、莉尔·金姆(Lil' Kim)和克里斯蒂娜·阿奎莱拉(Christina Aguilera)合作的单曲《果酱女郎》(*Lady Marmalade*)；当天命真女的单曲《不，不，不》(*No, No, No*)在美国榜单上迅速攀升时，布兰妮·斯皮尔斯(Britney Spears)凭借她的处女作《宝贝再爱我一次》(*Baby One More Time*)红极一时。然而随着名气的提升，布兰妮却是丑闻不断；而碧昂丝依然行走得光明磊落。

有些评论家认为碧昂丝缺乏深度，这是因为他们对她不够了解。碧昂丝团队的运营和管理已经成为21世纪非裔美国人的典范。她的赞助商包括汤米·希尔费格、百事、欧莱雅以及阿玛尼等国际品牌，她的巡回演出计划中都会明确标注她的演出时间和演出服装的设计师。在这个缺乏纯真的年代，当人们对任何缺乏原则的交易都司空见惯时，碧昂丝仍保留着她纯真如初的一面。在21世纪，赞助和商品化已经成为娱乐行业的首要条件，但碧昂丝仍然用她难能可贵的真诚和坦然经营着她的团队。

对碧昂丝来说，家庭是非常重要的。她聘任亲属作为自己的团队成员。

2011 年以前，都是她父亲为她打理演艺事业；而她母亲蒂娜不仅是她的造型师，也是她时装品牌“House of Deréon”的合伙人。她请表妹安吉拉·碧恩斯(Angela Beyincé)担任自己的私人助理，雇佣叔叔拉里·碧恩斯(Larry Beyincé)担任旅行助理。她的这种行为引来很多争议，但是碧昂丝认为她的雇员都是自己熟悉的人，在这样的环境下工作，让她感到很舒心。她的丈夫Jay-Z 虽是 21 世纪初最重要的黑人饶舌音乐天王，但是他在生活中也是极为低调的。在接受《人物周刊》(*People Magazine*)采访时，Jay-Z 说：“我们是很认真的。”有人批评他们家族式的经营行为不透明，但是，从另一角度来讲，如今名人已经成为生活过度曝光的商品，碧昂丝的这种经营模式可以使她保持判断力。

碧昂丝可以轻松驾驭性格中的矛盾因素：为了解决表演中遇到的问题，她创造了另一个自我——萨沙(Sasha，后为萨沙·菲尔斯〈Sasha Fierce〉)。当碧昂丝还是个缺乏自信心的小女孩时，她就创造了萨沙。萨沙在舞台上像麦当娜一样性感自信。而真正的碧昂丝却是一个温文尔雅的基督徒，她躲开镁光灯的照耀，认真工作。正如阿勒诺夫斯基所说，当萨沙在舞台上表演时，真正的碧昂丝就会将她内心那个天真的小孩子暂时隐藏在某一个角落，尽情享受着逛街、画画、打响指、煲电话粥、大吃炸鸡的乐趣。

☆

在过去的十年中，碧昂丝成为见诸报端最多的艺术家之一。但是回过头看，对碧昂丝的真实报道却很少见。如今，一个新的故事可以迅速传播到几千个网站上，故事中少得可怜的实情很有可能随着网络传播和删减而荡然无存。例如，2000 年一家出版社就编写了太多关于天命真女前成员退出的猜测、碧昂丝堕胎的传言、她与Jay-Z看篮球赛或去海滩的曝光，以及她诋毁艾瑞莎·富兰克林的谣言等等，这些诽谤都是因为能够供人撰写的话题实在太少了。现如今的网络时代，子虚乌有的绯闻炒作要比如实报道更容易得到关注，尤其是利用像碧昂丝这样的公众人物。但让我们感到欣喜的是，还是有像由碧昂丝协助创作的《玩美当家》《疯狂的爱》以及《单身女郎》这样的传记存在的。

碧昂丝是21世纪的巨星，她拥有着灵魂乐歌手的特质。公众见证了一代巨星的成长：从尝试演绎不同风格的音乐，到将不同体裁的艺术形式融合起来，甚至涉足好莱坞电影领域。虽然碧昂丝广受公众的赞誉，但是她未来仍旧任重道远。《疯狂的爱：碧昂丝·诺尔斯传记》从一个全新的视角为您呈现这位当代乐坛天后的心路历程。

第一章

幻想……

他给我看马丁·路德·金的照片。
我认真地看了看,我也想让父亲以我为荣。

碧昂丝,2002年

将碧昂丝的成长经历说成是一部关于美国南部新时代的传奇故事并不为过,与成长在三十年前的父母相比,她所经历的可谓是天壤之别。在碧昂丝的成长过程中,她所需要做的就是努力工作,发展她的事业。而当年她的父母,尤其是他的父亲马修不仅要努力工作,还要反抗美国南部的种族主义、种族隔离以及对黑人的偏见。

在关于碧昂丝的任何一本传记中,马修都占据着非常重要的篇幅。作为一位典型的美国南部黑人,他在动荡不安的年代里,见证了白人对黑人的种族隔离以及惨无人道的迫害。在他年轻的时候,美国社会有诸多不稳定因素，局势瞬息万变，没有生活在美国的人们对此是无法想象的。当时在其他国家人们的眼里，美国白人简直是生活在天堂般的国度。1945 年，结束了孤立主义政策的美国在两线作战取得胜利，成为世界舞台上的超级强权。

而随后不到五年时间，美国就意识到了社会主义在东欧地区和中国的迅猛发展。当时，虽然苏联启动了原子能武器的研制计划，但是苏联内部仍存在很多安全隐患。美国威斯康星州议员约瑟夫·麦卡锡(Joseph McCarthy)利用人们恐惧不安的情绪在议会里建立了非美活动调查委员会(House Un-American Activities Committee)。

然而在黑人集中的内陆城市，人们更关注的是温饱这样的基本民生问题。于是，"下一顿饭在哪里?"成为人们最常提及的话题。尽管在第二次世界大战中黑人在美国战场上扮演了核心角色，但是他们的生活并没有因此发生丝毫改观，他们仍然是被隔离和被边缘化的群体，仍然住在曾经繁华一时的贫民区。

1951 年 1 月 9 日，马修出生于位于美国亚拉巴马州伯明翰北部 65 公里的加兹登市。他一出生就注定了要为自己过上更好的生活而奋斗一生。马修的父亲是一名卡车司机，业余时间从事废弃金属生意，母亲为白人家庭做女佣，同时还替人做棉被来维持生计。马修的母亲非常聪慧，她与科瑞塔·斯科特(Coretta Scott)同一时期就读于亚拉巴马州马里恩市的林肯师范学校，科瑞塔就是后来与马丁·路德·金结为夫妇的传奇女子。

亚拉巴马州是美国南部种族主义最为严重的地区。在这里，三 K 党曾经再次掀起反对公民权利的运动。除此之外，这里还经历过公交车罢工，并且诞生了传教士马丁·路德·金。尽管这一时期社会动荡不安、家庭贫困不堪，但是马修仍然受到了良好的教育。在 1954 年美国最高法院审理的一个具有划时代意义的案件——布朗诉教育委员会案(*Brown v Board of Education*)的直接影响下,马修成为第一位就读于亚拉巴马州马里恩市的利奇菲尔德初级中学的黑人学生。当时由于对该案件负面呼声很高,年幼的小马修不得不在州警察的陪同下去学校学习。1965 年 7 月,当时马修还没有毕业,美国通过了《公民权利法案》(*Civil Rights Act*),正式宣布种族歧视为不合法行为。虽然这被载入了神圣而不可侵犯的法律,但是在美国南部,白人对黑人的歧视态度仍然持续了很长一段时间。

后来,马修获得篮球奖学金,升入美国查塔努加市的田纳西大学继续学习,他也是第一位就读于田纳西大学的黑人。1969 年,18 岁的马修参加了政治活动。他加入到示威游行的行列中,并且参加了静坐示威。1968 年 4 月和 6 月,马丁·路德·金与罗伯特·肯尼迪分别遇刺;同年,越南战争局势愈演愈烈,这些都对年轻的马修产生了深远的影响。

在田纳西大学打篮球的时候,马修认识了罗尼·劳森(Ronnie Lawson),并很快成为好朋友。罗尼邀请马修到他所在的菲斯克大学斗牛犬篮球队效力。1974 年,美国实现登月;同年,伍德斯托克音乐艺术节(Woodstock Music & Art Fair)和黑豹党运动(The Black Panther Movement)高潮迭起。虽然年轻的马修从小就受到激进主义的影响,但是他明白自己能够掌握的最有力的政治武器,就是努力学习使自己进步。

20 世纪 70 年代初,马修转到田纳西州纳什维尔的菲斯克大学读书,这所大学也是美国首屈一指的黑人大学。在菲斯克大学就读期间,他开始考虑与当地的电台合作进行音乐演出,并将一些正在学习的商业技巧运用到音乐策划中。那时,摩城唱片(Motown)如日中天,贝里·戈迪(Berry Gordy)开始带领他的唱片公司进军电影市场。史蒂维·旺德(Stevie Wonder)、马文·盖伊(Marvin Gaye)、斯莱·斯通(Sly Stone)以及柯蒂斯·梅菲尔德(Curtis Mayfield)的事业都发展得如火如荼,这些成功的黑人艺术家们用事实证明了他们也可以拥有与白人一样的卓越成就。他们尝试建立自己的组合,并最终获得成功,他们的成就驱使年轻人开始思考音乐发展的商业模式和职业选择。

1974年马修毕业于经济管理专业。毕业后,他与母校一直保持着紧密的联系。2011年,他成为菲斯克大学董事会成员之一。马修聪明、儒雅、有才华,他认为销售行业对于他来说是一个既可以展现他经济知识理论,也可以发挥他管理才干的商业领域。他曾经从事过多个领域的销售工作,包括保险、电话销售,以及在皮克灵国际医疗用品公司(Pickering International Medical Supplies)销售医疗器械。70年代末,他供职于施乐公司(Xerox Crporation)。该公司总部位于纽约州的罗切斯特市,因1959年发明了世界上第一台复印机"施乐914"而闻名于世。1977年,施乐发明了激光打印机,公司前景一片光明。马修在施乐公司从事医学成像产品的销售工作,凭借出色的表现,到80年代后期,他的工资已经达到六位数。

☆

马修的妻子塞莱斯蒂娜·安·蒂娜·碧恩斯(Célestine Ann 'Tina' Beyincé)于1954年1月4日出生在得克萨斯州的加尔维斯顿市,父亲是鲁米兹·碧恩斯(Lumiz Beyincé),母亲是阿格内兹·德雷昂(Agnéz Deréon)。阿格内兹出生在路易斯安那州的德尔坎伯市,她拥有犹太人、印第安乔克托族人、黑人以及路易斯安那克里奥尔人的血统。

蒂娜·诺尔斯接受《Luxury Las Vegas》杂志采访时说:"我父母都是路易

斯安那州的克里奥尔人，我妈妈是家里15个孩子中最小的。从很小的时候起，她就经常看时尚杂志，看到有什么新潮的款式就要穿出来。除了看报纸和杂志，她还自己设计，她总是能设计出最漂亮的裙子和晚礼服。我们渐渐长大，家里经济条件非常困难，我当时也不确定我的家庭能不能有足够的钱送我们去教会学校。后来，我发现我妈妈给教会人员和修女们做衣服，还为教会学校做校服，而我爸爸也经常让修女们免费搭车，这样才换来了我们去私立学校上学的机会。因为当时我还是一个小孩子，看见爸爸妈妈这样做我感到很生气。直到后来我才理解这一切，深感自己是幸运的。"

蒂娜是一名很有天赋的学生，她通过参加学校举办的模仿摩城唱片的女子组合"The Beltones"的活动开始在学校小有名气。在组合活动期间，蒂娜开始为成员设计演出服。蒂娜热爱设计，克里奥尔风格是她一生钟爱的时尚元素。她的母亲阿格内兹因此发现了蒂娜的设计天赋，于是她教蒂娜利用零散布料来做衣服，节省了很大一笔开支。"我所做的每一件事情都好像是在为'天命真女'做准备一样，这真的很幸福。"在一次采访中，蒂娜这样说。尽管加尔维斯顿的黑人斗争不像阿拉巴马那样激烈，但是蒂娜也受到了上世纪六七十年代美国社会变革的极大影响。她学习刻苦，毕业后，尽管拥有美发的专长，但还是选择了去银行工作。

虽然蒂娜的政治主张不像她未来的丈夫那样强烈，但是1971年马文·盖伊的代表作《到底怎么了》(*What's Going On*)仍然使年轻的蒂娜深受震撼。2001年接受采访时，蒂娜说:"这是我一直以来最喜欢的一张专辑，因为在这张专辑里他唱到了社会的变化，唱到了越南战争，唱到了环境的分裂，也唱到了上帝与精神。这是一部伟大的作品。因为这是年轻人第一次开始关注这个世界的变化，也开始考虑该如何改变，而不是每天只看到浮华的表面，参加各种聚会等等。整个时代都充满了静坐示威的震慑和种族主义的变化。”在那个时代，事态看起来似乎发生了改观，但是实际上并没有。蒂娜继续讲道：“那时候似乎种族制度已经废除了，但是实际上不公平的现象仍然存在。这张专辑是人们的思想记录，那时候我通常一听就是几个小时，对于我来说，它就像一个成熟的里程碑。我现在还是会听他的这些歌，有一首歌他真实地唱出毒品带来的痛苦。除此之外还有越南战争给人们带来的巨大痛苦，很多人患上了战斗疲劳综合征，他们的生活一团糟，甚至不想提起这场战争，以至于现在我们也不愿意提起。”马文·盖伊唱出了当时美国一部分人的心声。那年，17 岁的蒂娜和很多同龄人一样，都受到了这张专辑的巨大影响。

☆

20 世纪 70 年代末，马修和蒂娜两家相继搬到得克萨斯州休斯敦的富人区居住。休斯敦市位于布法罗河湾沿岸，是奥古斯塔斯(Augustus)和约翰·艾伦(John Allen)在 1836 年建立的。20 世纪初，人们在休斯敦发现了油田，从此休斯敦逐渐繁荣，居住人口也随之增加。60 年代，美国国家航空航天局(NASA)太空航行地面指挥中心，也就是美国载人飞船中心(Manned Spacecraft Center，后为约翰逊航天中心)在休斯敦成立，休斯敦从此闻名于世。美国阿波罗登月计划的实施也使得休斯敦与这次神奇的、先进的同时也花费巨大的航天计划一同载入史册。

20 世纪 60 年代，大量墨西哥人移居休斯敦，他们与黑人联合起来进行了艰苦卓绝的斗争，共同反抗白人的优越感。休斯敦是美国第四大城市，人们努力工作，生活富足。也就是在休斯敦，马修邂逅了蒂娜。那时是 70 年代末，马修在施乐公司工作，而蒂娜在当地的一家银行工作。在一次聚会中，他们相遇并度过了一个愉快的夜晚，但是离开时并没有交换电话号码。后来几次巧遇之后，两人开始相信这就是命中注定的缘分。他们在当地的一家餐馆一起用餐，之后，两个年轻人开始了真诚炽热的恋爱。1979 年，他们结为夫妻。1980 年圣诞节时，蒂娜开始孕育他们的第一个宝宝。

1981 年 9 月 4 日，碧昂丝・吉赛尔・诺尔斯在休斯敦的帕克广场医院出生，她是马修和蒂娜的第一个孩子。"碧昂丝"这个名字来源于她母亲的姓氏"碧恩斯"。蒂娜是家里七个孩子中最年幼的，而且七个孩子里只有一个男孩。"我意识到，天哪，我们的姓氏可能没办法延续下去了。"2004 年蒂娜接受《滚石》采访时说。碧昂丝的祖父鲁米兹对蒂娜用姓氏作为外孙女的教名很不高兴。蒂娜说："我的家人对此都不高兴，我爸爸说，这个孩子以后知道了一定会非常生气的。但是我就是喜欢，这不是别人家的姓而是我们自己的。"就这样，碧昂丝的名字成为一个话题，甚至在碧昂丝上学后，学校里还有同学嘲笑她的名字。

碧昂丝出生后，蒂娜开始在蒙特罗斯大街经营自己的美发沙龙。对于社会和经济地位不断提高的黑人来说，她的美发沙龙成为休斯敦最豪华的高档美发会所之一。随着夫妻二人事业蒸蒸日上，他们把家搬到了休斯敦瑟德沃德街区的一栋舒适的大房子里。这个住宅区里所居住的既有白人也有黑人。1986 年，蒂娜又产下一个女孩——碧昂丝的妹妹索朗热・皮亚热・诺尔斯(Solange Piaget Knowles)。

诺尔斯家总是充满了音乐和歌声。"我父母总是喜欢唱歌给我听。"在天命真女的自传《灵魂幸存者》(*Soul Survivors*)中，碧昂丝写道，"我爸爸告诉我，当我还是小婴儿的时候，一听到音乐就特别兴奋。"马修和蒂娜都非常喜爱音乐，在他们的学生时代，到处都是黑人流行音乐。不论是肯尼·甘步尔(Kenny Gamble)包含大量弦乐的音乐、利昂·赫夫(Leon Huff)的费城国际唱片、马文·盖伊温文尔雅的政治反抗还是吉恩·佩奇(Gene Page)或巴里·怀特(Barry White)的爱情交响曲，他们都非常喜欢。这些唱片中很多都是对黑人文化的赞美。大约几十年前，他们激发了艾灵顿公爵(Duke Ellington)和贝西爵士(William 'Count' Basie)的大乐队时代，与摇滚乐不同，他们拥有自己的优雅与精致。到80年代初，像演唱情歌的路德·范德鲁斯(Luther Vandross)、流行天王迈克尔·杰克逊(Michael Jackson)和"王子"(Prince)那调皮又优美的放克音乐也进入了诺尔斯家。

碧昂丝的父母回忆时说，碧昂丝每次在家里唱歌跳舞的时候，都表现得异常兴奋。在碧昂丝就读圣·玛丽小学期间，她对舞蹈、芭蕾和爵士产生了极大的兴趣。一年级的一天，碧昂丝放学回家后就冲到妈妈面前唱了一首刚刚学会的歌曲，"我当时爬上厨房的桌子，站起身来，面对着妈妈唱歌，像老师教我的那样去唱，"碧昂丝回忆说，"我永远也忘不了那种感觉，我太喜欢给我妈妈表演的感觉了，真是太棒了！"

碧昂丝7岁的时候，在圣玛丽小学的舞蹈课上，她的老师修女达莱特·约翰逊(Sister Darlette Johnson)鼓励碧昂丝尝试去表演，她认为碧昂丝拥有一边唱歌一边跳舞的天赋。"达莱特女士非常有能力，她能让每个孩子都跳舞。除了一些基本动作，她还教会了我们自尊、自信、积极向上，还有最重要的一点就是纪律。"碧昂丝回忆道。达莱特认为碧昂丝是个很特别的孩子，她让碧昂丝参加学校的达人秀活动。"我当时真的吓坏了，我真的不想参加那个活动。但是她就是要我去。她对我说，'快到台上去，难道你还是个小婴儿吗？'"2004年碧昂丝回忆道，"我走上台的时候，心里害怕得要命。但是当音乐响起，我整个人就变了，我也不知道这力量从何而来。”

后来，碧昂丝找到了方法来对付内心那个羞涩、刻苦却平凡的自我。也是从这时起，碧昂丝第一次有了“另一个我”的想法，而后来就变成了我们所知道的“萨沙”。“我不是人格分裂，我就是像个乡下丫头一样，喜欢光着脚、盘个圆发髻、不化妆，”碧昂丝说，“但是当我站在舞台上表演的时候，我的自信和性感统统回来了。我能感觉到，当我开始表演时，好像有一种精神力量在支配着我的身体。这简直太神奇了，我喜欢这种感觉。如果你在电视里看到的是一个骄傲、自信的我，那是我的另一面。这也是我工作时的样子，平时生活中，我根本不是这样的。”

达莱特注意到了碧昂丝的天赋，她提醒马修和蒂娜要着力培养孩子。于是，马修和蒂娜开始带碧昂丝参加各类舞蹈比赛和选美大赛。后来，碧昂丝在当地的圣约翰联合卫理公会合唱团(St John's United Methodist Church)演唱了两年教会音乐，这无疑使她信心陡升。

☆

7 岁时，碧昂丝参加了她人生的第一次大型选秀比赛，演唱了约翰·列侬(John Lennon)1971 年的歌曲《幻想》(*Imagine*)。这首歌有些阴沉，歌词又有点空想主义。碧昂丝的父母没有听过她排练，但是马修还是和女儿坐在一起，好好地聊了一下这首歌的内容。“他知道我那时候还太小，可能理解不了歌词的深层含义，”碧昂丝说，“所以爸爸把歌词写下来，一点点解释给我听。”马修还给女儿看了马丁·路德·金的照片，以加深她的理解。尽管马修对他年仅 7 岁的女儿的解释有一点夸张，但是小碧昂丝在比赛中的成功表现让人惊喜。

“她很可爱，但是也非常害羞，”蒂娜后来接受《黑檀》(*Ebony*)杂志采访时说，“她走进屋子，不希望别人注意到她。但是当她站在舞台上，唱着披头士的《幻想》的时候，我们很难相信这歌声出自那个害羞安静的孩子之口。表演时，她非常自信，观众们掌声雷动。”这也是碧昂丝演艺事业的开始。

“从那时起，”碧昂丝回忆道，“我就觉得我的世界里到处都是舞台——桌子上、椅子上甚至是厨房的灶台上。我有我自己的舞台，这就是我进行自我表达的方式。我只有在唱歌或者跳舞时才感到舒服。”

父母开始让小碧昂丝参加各种各样的比赛，主要是选秀和选美比赛。“她参加了差不多 30 场比赛，”2001 马修接受《黑檀》杂志采访时说，“每次比赛都得冠军。”这对碧昂丝来说很难，当她慢慢长大时，她只想变成个假小子。“然后我减掉了我的婴儿肥，我感觉很舒服。”碧昂丝说，“也是那时开始流行有优美曲线的双腿。”

1988 年碧昂丝获得了享誉盛名的休斯敦艺术大奖——萨米奖(The Sammy)的提名，《休斯敦纪事报》(*Houston Chronicle*)对此进行了报道。1990 年，碧昂丝进入埃特维尔街 10626 号的辛西亚·安·帕克小学学习。这所学校是休斯敦最早的，同时也是最受欢迎的音乐学校，其办学的宗旨就是“培养孩子的知识和品格”。在上学期间，碧昂丝主修音乐理论知识，同时也辅修其他科目。她参加了学校的合唱团，除了学校的课程以外，她还要接受每天一小时的声乐训练。后来，她进入休斯敦高中学习表演和视觉艺术，随后又进入位于休斯敦西南部的艾尔希克高级中学学习。

1990 年，9 岁的碧昂丝遇见了拉塔维娅·罗伯逊(LaTavia Roberson)，那时的碧昂丝已经有着非常丰富的表演经验了，她的房间里堆放着各种奖杯。在一次达人秀上，她有点不知所措，她当时感觉糟透了，但是结果这次表演

“却是一次充满激情的表演。我不知道自己是怎么了，但是突然间我好像变了一个人，自信满满地开始表演，甚至在比赛结束时，我还向观众送上飞吻。”

拉塔维娅和碧昂丝是在大众工作坊（The People's Workshop）学习视觉和表演艺术时认识的。这个工作坊原本是南得克萨斯大学一个非正式的机构，主要为音乐人介绍工作。到了70年代，该机构开始为非学生身份的艺人提供服务，也成为休斯敦每年的一件大事。就是在这里，碧昂丝被当地的企业家安德莱塔·蒂尔曼（Andretta Tillman）发现，她邀请碧昂丝参加一个女子组合的面试。

拉塔维娅是地道的休斯敦人，年龄比碧昂丝小两个月，也是一位舞者。碧昂丝、拉塔维娅与其他朋友组织了一个即兴演唱团体一起演出，其中一次就是在当地的社区中心。“这个社区中心有一个小舞台，”2001年碧昂丝接受《滚石》杂志采访时说，“在演出前，我们想给团队起个名字。我们的观众中大概有15个小孩子，他们都搞不懂到底怎么回事。”然而面对这几个天赋异禀的孩子，蒂尔曼的心里已经有了一个长远的计划。

第二章

女孩们该上场了！

正如碧昂丝自己经常说的那样:“我想要做到更好。”她在舞蹈和声乐课上一如既往地努力,从未食言。

凡奈尔·约翰逊,2001 年

随着五人男子组合新街边男孩(New Kids on the Block)的快速走红,这类由女孩或男孩组成的组合演唱模式如雨后春笋般迅速风靡全美。来自加利福尼亚的四人组合风尚合唱团凭借单曲《坚持住》(*Hold On*)成功入围流行音乐排行榜,组合成员有特里·埃利斯(Terry Ellis)、辛迪·埃利斯(Cindy Ellis)、马克辛·琼斯(Maxine Jones)和唐·罗宾逊(Dawn Robinson)。而与新街边男孩组合相比,风尚合唱团的影响力似乎更胜一筹,她们的出现在某种程度上促使了至高无上组合(The Supremes)和玛莎文德拉斯组合(Martha & the Vandellas)的诞生。而看看如今的美国流行音乐排行榜,来自休斯敦的新生女子组合吸引了人们的目光。这支组合名为女孩时代(Girl's Tyme),顾名思义其成员全部是女孩子,碧昂丝担任主唱。既然男孩们已经声动全美,女孩们为何还要踯躅等待呢?

来自休斯敦的企业家安德莱塔·蒂尔曼创立了女孩时代组合,其最大的看点就是所有成员全部都是能歌善舞的年轻女孩。1990年,为挑选组合成员,蒂尔曼举行了大规模的面试。当时,组合成员的年龄跨度为十岁,核心成员有塔玛·戴维斯(Tamar Davis)、碧昂丝、拉塔维娅、尼基(Nikki)和妮娜·泰勒(Nina Taylor)。

为了方便组合排练,马修和蒂娜为她们提供了练习场地。她们经常在蒂娜的美发沙龙里像模像样的操练起来。"我们把店里的吹风机电源全部拔掉,就跟我们真要演出了一样。'我们的演出就要开始了,你们都停下来!'开始他们还会停一下看看我们,后来就完全无视我们自顾自地做事去了。"碧昂丝回忆道。除了在沙龙,她们还在家里后院、卧室或者其他空旷的地方排练。所有她们能找到的可以排练的地方,基本上都成了她们的排练场地。

"她们大概都是九、十岁的样子,"诺尔斯家的好朋友凡奈尔·约翰逊2001年接受《滚石》杂志采访时说,"她们有自己的表演方式,马修也问过我们的看法,'你们觉得怎么样?还有哪里需要改进?'她们听取了我们的建议后,再重新开始表演。正如碧昂丝自己经常说的那样,'我想要做到更好。'她在舞蹈和声乐课上一如既往地努力,从未食言。她一直想成为像珍妮·杰克逊或者迈克尔·杰克逊那样的人。"

当碧昂丝第一次听到玛丽亚·凯莉的歌声时,她对音乐有了全新的感悟。尽管人们对玛丽亚·凯莉的评论毁誉参半,然而单曲《爱的幻想》(*Vision of Love*)仍旧让这位来自纽约年仅20岁的姑娘一举成名。1990年,玛丽亚·凯莉发行同名专辑，这为她成为演唱巨星奠定了夯实的基础。她的嗓音充满力量，精致且华丽，很多人认为这也是将花腔女高音与流行音乐有史以来第一次完美融合的成果。这种演唱风格最早源于宗教音乐，就是将几个音符连成一个音节唱出来。这种有冲击力的嗓音、情感饱满的演唱让人想起艾瑞莎·富兰克林的经典演释。但是如果演唱功力并没达到完美展现作品的水准，那么对于一首歌曲来说，这绝对是败笔。1990 年 8 月，玛丽亚·凯莉的《爱的幻想》连续四个星期居于美国流行音乐榜的榜首，与此同时，碧昂丝也开始练习她自己的花式唱法。尽管碧昂丝的演唱风格也受到其他很多歌手的影响，但是玛丽亚·凯莉的出现帮助碧昂丝形成了自己的演唱风格。

☆

凯莉·罗兰出生于 1981 年 2 月。1990 年，9 岁的她从佐治亚州的亚特兰大搬到休斯敦，当时的她天真地以为牛仔和马就是休斯敦这个城市的全部。迁居休斯敦后，她就读于布利阿尔戈罗夫小学。几个星期后，她在学校里认识了拉塔维娅。在拉塔维娅的介绍下，凯莉参加了女孩时代的面试，并且成功入选。当时该组合已经选中了很多女孩。

凯莉来自一个支离破碎的家庭。母亲多丽丝与丈夫克里斯托弗·拉维特(Christopher Lovett)离异后，独自带着女儿凯莉到休斯敦生活，靠做保姆维持生计。一直以来，多丽丝都能够从年幼的凯莉眼中感受到孩子对安稳祥和的生活环境的强烈渴望，而且她也把大部分时间和精力都花在女孩时代的活动中。因此在马修提出让凯莉搬到自己家住时，多丽丝欣然接受了。“碧昂丝家有稳定的经济收入，这是我在亚特兰大生活的 9 年时光中，从来没有感受过的安全感，”凯莉回忆说，“蒂娜阿姨的美发沙龙生意非常兴旺。我十分感激他们的慷慨相助，因为我不用再为居无定所而到处奔波。”而且，凯莉和碧昂丝也一见如故。两个女孩住同一间卧室，每天晚上都是属于她们两个人的睡衣派对。她们都喜欢米老鼠，在音乐方面，也都是盖伊、乔德西(Jodeci)和美声姊妹合唱团的忠实粉丝。但是最让女孩们疯狂的还是风尚合唱团。

曾经有传言说诺尔斯家收养了凯莉·罗兰。但是，2001 年蒂娜接受《黑檀》杂志采访时否认了这种说法。“我们从来没有正式地领养凯莉，也没有申请过监护权，这些谣言简直就是空穴来风。我们对凯莉没有法律意义上的监护权。凯莉的母亲有住家保姆的认证资格，所以总是要搬到雇主家里去住。她也曾换过工作，带着凯莉到各个地方去排练演出。后来由于她外出寻找新的工作机会，没有稳定的住所，我们就把凯莉接到家里住。凯莉的母亲有我们家的房门钥匙和车钥匙，一般情况下，她周末都会来我们家。她是凯莉生活的一部分。可是现在，她母亲只要有一天没有给凯莉打电话，就会有人造谣说她母亲把孩子卖给了我们。我们家里总是一屋子的孩子，除了我的侄女、侄子，我女儿的好朋友也总是来家里做客。”更荒诞的是，竟然有传言称凯莉的亲生父亲就是马修，只因为可爱的凯莉亲切地叫马修“爸爸”。2002 年，谈到这个问题时，凯莉写道：“我感觉，马修和我们相处时，对我们视如己出，毫无偏袒的私心。不过，两年前我才开始叫他爸爸。我也不知道为什么我要这样叫，但就是突然很想叫他爸爸。有一天，我跟他说，‘爸爸，我们去商场好吗？’他当时看起来很欣喜。那真的是我这一生最美好的一段时光。”因为这个谣言，凯莉备受质疑，2006 年夏季，接受《VIBE Vixen》杂志采访时，她宣称：“……这简直是一派胡言。”

马修在施乐公司的工作越来越顺利，他也利用业余时间与安德莱塔·蒂尔曼一起参与到女孩时代的团队运营工作中。他深知，要想让这些孩子真正有演出的实力，就要争取一切可以表演的机会。所以，在凯莉加入组合之后，女孩时代经常参加休斯敦的各种演出活动，如黑人博览会（Black Expo）、休斯敦黑人小姐表演大会（Miss Black Houston Metroplex Pageant）、萨米·戴维斯（Sammy Davis）的大众工作坊，她们甚至还在著名的渥瑟姆中心（Wortham Center）、休斯敦芭蕾舞团中心（Houston Ballet）以及休斯敦大剧院（Houston Grand Opera）的舞台上一展歌喉。

除此之外，女孩时代还经常到当地的教堂演出，如圣约翰联合卫理公会教堂。她们精彩的表演给牧师留下了深刻的印象。鲁迪·拉斯穆斯（Rudy Rasmus）是福音音乐忠实的爱好者。他为人大方热情，经常鼓励这些孩子，并为他们祷告。1992 年，女孩时代刚到教堂演出的时候，教会成员仅有 9 名；但是不久后，成员发展到上千人。也就是这样，拉斯穆斯看到了孩子们身上的无限潜力。

"这些孩子在做事情的时候，心中有一股强烈的力量支撑着她们，"他告诉《滚石》，"虽然第一次见面时，她们还是小孩子，但是我能感觉到，她们内心传达出的'我们要去做这件事'的坚定想法。马修非常有毅力，我从来不怀疑他会实现他的目标。我看到了他和蒂娜为这个组合付出的一切。而且有一点我非常羡慕，他们不会让孩子们受到心怀不轨者的干扰。也就是说，虽然这些孩子可以为你赚钱，但是绝不能让她们受到任何伤害。"

拉斯穆斯的劝诫对碧昂丝影响极为深刻，直到今天，他们的关系仍然很好。碧昂丝 11 岁时第一次去这个教堂，后来在这里接受了洗礼。"无论何时，我都需要他为我们祷告"，碧昂丝说，"（拉斯穆斯）一直支持我们。甚至后来当我们出国演出的时候，他也要求整个教堂都为天命真女祷告。他就像我们的家庭成员一样，这一点我觉得非常欣慰。”

☆

女孩时代逐渐开始进入公众的视野，当地的制作人阿伦佐·杰克逊(Alonzo Jackson)也加入到她们的团队中。《休斯敦纪事报》对她们进行了报道，认为她们的音乐融合了饶舌和演唱，有风尚合唱团的影子。1992 年 8 月 18 日，该报对她们进行了特别报道："女孩时代：嘿，伙计们，靠边站。六位休斯敦女孩辉煌的时刻到来了。"

特约撰稿人谢里尔·莱尔德(Cheryl Laird)和这个组合相处了一段时间后，对她们进行了长篇报道，阿什莉·戴维斯(Ashley Davis)代表组合接受采访。作为一个 12 岁的孩子，她眼里充满了对未来的美好憧憬："我们希望能成为最棒的女子组合，让人们看到我们所做的一切，把积极的信息传递给人们，让这个世界变得更加美好。"随后就有传闻称王子想要与这个组合签约。有意思的是，来自小城明尼阿波利斯的阿什莉·戴维斯后来竟和王子合作演唱，那时她已改名为塔玛·戴维斯。

阿恩·弗雷杰(Arne Frager)是一位经验丰富的音乐制作人，与玛丽亚·凯莉合作过。正如人们所料，他对这个组合也产生了浓厚的兴趣。他开始关注这个组合，并把她们带到位于索萨力拓的"唱片工场"工作室。他觉得在全国曝光对这个组合的发展是非常有利的。就这样，在索萨力拓的工作室里，这些十一二岁的孩子们在弗雷杰的指导下录制了一批样带。

碧昂丝第一次受到公众的关注是在 1993 年，当时女孩时代参加了佛罗里达州奥兰多市举办的"明日之星"(*Star Search*)节目。该节目由美国好莱坞传奇电视制作人阿尔弗莱德·阿尔·马西尼(Alfred ‘Al’ Masini,制作过《富人与名人的生活方式》节目)操刀,艾德·麦克马洪(Ed McMahon)主持,1983年开播,1995年停播。这档节目在洛杉矶日落大道的厄尔·卡罗尔剧场录制,在《美国偶像》(*American Idol*)和《英国偶像》(*The X Factor*)还没有大行其道的时候,能参加这个节目是当时所有年轻歌手和舞者的梦想。在节目中,当主持人点到挑战者的名字时,就好像在宣布谁是90年代的巨星一样。

女孩时代后来未能继续参加"明日之星"的比赛,但是却与未来的超级巨星同台演出过,如贾斯汀·汀布莱克(Justin Timberlake)和布兰妮·斯皮尔斯。在本届冠军、来自底特律的摇滚乐队"骨干船员"(Skeleton Crew)表演后,主持人麦克马洪宣布:"你们的挑战者是来自休斯敦的年轻的嘻哈组合——女孩时代,让我们欢迎碧昂丝、拉塔维娅、妮娜、尼基、凯莉和阿什莉。"她们穿着漆皮上衣、长款短裤和闪亮的长靴,演唱着由阿伦佐·杰克逊和托尼·摩尔(Tony Moore)创作的《宝贝,我的心里只有你》(*All Over My Baby*),在台上尽情挥洒。拉塔维娅负责开头的饶舌部分,碧昂丝主唱,而其他成员则负责街舞表演。

这个节目的规则很简单:评委们为两组选手——冠军队和挑战队投票。骨干船员组合获得了四票全胜的好成绩,而女孩时代只获得了三票。演艺事业蒸蒸日上的女孩时代志在必得的表演竟遭遇滑铁卢,她们很难接受这个结果。当她们意识到自己失败了的时候,都表现得格外沮丧。

但是制片人马西尼却很乐观,他告诉马修,虽然组合在这次挑战中失败了,但是她们有更大的发展空间和成功的机会。根据他多年的经验,他认为,"失败的人会不断充实自己、重新规划自己的事业,继续努力获得成功;而成功的人，出于一些原因，就会停滞不前”。

但是这些至理名言无法安慰孩子们受伤的心灵。“这是我有生以来第一次如此渴望成功，但最后却失败了，”碧昂丝说，“就如同世界末日到来一样。”凯莉说：“我们跑到后台，失声痛哭。我从来没有哭得那样歇斯底里过。想象一下，一群十一二岁的孩子哭得好像马上就要离开这个世界了一样。”碧昂丝认为，正是由于这次失败，她父亲才真正加入管理行列，全心全意地投入到组合的事务运营中，因为他再也不忍心听到孩子们的哭声。后来，孩子们到迪斯尼乐园玩了一番，才逐渐平复内心的伤痛。然而一周后节目播出时，她们又不得不回想起这件伤心事。

在接下来的几个星期里，这群孩子一遍又一遍地看着她们失败的那场演出的录影带，费尽心思地分析她们究竟哪里出现了失误。直到有一天马修不允许她们再看，这个行为才被迫终止。“我的父母跟我们好好地谈了一次话，”碧昂丝说，“我妈妈当时对我们说，‘你们不能被这次失败打倒。’我爸爸也补充说，‘你们这次是失败了，但是这只是一次电视节目而已。你们还想不想继续表演呢？表演到底是不是你们真正想做的事情呢？如果你们的回答是肯定的，那么你们现在这样不就等同于放弃了吗？”这番话确实鼓励了碧昂丝，她现在非常肯定，她真正想做的、超越其他一切的就是唱歌。更令姑娘们意外的是，碧昂丝的父亲为了能够专心管理女孩时代的演出事务，毅然决然地放弃了自己的工作，与蒂尔曼一道带领孩子们走向成功。

“他的辞职令我很担忧。”2004 年蒂娜接受《滚石》杂志采访时说。从衣食无忧的生活中走出来对她来说并不容易。“我从来没有听说过有人愿意放弃一份待遇优厚的工作，觉得他有点疯了。我当时在想，‘接下来我们该怎么办？’虽然我经营着一间美发沙龙，收入也算可观，不过我们早已习惯了有两份收入的生活。一时间，我们不得不完全改变我们的生活方式。但是，他当时真的很有激情，全心全意地投入到组合的事务中。”

马修的专业精神和坚定的决心鼓舞了女孩时代的姑娘们。在他看来，这个组合将来一定会成功。马修以乔·杰克逊(Joe Jackson)的家族为榜样，尽管杰克逊家族的行为备受争议，但也正是他们的专注带领着杰克逊五兄弟(Jackson 5)走向成功。马修也可以像乔一样。

随后，组合确定了她们最终的阵容：碧昂丝、凯莉和拉塔维娅与第四位加入组合的成员莱托娅·勒基特(LeToya Luckett)。莱托娅出生于1981年3月，曾经是休斯敦布伦特伍德浸信会(Brentwood Baptist Church)唱诗班的骨干成员。她希望自己能成为像珍妮·杰克逊和惠特妮·休斯顿那样的歌手。碧昂丝在学校认识了莱托娅，随后，在戴维斯和泰勒姐妹离开组合后，莱托娅加入了她们。组合快速地进行了重组。“我们四个人在一起时，气氛真是出奇的好。我们在接受采访时说过，我们就像亲姐妹一样，这是事实。”拉塔维娅说。

碧昂丝为组合制定了一份能够让她们进步的约定。这份约定的内容为：“一、努力工作；二、每天坚持排练；三、要练出一些新歌；四、学习清唱；……六、无论发生什么，都要再接再厉；七、不要再看‘明日之星’节目——是的，一个让小孩子与比他们年长一倍的成年人竞争的节目究竟是一个什么样的节目呢?”现在，她们已拿出全部的决心和奉献精神去面对未来。

她们在休斯敦参加了无数的表演，并且与声乐教师戴维·布鲁尔(David Brewer)取得联系，希望他能教授凯莉、碧昂丝和莱托娅声乐课程。从2000年开始，在戴维的指导下，这些孩子的演唱有了很大进步。在这方面，他对女孩们的影响超过了马修。

☆

女孩时代组合逐渐开始得到人们的认可。碧昂丝的父母对女儿以及整个组合的全身心投入也导致他们婚姻亮起了红灯，1994 年，结婚 14 年的蒂娜和马修暂时分居。“我必须要铭记在心，我爸爸不仅是我的经纪人，也是我妈妈的丈夫，”碧昂丝说，“父亲、经纪人和丈夫是三个完全不同的角色，每个角色都有自身的设定。当时我太小了，没有意识到发生了什么。”从那以后，这场婚姻就承受着暴风雨般的洗礼。后来，蒂娜、碧昂丝、凯莉和索朗热搬到休斯敦的一间小房子里生活。

在组合成员们 14 岁时，马修一直以来的坚持开始有了回报：她们不断的努力引来了不止一家唱片公司的青睐，哥伦比亚唱片（Columbia）和艾丽卡唱片（Elektra）都对女孩们产生了浓厚的兴趣。

组合参加了哥伦比亚唱片在休斯敦犹太社区中心的面试。特里萨·拉巴贝拉（Teresa LaBarbera）观看了她们的面试，后来她也成为该组合在哥伦比亚唱片公司的艺人策划。面试前一天，女孩们一起去游泳，休息得很晚。所以她们在面试时，声音听起来鼻音很重。为此，马修严厉斥责了她们这种不专业的行为，让她们重新表演。尽管如此，她们依然没有得到哥伦比亚唱片的签约。

但幸运的是，在黑人博览会上，她们被沉默合伙人制作公司（Silent Partner）的达里尔·西蒙斯（Daryl Simmons）发现。西蒙斯向业界传奇人物西尔维娅·罗纳（Sylvia Rhone）推荐了这个组合。罗纳担任大西洋唱片公司（Atlantic Records）的高级副总裁时，曾与风尚合唱团签约。1994 年，在大亨道格·莫里斯（Doug Morris）的邀请下，她加入了艾丽卡唱片，监督赛尔唱片公司（Sire）与东西唱片公司（East West Records）的合并工作，并且将她的创新管理带到了这个公司。罗纳看出碧昂丝是一位了不起的音乐天才，她要求西蒙斯在录音时将碧昂丝的声音凸显出来。

为了女孩们的演艺事业，蒂娜也从她的美发沙龙中抽出时间，担任她们的造型师和私人助理。早在90年代初，还在施乐公司工作时，马修就创立了自己的唱片公司——音乐世界娱乐公司（Music World Entertainment，简称MWE）。施展他才华的时刻到了，毕竟他曾经是一位出色的销售人员，他能够很好地宣传他女儿以及其他姑娘们录制的唱片。他的业务模式非常清晰。"摩城唱片就是从这里开始的，我从贝里·戈迪身上得到了启发，"2001年马修接受《黑檀》杂志采访时说，"他没有得到贷款，他所有的工作都是在家里完成的。他有自己的舞蹈编导、造型师、制作人，并教自己的艺人们一些礼仪。他拥有完整的艺人开发系统，包装出来的艺人魅力十足。这就是音乐世界娱乐公司应该有的样子。"

1995年，年仅14岁的女孩们在罗纳的安排下，与艾丽卡唱片签约（讽刺的是，罗纳之后去了摩城唱片）。女孩们对于能够被风尚合唱团的策划人发现感到非常兴奋。她们到亚特兰大与L. A. 里德（L. A. Reid）以及为娃娃脸（Babyface）伴奏的西蒙斯一同录制唱片。拉塔维娅的妈妈陪她们去了亚特兰大，其他女孩的家长也同去探望。为了保证女孩们在录音期间不耽误学习，马修还专门请了私人教师。正如碧昂丝所说，她们那个时候"钱不多，但是非常自由"。

然而，在这条路上，她们并没有走得太远。仅仅8个月后，在没有任何预兆的情况下，公司以年纪太小尚需训练等说辞为由，雪藏了她们。"他们对我们不闻不问，"碧昂丝说，"我们的合约仍在继续，但是他们不再为我们投资，也不会为我们的事业发展做任何事情。就这样被放弃令我们很惊讶，但是签约的感觉还是很不错的。”最后，公司书面与该组合中止了合同。尽管组合成员早有预感，但是当看到白纸黑字摆在自己面前的时候，还是有一种天塌下来了的感觉。就像“明日之星”节目一样，这样的结局让她们难以接受。也只有这一次，她们被以书面的方式拒绝。后来，她们也经常提到这次经历。“我希望，艾丽卡唱片那些曾经放弃我们的工作人员能看看 2000 年的格莱美奖。”2002 年凯莉·罗兰这样说。

第三章

“行动起来，别浪费时间”

哥伦比亚唱片和天命真女

如果有人强迫我们做一些我们不想做的事情，我们绝不会唯命是从。

碧昂丝，1998 年

当我们签约时，我们已经整装待发。

碧昂丝，1998 年

女孩们一直以来都对与艾丽卡唱片合作的失败难以释怀，但同时她们也意识到如果想成功，就一定要把自己推向更高的层次。基于这一信念，她们考虑是时候给组合取一个新名字了，因为对于她们来说，“女孩时代”这几个字就意味着失败。她们希望能找出一个名字，包含着“新生或是有点复古”的意思。碧昂丝说：“我们很喜欢‘复古’这个词，因为这个词听起来让人感觉很新鲜！”最后，她们想到了“女孩”和“命运”两个词，想在这两个词的组合中选出合适的名字。“命运”是一个永远不会过时的词，是蒂娜在《以赛亚书》中找到的。就像是命运的指引，她用孩子们的照片当书签夹在书中，当她翻开书的时候，那一篇的主题就是“命运”。为了让组合的名字更具未来感，马修加上了“天女”这一词。于是，“天命真女”这一名字由此诞生。

姑娘们仍然继续在休斯敦参加大大小小的演出，甚至有很多她们所敬仰的艺术家前来观看并予以支持和鼓励，其中包括 O'Jays 组合和她们当作姐姐喜爱的美声姊妹合唱团。在马修对成功的热切渴望下，他所领导的音乐世界娱乐公司帮助姑娘们争取到了与主流唱片公司哥伦比亚唱片的合作机会。

马修又一次将孩子们带到了纽约，当特里萨·拉巴贝拉·怀特再一次看见姑娘们时，内心仍然希望能与这个组合签约。怀特和她的艺人策划同事金姆·布赫斯(Kim Burse)对促成哥伦比亚唱片与组合签约起到了决定性作用。面试在位于麦迪逊大街的索尼总部的会议室进行，考核形式非常简单，公司要求组合清唱一首歌。“当时屋里有不同肤色的人，他们坐得离我们很近，”碧昂丝回忆道，“好像一伸手就能碰到。面试的地方不大，看起来也不太正式。他们离我们那样近，让人感觉太过亲密了，和他们的眼神交流也让人提心吊胆。”

面对神秘的公司高层，组合在没有麦克风的情况下，表演了比尔·威德斯(Bill Withers)的《不能没有阳光》(*Ain't No Sunshine*)和她们自己的歌曲《准备好了吗》(*Are You Ready*)。但是面试人员除了象征性地点点头，用脚打打拍子，并没有给出任何意见。孩子们怅然若失地回到了休斯敦，她们感到梦想又一次破灭了。怀特与索尼唱片的高层进行了讨论，并且观看了组合以前的面试录影带，其中包括女孩们的主打歌《敞开心扉》(*Open Wide*)的歌曲小样，然而这首歌曲的录音效果并不理想。

经过了几个星期度日如年的焦急等待，女孩们仍然没有收到任何回复，这让她们备受煎熬，当初那种被拒绝的失落感再一次紧紧地笼罩在她们心头。哥伦比亚唱片公司最后的接收函是通过信件的方式邮寄给她们的。马修和蒂娜决定与凯莉和碧昂丝开个小玩笑。孩子们每个星期日去圣约翰教堂之后都会到一家餐厅吃饭，于是马修和蒂娜把接收函放到了餐厅专用的信封里。当她们打开信封看到里面的内容时，欣喜若狂，尖叫着拥抱在一起。凯莉回忆说："那是我一生中最开心的一天。"

如果说想与唱片公司签约的话，最好还是选择哥伦比亚唱片。哥伦比亚唱片公司于1887年成立于美国马里兰州，是世界上历史最悠久也是最成功的唱片公司。在成立之初，公司制作7寸和10寸的唱片胶盘；到第一次世界大战时，公司已经在巴黎和伦敦设立了分部。天命真女就是进入了这样一家拥有无上荣誉的公司，许多爵士、布鲁斯的传奇艺术家都是在这里开始他们辉煌的演艺事业的，艾灵顿公爵和弗兰克·西纳特拉(Frank Sinatra)以及上世纪六七十年代走红的鲍勃·迪伦(Bob Dylan)和布鲁斯·斯普林斯廷(Bruce Springsteen)使哥伦比亚公司的事业发展得如火如荼。而80年代流行音乐天王迈克尔·杰克逊获得的白金唱片更足以证明哥伦比亚公司的强大实力。1987年，日本索尼唱片公司收购了哥伦比亚唱片公司，这在当时引发了极大争议。但是，玛丽亚·凯莉、席琳·迪翁(Celine Dion)和迈克尔·波顿(Michael Bolton)等著名歌手的成功也使哥伦比亚唱片的事业愈发繁荣。

天命真女与哥伦比亚唱片签约之后，尽管安德莱塔·蒂尔曼仍然担任组合的主要经纪人，但是马修更希望组合成员能够与他的音乐世界娱乐公司再签订一份经纪合约。拉塔维娅、莱托娅和她们的父母对此持保留态度，但是最终还是同意与马修签约。马修非常清楚，他要引导这个组合，并且要对组合进行全方位、系统化的管理。"我们管理10岁的孩子和管理20岁的成年人的方法是不一样的，”2001 年马修接受采访时说道，“这些 12 岁的孩子如果做一些在我们看来对她们有害的事情时，不会事先告诉我们的。面对这样的情况，我也只能说‘好吧’。我记得在她们 12 岁的时候，哥伦比亚唱片公司要她们去面试。面试前一天，我告诉她们不要去游泳，因为游泳会使她们很疲惫。可是她们压根没有把我的话放在心上。在面试的过程中，我打断了她们的表演，告诉她们说，‘这就是我昨天和你们讲过的事情。但是你们坚持要去游泳，现在你们的声音听上去很糟糕。’这其实也是哥伦比亚公司最终决定与她们签约的原因之一，公司很高兴这些女孩子接受了专业的管理。”

怀特委派哥伦比亚唱片的高级公关人员、曾任《Black Beat》杂志编辑的伊薇特·诺埃尔-舒尔（Yvette Noel-Schure）负责天命真女的工作。这位出生于格林纳达的公关经理是业界最杰出也是最精明的公关人员之一，在她的帮助下，碧昂丝成为一代偶像，而玛丽亚·凯莉也成了国际巨星。

自 1996 年初签约哥伦比亚唱片开始，女孩们就开始着手进行专辑的录制工作。然而不幸的是，1997 年，作为经纪人也是组合的创立者之一的安德莱塔·蒂尔曼因患红斑狼疮而逝世。这位两个孩子的母亲的英年早逝让人无限唏嘘，但是女孩们知道，她们只有继续努力工作才能让蒂尔曼的辛苦付出得到回报。后来，在天命真女的前三张专辑中都有献给蒂尔曼女士的歌曲。

☆

1997 年 7 月，天命真女为电影《黑衣人》(*Men in Black*)录制了电影原声歌曲，也是她们的第一首单曲《消磨时光》(*Killing Time*)。这部由威尔·史密斯(Will Smith)和汤米·李·琼斯(Tommy Lee Jones)主演的电影改编自热门漫画,讲述了一个秘密组织查证地球上的外星人的故事,上映后电影大获成功。恰逢美国总统克林顿任职时期,这部电影与《X档案》(*The X-Files*)一同引发了人们对阴谋论的狂热关注。电影上映后,同期发行的原声专辑也大获成功。1997年7月,这张专辑荣登《公告牌》(*Billboard*)杂志排行榜冠军宝座,并且稳坐榜首之位长达一个星期。这张原声大碟的制作人杰曼·杜普利(Jermaine Dupri)和Poke&Tone同时也是天命真女的制作人。专辑中涵盖了最流行的R&B元素,并且收录了威尔·史密斯与天后级巨星帕特里斯·路森(Patrice Rushen)演唱的1997年夏季热门歌曲《黑衣人》。

事实证明,《消磨时光》是天命真女的一部出色的处女作。这首由德韦恩·威金斯(D'Wayne Wiggins)制作的歌曲是一部精致、成熟的作品,本杰明·怀特(Benjamin Wright)在创作中运用了打击乐、原声吉他以及美妙朴素的弦乐。怀特是唱片界最受欢迎的弦乐作曲家,他非常乐意与哥伦比亚唱片的歌手合作。他曾为很多歌手担任过唱片制作,包括诱惑组合(Temptations)、昆西·琼斯(Quincy Jones)、海军准将组合(Commodores)以及迈克尔·杰克逊,他是碧昂丝一直很欣赏的一位音乐人。《消磨时光》初听像一首缓慢的混音歌曲,但是当听到歌曲中巧妙的弦乐编配时,你会感到惊喜,这首歌完美地展现了碧昂丝浑厚、性感的嗓音。尽管有人认为歌曲有些幼稚,但它为天命真女提供了真实地展现自我的机会。

这些来自中产阶级家庭的孩子在经历了种种挫折与挣扎后,终于与最顶尖的唱片公司——哥伦比亚唱片签约。她们的名字出现在白金原声大碟中,并且与打造迈克尔·杰克逊《墙外》专辑的制作人一起工作。她们在处女作中的不俗表现预示着她们的第一张专辑将大获成功。

☆

1998年2月，天命真女的第一张专辑正式发行，如今这张专辑被看作是一部经典之作。这张承载了16位制作人心血的专辑，听起来确实让人感到是一部恢宏力作。这张专辑录制于1997年，同年9月首先推出了单曲《不，不，不》。

这首歌分为两个版本，第一个版本是甜美的摇摆乐风格抒情歌曲，由罗伯·福萨利(Rob Fusari)和文森特·赫伯特(Vincent Herbert)制作。当时，哥伦比亚唱片的怀特认为，作为首发单曲，天命真女需要一些更亮眼的元素。《不，不，不》由流亡者组合(The Fugees)的怀克里夫·吉恩(Wyclef Jean)重新编曲。当时天命真女正在纽约的索尼唱片办公室，正巧怀克里夫从那里经过，从那以后，他多次和天命真女合作。怀克里夫是流亡者组合(成员有怀克里夫、普拉斯·迈克尔〈Pras Michel〉和劳伦·希尔〈Lauryn Hill〉)的成员，当时组合正面临解散。原籍海地的怀克里夫，是一位饶舌歌手兼制作人。1997年天命真女录制的每一首歌曲基本上都有他的饶舌或者制作。当时组合的女孩们非常崇拜他，热切地想要展示自己，因而为他清唱了一首歌曲。

她们的演唱给怀克里夫留下了深刻印象，于是怀克里夫让天命真女演唱他的歌曲《我们要活下去》(*We Trying to Stay Alive*)中的混音部分。当然，作为回报，他也要帮助这几位女孩。怀克里夫帮她们为歌曲配器，并打造了属于她们自己的演唱特色——断音唱法。"有天晚上，我们和怀克里夫在录音棚录音，大家都非常累，"碧昂丝回忆道，"为了让大家开心，我加快速度演唱了这首歌。当时怀克里夫说，'这简直太酷了！我们就这样唱。'"尽管刚开始碧昂丝并不情愿，但是她还是试着这样唱了。凯莉的说法有些不同，她说当时是怀克里夫要求碧昂丝唱快点，于是碧昂丝就加快速度演唱了这首歌。“与怀克里夫一起工作，从来不会感到乏味。”凯莉说。怀克里夫以爱无限管弦乐团（Love Unlimited Orchestra）的歌曲《奇特的游戏和事情》（*Strange Games and Things*）为蓝本，把歌曲的速度加快，创作了一首独特的R&B风格的歌曲。

天命真女为这首歌曲拍摄的MV使她们成功地在演艺圈占领了一席之地。片头她们坐在一栋赤褐色砂石房子旁，对着正在弹吉他的怀克里夫唱歌。然后他打断了她们的演唱，说：“你们应该去俱乐部表演，人们会为你们疯狂的。”突然，女孩们旋转成剪影，怀克里夫开始饶舌。随后，组合出现在街上，看起来性感时尚。之后穿插着女孩们在舞池跳舞和她们穿着便服在赤褐色砂石房子旁的片段。怀克里夫在他的饶舌中大胆地宣称天命真女“从梦想出发，成为年轻的‘至高无上’组合”。3月21日，这首单曲登上了R&B排行榜的冠军宝座，并连续一个星期稳居榜首。并且，由于怀克里夫的名气，这首歌进入了美国排行榜的前40名；在1998年年初，还创造了英国排行榜前5名的好成绩。到1999年，《不，不，不》销量超过200万，这是天命真女事业的一个良好开端。

尽管专辑中的其他歌曲并没有取得与这首单曲一样的成就，但是同样显示出了组合的非凡潜力。天命真女的制作人德韦恩·威金斯是刚解散不久的说唱组合Tony! Toni! Toné! 的中坚力量，1996年，在女孩们与艾丽卡唱片商议合作期间，她们与威金斯的制作公司——草根唱片公司（Grassroots Entertainment）签约。后来，威金斯、马修和索尼唱片一起，为组合找到了最优秀的制作人。

这张专辑以布鲁斯吉他独奏开始，像是从得克萨斯州某所房子的走廊里传出的声音一样。《第二天性》(*Second Nature*)是一首慢速的复古风歌曲，这首改编自埃斯利兄弟组合(Isley Brothers)1975 年发行的专辑《火力全开》(*The Heat Is On*)中《女孩，让我再说一次》(*Make Me Say It Again Girl*)的歌曲，使人们更加关注这张唱片。

这首歌结束后是节奏感更强的混音版《不，不，不 II》。与舒缓的午夜灵魂乐版的《不，不，不 I》不同，这首歌曲是一首 R&B 风格歌曲。“这首单曲推出后，人们都很喜欢，”凯莉说，“他们喜欢这个快节奏的版本。整首歌给人很酷的感觉，非常棒。我也很喜欢这首‘意外’的收获。”

《和我在一起》(*With Me*)是这张专辑推出的第二首单曲。专辑收录了这首歌的两个版本：第一个版本中有全球最红的饶舌歌手 Master P 的饶舌演唱；第二个版本去掉了 Master P 的饶舌，改由杰曼·杜普利制作并主唱，以九个不和谐的钢琴音符为基础，翻唱了兰迪·纽曼(Randy Newman)的《西蒙·史密斯和会跳舞的小熊》(*Simon Smith and the Amazing Dancing Bear*)，并且运用了 Master P 的歌曲《Freak Hoes》中的饶舌。为这首歌曲拍摄的 MV 展现了女孩们活泼、时髦的一面，又避免显得过于幼稚。在这首歌曲的单曲版中，杜普利以他的饶舌演唱替代了 Master P 的饶舌。MV 中，他透过三维魔景机，看着女孩们各式各样的水下照片和碧昂丝变成美人鱼的幻境。然而，这个版本并没有第一个版本那样出众，碧昂丝个人也更倾向于有 Master P 的那个版本。“人们肯定在想‘到底怎么回事?’第二个版本并没有第一个版本的反响好。”

《告诉我》(*Tell Me*)是一首非常深情的歌曲，同样延续了午夜催眠曲般的情歌风格。专辑中的另一首歌曲《桥》(*Bridges*)运用了埃尔·格林(Al Green)的歌曲《纯爱》(*Simply Beautiful*)中的元素，是一首欢快的歌曲。这首由威金斯制作的歌曲受到了嘻哈节奏的影响，穿插有洛杉矶的传奇人物、后来加入了桑塔纳(Santana)乐队的比尔·奥尔蒂斯(Bill Ortiz)演奏的小号。《让我知道》(*Show Me the Way*)由卡尔·华盛顿(Carl Washington)制作，与埃弗林·金(Evelyn King)1983 年发行的专辑的整体风格如出一辙。这首歌曲自然巧妙地结合了坎尼·伯克(Keni Burke)的歌曲《登上顶点》(*Risin' to the Top*)的爵士放克风格。

流亡者组合的怀克里夫·吉恩和普拉斯·迈克尔同女孩们共同演绎了歌曲《幻觉》(*Illusion*)。歌曲完美地展示了怀克里夫在 20 世纪 90 年代大热的饶舌音乐制作风格。《幻觉》灵感来源于 80 年代英国的想象力组合(Imagination)的歌曲《只是幻觉》(*Just An Illusion*)，融合了多种旋律元素，尽管听起来有一种混乱的感觉，但是实际上却是一首非常具有感染力的歌曲。由威金斯创作并制作的歌曲《生日》(*Birthday*)，也是一首改编自《生日快乐》(*Happy Birthday*)的热辣的混音歌曲。

这张专辑最具代表性的一首歌曲是翻唱莱昂纳尔·里奇(Lionel Richie)在 1979 年创作的乡村灵魂乐《起航》(*Sail On*)。天命真女希望专辑中能涵盖所有的音乐元素，除了核心观众外，也要争取成年观众。尽管她们的表演很出色，但是仍然给人一种小孩子穿大人鞋的感觉。这张专辑中最温情的一首歌曲是献给安德莱塔·蒂尔曼的《我的时刻已到来》(*My Time Has Come*)，女孩们用饱含深情的演唱来追忆刚刚过世的经纪人。这首没有花哨制作的歌曲是一首单纯的、发自肺腑的歌曲。

怀克里夫也为组合未来的形象注入了越来越多的创作灵感。天命真女与怀克里夫一同去墨西哥的坎昆录制唱片并拍摄 MV。由于哥伦比亚唱片公司委派的服装公司在路上遇到了问题，所以蒂娜意识到，她应该自己为女孩们设计服装。“我去陆军剩余物资商店买了一些迷彩服，把这些迷彩服变成了性感的演出服，”蒂娜回忆道，“怀克里夫问碧昂丝，‘谁是你的造型师？’碧昂丝回答说，‘是我妈妈。’怀克里夫说，‘你应该一直让她做你的造型师。’事情就是这样开始的。在她们《百战娇娃》(*Survivor*)这张专辑发行后，迷彩图案的服装风靡一时。慢慢地，我开始按我母亲教我的那样去做。我没有买那些便宜的演出服，而是买了漂亮的布料自己动手做。”从那时开始，蒂娜成为天命真女造型团队中的主要成员。

2008年，天命真女担任了Boyz II Men美国夏日巡演的背景和音，这更加提升了她们的知名度。尽管从商业的角度来讲，她们起步较慢，但是随着知名度不断提高，天命真女的唱片销量也逐渐增长。马修对她们的训练已初见成效，她们能够在无数电视采访中熟练地回答各种各样疯狂的问题。四个女孩在性格上很互补，拉塔维娅充满智慧，凯莉亲切大方，莱托娅有点古怪，而碧昂丝则有很强的控制力。她们礼貌、完整地回答了关于成长、家庭和魅力等无数问题。没有人可以否认她们对自身、上帝、家庭和友情的绝对信任。同样，对于曾经没有唱片或经纪公司包装这件事，她们感到很高兴，这样她们可以轻松地忘记“女孩时代”。1998年年初，在与黑人娱乐电视台《星球唱片》(*Planet Groove*)栏目的明星主持人、牙买加-加拿大籍的雷切尔·斯图尔特(Rachel Stuart)的谈话中，碧昂丝说：“当我们签约时，我们已经整装待发。”对此，我们深信不疑。

天命真女的表现是一个非常精彩的开始。她们的专辑在《公告牌》百强专辑榜中排名第67位，在R&B歌曲排行榜中排名第14位，在英国排行榜中排名第45位。这张专辑以及天命真女未来所有专辑获得的成就都要感谢她们制作团队中的每一位成员的努力以及整个团队的凝聚力。安德莱塔·蒂尔曼为这张专辑所付出的心血超过其他任何人，在每一位女孩的感谢名单中，她都是最特别的一位。凯莉说："伟大的安德莱塔·蒂尔曼，你的精神永驻，我爱你。"拉塔维娅说："你一直在我心里。"莱托娅说："我爱你，非常想念你。"碧昂丝说："她是指引我方向的天使。"相信蒂尔曼的在天之灵会因女孩们的成功感到欣慰；相信她也能感受到，为了让女孩们能够在世界的舞台上走得更远，马修所付出的努力。

天命真女的专辑销量超过 300 万张，成为名副其实的金唱片。八年后，在为专辑《诞生日》(*B'Day*)做宣传时，碧昂丝说："虽然成绩不是特别辉煌，但是我们第一张唱片毫无疑问是成功的。这张专辑是一张新灵魂乐的唱片，而当时只有 15 岁的我们还不够成熟。"可以肯定的是，这张专辑使天命真女逐渐成名，而惠特妮·休斯顿以个人名义邀请她们参加其 35 岁生日聚会则巩固了她们在演艺圈的地位。

"她邀请我们参加她的生日宴会！这太让人激动了！"2000 年 9 月，碧昂丝接受《Q》杂志采访时说，"我们拿上所有的钱，带上衣服。我们是唯一一个服装统一的组合。每个人都在说，'你们看起来就像至高无上组合。'""你们看起来就像至高无上组合"，这句话也成为 1998 年所有媒体的常用语。

☆

天命真女真的做到了。由于她们的成名，碧昂丝一点社交的时间都没有了。她的男友林德尔·洛克(Lyndell Locke)是休斯敦当地人，一直非常低调。由于事务繁忙，碧昂丝根本没有时间谈恋爱，两人的关系逐渐冷淡。"我是看着天命真女成长起来的，我认识组合的每个成员，见证了她们的进步，"洛克在接受名人网站 Celeb Wohoo 采访时说，"当她们第一次得到签约时，当她们排练时，我都在。”

“从12岁一直到18岁我都在和林德尔交往，在一起大概六年时间。我参加了他的毕业舞会。”在《灵魂幸存者》中，碧昂丝写道，“那天其实我很想回家，因为在他的学校里我没有熟人。我当时十年级，而他在高年级。在我离开学校开始录唱片后，约会对我们来说是一种奢望。我们也很少见面。”

就在天命真女为她们的成功感到欣喜的时候，拉塔维娅、莱托娅与凯莉、碧昂丝之间的关系也逐渐变得紧张起来，大家的状态都不太好。当组合准备去欧洲巡演的时候，拉塔维娅由于发烧病倒了，马修建议由舞蹈演员詹妮尔(Janelle)顶替她的位置。

第四章

《有迹可循》

除非是他们刷爆了我们的卡！
否则我们为什么要用男人的钱来付账？

碧昂丝，1999 年

“在筹备第二张专辑时，我们坐在一起，把上一张专辑中所有不喜欢的和喜欢的内容写下来。”凯莉·罗兰在《灵魂幸存者》中说道。尽管凭借着第一张专辑的成功发行，天命真女打开了崭新的局面，但是她们也深知自己还可以做得更好。在上一张专辑中，只有怀克里夫·吉恩改编的混音版《不，不，不》最能体现她们的实力和发展方向。在为 K-Ci、Jo-Jo 和 Boyz II Men 的美国巡演担任和音的同时，姑娘们不忘继续紧张刻苦地排练和录音。

虽然与特里萨·拉巴贝拉·怀特同在哥伦比亚唱片，但公司还是建议天命真女向有着“音乐制作界的莎士比亚”之称的制作人凯文·布里格斯(Kevin Briggs)请教。凯文曾为逃脱少女组(Xscape)的康迪·布拉斯(Kandi Buruss)创作歌曲，后来两人成为情侣。当时，凯文担任逃脱少女组的制作人，同时也正在尝试创作不同的音乐风格，希望能够与他曾经为 TLC 组合制作的歌曲《拒绝小人物》（*No Scrubs*）完全不同。

凯文与康迪在得克萨斯会见了天命真女。“我当时并不了解这个组合，”后来凯文回忆道，“但是我尽力做好一名制作人和创作者的分内工作。我到了得克萨斯，刚开始有点不太自在，因为她们没料到康迪会和我一起来。”当时姑娘们以为只有凯文一个人来，她们对康迪有些敬畏。23 岁的康迪出生于亚特兰大，她当时与天命真女同属哥伦比亚唱片公司。

哥伦比亚唱片公司计划让凯文和康迪为天命真女的新专辑制作一首歌曲。当他们与天命真女及马修会面时，本来只打算制作《烦人精》（*Bug A Boo*）。但当康迪开始和姑娘们一起讨论旋律时，女孩们渐渐喜欢上了她。随后，在很短的时间内，凯文和康迪为天命真女的第二张专辑制作了多达 5 首歌曲，而他们的制作也为天命真女的事业指引了新的方向。

尽管天命真女的这张专辑共有 16 位制作人，但是在凯文和康迪的努力下，她们形成了自己的独特风格。凯文将新颖、跳跃的四拍节奏引入这张专辑，并鼓励她们运用怪异的口吃式的演唱方法去表演，他的创作开辟了真正属于天命真女的时代。

“从开始创作到《有迹可循》专辑灌录结束，我们仅仅用了三周的时间，”碧昂丝回忆道，“有时候我们一天会录两首歌，而有时候可能要花上两天时间才能完成一首。但是这已经是奇迹般的速度了。”1998 年 10 月到 1999 年 4 月，专辑进入了制作期；1999 年 7 月 27 日，天命真女的第二张专辑《有迹可循》正式发行。专辑名字选自《但以理书》，书中描述了一种出现在墙上的超自然笔迹，预言了巴比伦帝国的灭亡。

在大批制作人的辛勤努力下，天命真女突破了原有风格，取得了巨大进步。专辑中的 10 首歌是女孩们与创作和制作团队共同努力的结晶。

这张专辑标志着女孩们向成功又迈进了一步。在歌曲情感的表达方面，她们进步显著，从苍白平淡的情歌升级为更加巧妙的、富有戏剧性的歌曲，并且以人际关系、女权以及男性的欺骗等话题作为歌曲主题。对于一个整个青春期都浸泡在美发沙龙里的组合来说，听顾客们谈论男人、人际关系和经济困难等话题简直就是家常便饭，碧昂丝更像是与生俱来就知道该如何揣测顾客的口头禅和心理习惯，并懂得她们心中的不满一样。

《有迹可循》一开始是一段黑手党风格的故事，女孩们被带到了教父面前。西班牙吉他演奏了 1972 年获得奥斯卡奖、由弗朗西斯·福德·科波拉(Francis Ford Coppola)执导的影片《教父》(*The Godfather*)的主题曲《柔声倾诉》(*Speak Softly Love*)。四个家庭(拉塔维娅·曼瑟尔、碧昂丝·科莱奥内、凯莉·斯特拉齐和莱托娅·巴尔基尼)聚在一起商议天命真女的关系戒律。将组合成员的个人代码与神圣的文字进行合并是一个非常大胆的举动，整张专辑贯穿着强烈的道德观念。尽管在专辑中我们听到了“你应该去派对”这样的歌词，但是歌曲中更多传达着“你应该珍惜生命”和“坚持梦想”这样的理念。

由凯文制作的《如此美妙》(*So Good*)开始了新一轮的“反仇恨者”宣言，向她们曾经的恋人或组合成员炫耀她们的成功。20 世纪末，“仇恨者”一词在都市生活中流行起来，指那些不喜欢看到他人成功的人。这首歌展示了一种新的、像巴洛克风格似的华丽的声音——凯文演奏的每一件乐器以及木吉他快速的反复都饱满地支撑着天命真女天籁般的演唱。

接下来的一首歌曲《账单满天飞》(*Bills, Bills, Bills*)将天命真女完全带入主流音乐。这首歌中的每一件乐器都由凯文亲自演奏。歌曲在休斯敦录制完成，而洛杉矶极具传奇色彩的拉拉比录音工作室制作的混音也为这首歌画上了点睛之笔。这首歌与 TLC 组合的《拒绝小人物》非常相似，描述了一个委屈的女孩质问她的男友关于信用卡和手机账单上不明消费的事情。碧昂丝担任主唱，凯莉负责声部转换，四个人一起演唱和声。这首很有力量的歌曲灵感来源于凯文第二次去休斯敦会见天命真女的经历：他当时在杂货店准备结账，忽然听到有人喊着“账单、账单、账单”，随后康迪想到了她以前的男友在没有经过她允许的情况下，经常用她的手机，于是便有了这段精彩的旋律。

康迪和姑娘们一起讨论了歌词。“凯文不停地哼唱着旋律，”碧昂丝回忆道，“我们都喜欢这个朗朗上口的旋律。我们知道大家一定会喜欢这首歌的。”这首单曲在 1999 年 6 月 15 日推出，很多人误以为这首歌说的是女孩们自己的故事：她们依附于男人，用他们的钱来付账。很快，女孩们就澄清了事实。“除非是他们刷爆了我们的卡！否则我们为什么要用男人的钱来付账？”碧昂丝说，“歌词中也讲到了男人利用女人，但是却没有人注意到这一部分，大家都误会了。”尽管如此，可有时候一个误会反而会让事业向更有利的方向发展。6 月 22 日，这首单曲进入美国歌曲排行榜，逐渐攀升至第一名，在与珍妮弗·洛佩兹(Jennifer Lopez)的《假如你拥有我的爱》(*If You Had My Love*)和威尔·史密斯的《飙风战警》(*Wild Wild West*)的激烈竞争中，稳坐冠军宝座达一周之久。这首单曲打入《公告牌》排行榜百强歌曲，在排行榜中逗留了 20 个星期，并且有 9 周都位于《公告牌》R&B 歌曲排行榜的榜首，这是当年占据该排行榜冠军时间最长的一首单曲。7 月底，这首歌曲荣登英国排行榜的第六位，仅次于她们 1998 年 3 月的《不，不，不》。

这首单曲的MV的场景设置成一个美发沙龙，只有组合成员自己懂得，这就像在休斯敦时，她们出入蒂娜的美发沙龙的感觉一样。片中，女孩们扮演美发师与顾客一起闲聊，中间穿插着舞蹈和碧昂丝对着镜头唱歌的片段；凯莉的演唱描述了一个花女人钱的男人坐在客厅里盯着一些文件。这支MV非常时尚，蒂娜为女孩们设计了银色的表演服，给人一种来自未来的陌生感和距离感。

由密西·埃利奥特（Missy 'Misdemeanor' Elliott）担任制作并参与演唱的《忏悔》（*Confessions*），拥有着埃利奥特标志性的特点。尽管埃利奥特的饶舌显得有些马虎，但是这首有着70年代灵魂乐风格的作品已非常精彩。埃利奥特这位当时最酷的黑人音乐家的加盟，对于天命真女来说有着相当重要的意义，这证明了天命真女可以与美国顶级艺人一起合作。尽管哥伦比亚公司所付的酬劳是很大的因素，但是当时跨公司合作的门槛也很高。当埃利奥特听到天命真女演唱的歌曲时，她深受感动。她非常欣赏碧昂丝的工作风格。"她做事非常投入，"埃利奥特说，"这是我欣赏她的原因，她非常认真。她所做的事情不是进录音棚录个音而已，她一定会成功的。"

以一句"不要烦我"开始的《烦人精》，是这张专辑的主打歌之一。这首歌曲灵感来自《不，不，不》的调皮可爱，也是天命真女早期的一首经典之作。1999年10月，这首歌作为专辑的第二首单曲正式发行。它在英国排行榜的成绩比在美国本土更为优秀，在英国榜单中排名第9位，而在美国排名仅在第33位。在《账单满天飞》大获成功后，这样的成绩让人有些出乎意料。这是一首非常富有感染力的歌曲，呼吁女性要独立，不应该依赖那些烦扰她们、干预她们生活的男人。

这首歌曲的MV也非常有趣。影片的导演是达伦·格兰特

(Darren Grant)，他曾经执导过《不，不，不》《和我在一起》以及《账单满天飞》的 MV。片中，女孩们走过一条繁华的小镇街道——90 年代的导演偏爱这种设计，这种场景在强烈冲击组合（Massive Attack）的《未泯的同情心》（*Unfinished Sympathy*）和神韵组合（The Verve）的《苦乐参半交响乐》（*Bittersweet Symphony*）的 MV 中都出现过。女孩们观看着闭路电视中的自己，街上的交通灯有节奏地一闪一闪。当她们走在街上的时候，从一辆敞篷车上下来四个男人，对她们展开了无休止的纠缠与追逐，很显然这几个男人就是歌曲中所指的烦扰她们的人。就像漫画中出现的桥段，女孩们在躲避男人的途中打开了一扇门，门内竟是一个男士换衣间。看到屋里尽是身材健硕的运动员，甚至包括美国篮球巨星科比・布莱恩特（Kobe Bryant），女孩们窃笑不已。正当她们计划着怎样逃跑时，她们发现其中一个衣架上挂了四件拉拉队员的服装，于是她们打算换上这几件衣服蒙混过关。突然，画面切换到了晚上，加州大学洛杉矶分校正在进行足球比赛，四个女孩在布鲁恩游行乐队前跳着啦啦队的舞蹈，而指导她们的正是穿着加州大学洛杉矶分校乐队指挥服的怀克里夫・吉恩。最后，镜头又切回街道，女孩们再一次与四个男子不期而遇，尽管这让她们的逃跑计划功亏一篑，但是她们终于面带微笑，走向敞篷车与男人们一道离去。这支 MV 所要表述的就是，生活中女孩们需要男人，但同时也需要自己独立的空间；她们需要平静自由的生活，但是也需要男人恰逢其时的出现。

《诱惑》（*Temptation*）是一首曼妙的 R&B 风格慢歌，合唱部分占很大比重。这首歌的灵感来源于儿歌《这个老人》（*This Old Man*）。歌曲由德韦恩・威金斯和卡尔・惠勒（Carl Wheeler）共同创作。对于天命真女来说，这首歌曲的主题较为成熟，描述了一位已婚女人经历了道德上的挣扎后，拒绝了酒吧里认识的年轻男人。对于天命真女来说，她们也有自己的困难：要么让自己不断进步变得强大，要么收拾铺盖打道回府。

《既然她已离开》（*Now That She's Gone*）是一首极富律动感的歌曲，由唐尼·博因顿（Donnie 'D-Major' Boynton）和肯·法姆布罗（Ken 'K-Fam' Fambro）联合制作。这首作品在休斯敦录制完成，听上去像安吉·博菲利（Angie Bofill）或是雷吉娜·贝尔（Regina Belle）的风格。拉特利勒·西蒙斯（LaTrelle Simmons）的编曲为女孩们的演唱增色不少。《你去了哪里》（*Where'd You Go*）这首歌由"白金地位"（Platinum Status）和克里斯·斯托克斯（Chris Stokes）共同制作，但是由于它位于专辑的中间位置，所以与专辑中的其他歌曲相比，显得有些拖沓、呆板。

凯文创作的《嗨，女士们》（*Hey Ladies*）是另一首呼吁女性反对男人不忠的歌曲，由凯文和康迪制作。歌曲强烈呼吁女性赋权：当男人利用自己的"肌肉块"在街上与别人打情骂俏时，为什么女人要忍受这一切？这首歌曲所讲述的是女人下决心离开男人时内心的纠结与苦楚，但是与其忍受恋人不忠带来的内心煎熬，不如就此潇洒放手，追求自己真正的幸福。在歌曲进行到两分钟处，凯文加入了一段器乐演奏，完美地与天命真女的和声部分交融在一起。

呼喊着"你应该寻找新的开始"，女孩们为大家带来了集合专辑所有重要嘉宾的一首歌曲《如果你离开》（*If You Leave*）。这首歌延续了午夜慢速 R&B 的感觉。以演唱《亲爱的》（*Wifey*）和《太近》（*Too Close*）走红的 Next 组合的 R. L. 胡加（R. L. Huggar）、拉斐尔·布朗（Raphael Brown）和特伦斯·布朗（Terrance Brown）与碧昂丝共同演唱。他们新杰克摇摆风格的演绎为歌曲带来了一丝甜美的感觉，当碧昂丝的声音再次出现时，他们的演唱与碧昂丝的歌声融合，达到巅峰。这首由乍得·埃利奥特（Chad 'Dr Guess' Elliot）

和欧谢·亨特(Oshea Hunter)制作的歌曲再次以内心的困境为主题,描述了一对婚姻生活归于平淡的夫妻无法消除彼此之间的隔阂,考虑放弃多年的情谊而重新寻找另一段激情时的两难心情。这首歌也献给那些深处同样困境的人们。女孩们的表现给 Next 组合留下了深刻的印象,他们甚至在歌中唱道:"告诉你们的父亲,你们是我见过的最好的女孩。"

天命真女在美国逐渐走红,她们开始品尝到成功的喜悦。2000 年 7 月,随着"你应该去派对"的一声尖叫,这张专辑的第四首歌曲也是最后一首单曲《跃跃欲试》(*Jumpin', Jumpin'*)如期面市,白人摇滚乐评人开始将目光投向这个组合。这首歌曲也是碧昂丝首次参与制作。这首由碧昂丝与乍得·埃利奥特共同创作和制作的歌曲中,穿插了拜伦·里顿豪斯(Byron Rittenhouse)的演唱。这首歌曲直击了在俱乐部发生的疯狂的事,让女孩们离开家里的伴侣,因为俱乐部里有很多帅气的男孩。

英国媒体对天命真女的评价很是有趣。评论家加里·穆赫兰(Garry Mulholland)在他著名的《500 首最伟大的朋克和迪斯科单曲》(*This Is Uncool: The 500 Greatest Singles Since Punk and Disco*)一书中认为《跃跃欲试》这首歌是在怂恿所有婚姻幸福的女性去寻找婚外恋的新鲜刺激。运用"颤抖的、有推动力的节奏","听上去像是忠于上帝的淑女,但是无论你笑得多么端庄,现场采访便暴露了你的真面目"。

这是 21 世纪的 R&B 音乐中一首震撼的作品,歌曲中包括女孩们用电子合成音反复演唱。女孩们对那些整天粘着自己的男人感到厌烦:她们想要参加派对。她们并不是想要出轨,她们只想找点乐子。歌曲的 MV 拍摄于跨入新千年时的一家俱乐部,运用了很多奇妙的动画效果。

然而由罗德尼·杰金斯(Rodney ‘Darkchild’ Jerkins)制作的《呼唤我》(*Say My Name*)才是这张专辑最重要的作品。2000 年 2 月发行的这首单曲为天命真女拿下了第二个美国排行榜的冠军;2000 年 3 月,该曲稳居冠军宝座长达三个星期。“和罗德尼合作很愉快。”凯莉·罗兰回忆说。当时,组合的女孩们与罗德尼、他的搭档拉肖恩·丹尼尔(LaShawn Daniels)以及他的弟弟弗莱德·杰金斯(Fred Jerkins III)一起在录音棚里讨论歌曲。“当时我感觉就像男人和女人坐在一起,讨论男女之间的关系一样。”碧昂丝回忆说,“我们互相争论。男人们和女人们在一个屋子里,谈论着男人做了什么、女人做了什么,这非常有趣。我们开怀大笑,一起吃东西、唱歌,我们表现得很疯狂,然后我们就找到了这首歌的创作灵感。”弗莱德·杰金斯对当时的情形也记忆犹新:“当我们和某位艺人一起工作时……我们就坐下来一起感受他们现在处于生命中的哪个阶段,他们的情感关系会是怎样的;这样我们就可以拥有完美的合作。”

这次思想碰撞产生的作品可以说是精准地定义了天命真女。歌曲由拉肖恩·丹尼尔在好莱坞北部的太平洋之音工作室(Pacifique Studios)录制完成,由罗德尼制作混音。起初,罗德尼对这首作品并不满意,所以他重新进行了混音制作;女孩们在为专辑封面拍照时第一次听到新版的混音,所有人一致同意使用新版本。这首歌曲完美地展现了凯文的制作功底,与《账单满天飞》一样广受好评。歌曲的制作极为考究,碧昂丝在演唱部分也追求极致。歌曲中,女孩们再一次显示了恋人背叛所造成的伤害:他不再叫她的名字,而是用“宝贝”等称呼敷衍。罗德尼设计的管弦乐编曲听起来像富有戏剧性的悬疑音乐,这也使这首单曲成为一首幻想曲类型的经典作品。

尽管这张专辑中的其他歌曲也非常出色,但是却被这两首经典作品遮住了光芒。《她不爱你》(*She Can't Love You*)是凯文为这张专辑制作的最后一首歌曲,回归到传统的情歌路线。而《留下》(*Stay*)这首歌是由沉默合伙人制作公司的达里尔・西蒙斯制作完成的。当组合签约艾丽卡唱片时,沉默合伙人制作公司曾经对她们进行过简单的指导。这是一首甜美的、没有运用任何制作技巧但却非常质朴感人的歌曲,凸显出女孩们声线的完美融合。《甜蜜十六岁》(*Sweet Sixteen*)的第一段由拉塔维娅演唱,她浑厚、忧郁的嗓音恰如故事中的任性少年。

专辑的结尾是女孩们对休斯敦往事的追忆。这首歌曲的介绍很简单:"送给亲爱的安,愿上帝与你同在。"《尾声(奇异恩典……献给安德莱塔・蒂尔曼)》(*Outro*〈*Amazing Grace . . . Dedicated to Andretta Tillman*〉)是一首献给蒂尔曼的歌曲。蒂尔曼是女孩时代的创立者,也是拉塔维娅和莱托娅曾经的经纪人,1997年,她患红斑狼疮,不幸逝世。这首歌曲由碧昂丝独自制作,在休斯敦的数字录音工作室(Digital Services)录制完成。在歌曲中,女孩们清唱了约翰・牛顿(John Newton)创作的《英国基督教圣歌》,并把这部分放在整张专辑的最后。女孩们希望人们懂得,无论在这张专辑的主体部分运用了多少合成效果,但是专辑的核心仍然是个人的才能与四重唱的完美配合。

在这张专辑的制作过程中,天命真女开始与声乐指导金・伍德・桑达斯基(Kim Wood Sandusky)合作,金竭尽全力开发她们的声音潜能。在纳什维尔,金以戴维德・布鲁尔为她们创作的歌曲为基础,为她们布置了近乎苛刻的现场演唱任务。

天命真女的第二张专辑真正突破了她们曾经的演唱风格,如《账单满天飞》《烦人精》和《呼唤我》里非常强烈、刺耳的音调。《有迹可循》是天命真女的最后一张带有黑人音乐风格的专辑。专辑体现了她们的价值观,这些激烈的音乐强调了对女性赋权的呐喊:她们的心中为伴侣留有位置,但是她们更注重自我。这张专辑传达的全部信息就是“忘记仇恨”。

人们对这张专辑的评价褒贬不一。鲍勃·布伦纳(Rob Brunner)在《娱乐周刊》(*Entertainment Weekly*)中将这张专辑与R&B组合布兰奎(Blaque)的第一张同名专辑进行了对比。他谈到,如果摩城唱片的黄金时代还在的话,我们很难评价谁会是最好的艺人。“这张专辑被太多老套的情歌(如《留下》和《甜蜜十六岁》)束缚住了,这说明天命真女和其他组合一样,完全能够演唱催人入睡的慢速R&B风格的歌曲。但是,与其他歌手相比,她们意识到了音高极限与激情极限的区别,这是很多R&B歌手所缺少的素质。天命真女从至高无上组合的身上学到了很多东西,至高无上组合懂得怎样适时停止或者怎样运用令人感到平静的和声达到最大的效果。不,至高无上组合还没有达到《有迹可循》这张专辑那样高的水准,就算把专辑中的歌曲收录在《99首摩城经典歌曲》(*Motown '99*)中,这些歌也还是值得一听的。她们不仅充分领会了至高无上组合的精髓,而且漂亮地赢了她们一个回合。这是天命真女最出色的地方。”

然而,这张专辑的成功完全不需要依赖于任何评论。在发行的第一周,这张专辑就在美国专辑排行榜上取得了第六名的好成绩。后来,这张专辑也一直是美国销量最高的R&B专辑之一。

1999年,作为TLC组合的伴唱,天命真女开始了她们第一次环美巡演。TLC组合的专辑《歌迷来信》(*FanMail*)以及单曲《其貌不扬》(*Unpretty*)和《拒绝小人物》都大获成功。天命真女得到了许多赞誉,她们的演艺才能也得到了大幅度的提升。

《有迹可循》专辑的销量持续走高。2000年5月,专辑中的单曲《呼唤我》获得美国排行榜第一名，这也使专辑再次回到排行榜，并且比该专辑前一年的第五名的成绩又高了一位。这张专辑被制作成各种版本，于全世界发行。新版本最后还添加了一首未收录的单曲《搭公车》（*Get on the Bus*），这是电影《何苦坠入爱河》（*Why Do Fools Fall in Love*）的原声音乐。

同年6月，为庆祝《玩美当家》的成功，天命真女在英国发行了一组双碟装特别版的《有迹可循》，这也意味着仅仅是这一张专辑，天命真女就可以推广将近两年的时间。这张特别版的封面是成员四人的脸部特写照片。这张专辑在英国排行榜排名第10位，并且在榜单上稳坐了87周，并且专辑在全世界的销量超过1600万张。

2000年3月18日，《呼唤我》获得美国排行榜冠军。但是就在登上排行榜冠军的三天前，莱托娅·勒基特和拉塔维娅·罗伯逊对马修提起了诉讼。专辑名称《有迹可循》也确实是一个具有预示性的名字。

第五章

貌合神离终将单飞

碧昂丝:"我们每个人都是彼此不可分离的一部分。我们相亲相爱,我们要在一起。"
拉塔维娅:"我们要一起祈祷,一起守护彼此。"

加拿大电视台,1998 年

我们知道,所有的事情都是有原因的。上帝已经告诉我们该怎样做了,一切都会好起来的——就像那些有迹可循的预言一样。

碧昂丝,2002 年

2000 年 2 月,天命真女经历了碧昂丝后来提到的"裂变"。正当组合准备拍摄《呼唤我》的 MV 时,莱托娅和拉塔维娅正式起诉了她们的经纪人马修·诺尔斯。因为她们感觉,马修正在逐渐忽视她们。她们认为,马修作为碧昂丝的父亲,还要照顾凯莉,已经妨碍了他经纪人这一身份的专业性,所以她们希望能由其他人担任她们的经纪人。

她们二人曾与前经纪人安德拉塔·蒂尔曼的关系最为亲密,对于与音乐世界娱乐公司签约一事,她们一直持怀疑态度;而且四个女孩相处难免会有一点摩擦。同时,她们声称,她们还很年轻,刚开始赚到自己的第一桶金,但是，她们感觉碧昂丝赚的钱在四人之中总是最多的。拉塔维娅的母亲作为组合成员的陪护，一直默默无闻地陪伴着她们，经历了无数场的演出，但当她依然开着她那台破车时，碧昂丝已经开上捷豹了。她们对碧昂丝或者凯莉并没有任何看法，并且非常尊重碧昂丝和凯莉与马修的亲密无间、相互支持的关系，但是她们二人有种被逐渐排除在外的感觉。

四位成员的关系日益紧张，愈是当金钱的重量将曾经共同的梦想压得轻薄时，成员们之间的矛盾愈是严重。“当天命真女开始取得成功时，”碧昂丝在《灵魂幸存者》中写道，“当我们的世界发生翻天覆地的变化时，我们也真正看清谁才是真朋友。没有长久不变的友情，尤其是在女性朋友之间更是难寻伟大的友谊。我非常不愿意这样讲，女人之间的竞争太激烈了——嫉妒会让女人丧失理智。当我们还涉世未深的时候，竞争的天性非常可怕，那些嫉妒和羡慕往往会一发不可收拾，有时候会让人做出疯狂的事情。”拉塔维娅和莱托娅希望在组合中找到平衡。据说她们与当时哥伦比亚唱片的一些一流的制作人经常在一起，如奇才杰曼·杜普利和锯齿边缘组合(Jagged Edge)；同时，她们也逐渐偏离了天命真女正常的生活轨迹。

“我们已尽一切努力。我们到教堂咨询牧师，我们试着换房间；但是却总是两人一组。而且在组合的定位和发展方面，我们的看法也不相同。”在接受《Q》杂志采访时碧昂丝说。拉塔维娅和莱托娅希望天命真女更随意一点，少一些基督教的色彩。无论日渐的疏远和分离是出于什么原因，当拉塔维娅和莱托娅发现她们的位置已经被人取代时，她们自己也惊呆了。

“当时，因为我们的演唱事业刚有起色，所以要出席很多宣传活动来提升组合的媒体曝光率。”碧昂丝说，“而且，我们计划在两个星期后拍摄《呼唤我》的 MV。所以，我们不得不寻找与拉塔维娅和莱托娅看起来比较像的人来保证录影能顺利完成,而且我们不希望组合内部的事情影响人们对我们音乐的看法。我们也不希望让媒体利用组合内部的事情来做文章。仅此而已!”尽管已经进行了长时间的商讨,但当拉塔维娅和莱托娅看到《呼唤我》新拍的MV时,还是难掩内心的震惊。在这个视频中,莫妮卡(Monica)的和音歌手特尼塔·米歇尔·威廉姆斯(Tenitra Michelle Williams,1980年7月23日生于伊利诺伊州罗克福德市)和法拉·富兰克林(Farrah Franklin,曾为天命真女《账单满天飞》MV美发沙龙的场景伴舞)顶替了她们的位置。

直到这时,拉塔维娅和莱托娅才意识到,她们已经被取代了。她们两人恐惧地看看彼此,莱托娅说:“七年的努力就这样付之东流了。”米歇尔长得与莱托娅有些像,而法拉和拉塔维娅则特别相像。这支MV非常出色。由于这两位新成员和原来成员比较相像,她们也只是为歌曲对口型而已,所以很多人没有发现已经物是人非。

拉塔维娅和莱托娅起诉了马修、碧昂丝和凯莉,声称她们是在不知情的情况下被迫离开组合的,并且直接换掉她们这一行为严重影响了她们未来的演艺生涯。起诉马修是一回事,但是把她们的昔日好友也卷进这场官司中,足以见得她们心中的强烈不满。她们的诉状中包括马修没有给她们应得的酬劳并且还辱骂过她们。

一时间,这件事成为街头巷尾热议的话题,同时也影响了碧昂丝。当《呼唤我》这首单曲向美国排行榜第一名进军时,MV也在全国开始播放,而找出视频中的两位新成员成了当时年轻人的一个新乐趣。尽管组合内部出现了严重分歧,但是拉塔维娅曾经是碧昂丝在组合中的第一个朋友。“在那以前,我们都在得克萨斯长大,我们关系很好。”碧昂丝在《灵魂幸存者》中写道,“在孩提时,我们四个女孩就成为彼此一生的好友,我们在一起很多年,但是我们始终也没有一起登上过杂志封面。我想，对于媒体来说，我们的故事可能太无聊了；突然间，两位成员离开了，因此所有目光迅速集中在我们身上。”2000年5月29日，碧昂丝接受《JET》杂志采访时表示，由于对歌曲的创作意见不合，两位成员离开了组合。她明白，美国公众已经习惯看到整个组合一同出现，所以现在每次接受采访时，她都会被问及关于前任成员离开的事情。是巧合也好，必然也罢，她们再一次与至高无上组合发生了相似的事情——当成功的阶梯就在眼前时，组合成员被换掉了。

“那段时间，我和凯莉的压力非常大，”碧昂丝说，“我们非常难过，非常伤心。”尽管碧昂丝和凯莉尽量表现得很镇定，但是媒体对她们的诽谤还是造成了一定的伤害。2000年11月，凯莉无法忍受舆论的压力，开始发泄心中的不满：“她们很消极，嫉妒心很强，我说得对不对？我说的话一点都不过分，是不是？我就是要将事情的真相还原：她们根本不能胜任独唱的工作。我们都要去上声乐课，因为我们需要有实力的演唱，但是她们没有去。可当我们开始赚钱的时候，她们又出现了。”

莱托娅·勒基特和拉塔维娅·罗伯逊的离开也许是碧昂丝的演艺生涯中引发争议最多的一个事件。当天命真女第一次到访英国时，所有的媒体都在报道她们内部一些勾心斗角的事情。甚至有报道称，担任组合经纪人的马修开除了莱托娅和拉塔维娅，因为这两位成员不服从他的管理。但是不得不说，正是媒体的报道和关注使天命真女更为走红。

☆

法拉·富兰克林在组合中的昙花一现也引来了更多关注。她在2000年加入组合，只逗留了短短五个月的时间。在这期间，她参与了新单曲《玩美当家》的录制，还参加了《账单满天飞》的宣传活动。法拉 1981 年出生于美国爱荷华州的得梅因，曾加入一个名为简多伊的新秀歌唱组合，但是并没有取得任何成就。

法拉不愿服从天命真女一直奉行的非常严格的日程安排，她经常在媒体发布会上独自离开。当天命真女准备去澳大利亚的时候，由于一些私人原因，法拉在参加 MTV 颁奖典礼的前夕离开了。"MTV 大奖对于我们来说非常重要，"碧昂丝说，"我们花了九年的时间才走到这一步。为了这一刻，我们付出了巨大的努力。无论你有什么样的问题，难道就不能等回到宾馆再解决吗？她这五个月来一直都是这样的行事风格。大家辛辛苦苦得来的成功，她不费吹灰之力就能得到，所以毫不珍惜。"

法拉开始在媒体面前抱怨组合内部与她的一些意见不一致，这让碧昂丝更加反感。"天命真女一直很好，"在接受 MTV 台采访时，她挑衅地说，"在没有法拉的情况下，我们已经演出三四次了，都非常出色。"

7 月 17 日，除法拉外，天命真女其他三位成员去了澳大利亚。她们在那里拍摄了新的宣传片，也就是在那里，她们决定，天命真女从此保持三个人的阵容。"这是我们第一次正式决定不再为寻找成员而烦恼了。"碧昂丝在《灵魂幸存者》中写道，"凯莉说，'嗨，《霹雳娇娃》这部电影要上映了。这部电影中就只有三个女人！'米歇尔觉得我们真是不谋而合。我当时说，'那就这样吧！太完美了！姐妹们，我们一定可以的。'我们知道，所有的事情都是有原因的。上帝已经告诉我们该怎样做了，一切都会好起来的——就像那些有迹可循的预言一样。"

"她应对不了压力和工作。"米歇尔·威廉姆斯告诉《滚石》杂志。似乎米歇尔能够理解法拉的问题所在，有趣的是，很多媒体都认为下一位离开组合的人就是她。“我不知道法拉是不是把这一切都当成游戏或者给自己找点乐子，但是实际上这根本没那么简单。”与法拉同住一屋的米歇尔知道法拉并不开心，因为她在组合中没有发言权，因为她不得不染头发，因为她一定要按照那些严格的日程去生活。“我一直都觉得法拉会离开团队。”米歇尔说，“面对镜头的大部分时间里，法拉一直在担心。她会说，‘他们为什么总是给碧昂丝这么多镜头？’而我告诉她，‘因为碧昂丝是主唱。不过，我们也并不是在后面像玩偶一样什么都做不了呀？’”

媒体似乎更热衷于听到天命真女其他成员的抱怨。“我感觉我正在迷失自我，我没有被人当作女儿一样对待，”在接受《E！梦碎大道》栏目采访时，法拉说，“我真的撑不下去了，我必须得离开了。”两年后，碧昂丝讲道：“似乎法拉没有真正想融入这个组合。我觉得她只想自己一个人。”

碧昂丝在电视上的评论并没有平息这次风波。她说：“现在组合中所有不好的成分已经剔除掉了，我们已经开始改变了。我们终于找到了成功的秘诀，这太棒了。”

“是的。”凯莉同意她的说法，并做出祈祷的动作。

“只要碧昂丝和凯莉还在唱歌，那我们所有人的信念就都还在，我们就不会经历什么巨大变化，我确信不会变。”2001 年马修说。

这些事让天命真女看起来要比真实的她们丰富得多。“天命真女一直非常有才华，但是我想我们可能缺少的就是争议。”接受《新闻周刊》(*Newsweek*)采访时，碧昂丝说，“我想，一个组合要获得成功，就一定要有精彩的故事。我们的故事太简单了，所以我也感谢上帝能让我们有些话题性。我很高兴，因为这些话题帮我们卖掉了更多唱片。”

☆

除了这些戏剧性的事件，对于天命真女来说，2000年的她们更加努力、团结，脱胎换骨；2000年，碧昂丝也巩固了她超级巨星的地位。这一年，她们开始了第一次大型全球巡回演唱会，演出场次多达59场。自7月1日开始，她们每个月都会举行演唱会；12月31日，她们的最后一场演出在圣何塞州立大学完美落幕。

天命真女在英国的演出代表着她们的巨大成功。2000年3月，她们在位于伦敦西部的帝国剧院举行演出。帝国剧院是一座历史悠久的音乐厅，可同时容纳两千名观众，并且曾长期作为BBC电视台的剧场。同年11月，天命真女在可容纳1.5万人的伦敦体育场举行了演唱会。

这一次，天命真女的成功应归功于一首歌曲——《完美当家》。在影片《霹雳娇娃》的原声大碟中，这首歌曲是主打歌，而这也改变了一切。2000年4月的一个晚上，对于《账单满天飞》收到的一些针对碧昂丝个人的评价和拉塔维娅和莱托娅离开等问题，男友林德尔·洛克的反应令碧昂丝与他大吵了一架。随后，碧昂丝自己一个人跑到了录音棚。就是这样，她写下了怎样才能成为“独立女性”的宣言。马修与哥伦比亚唱片的母公司索尼唱片一起听了她的创作，他们立即决定将这首歌曲作为根据70年代传奇电视剧改编，由德鲁·巴里摩尔主演的电影《霹雳娇娃》的主题曲。

接受MTV台采访时，碧昂丝说：“当公司听到这首歌的时候，他们认为‘这首歌酷极了。一定要加到电影中去’。当然，我们也觉得‘那真是再好不过了’。所以，根据《霹雳娇娃》这部电影，我们对歌曲进行了一些改编，然后就有了现在大家听到的这首歌。对我们来说，这次经历真的非比寻常。”

随后，科里·鲁尼(Cory Rooney)、吉恩·克劳德·奥利弗(Jean Claude Olivier)和塞缪尔·巴恩斯(Samuel Barnes)又为这首歌曲添加了一些创作元素，鲁尼、多利纳·卡坦(Dorine Catan)与Poke & Tone共同完成了这首歌的制作。该曲吹响了女性赋权的号角。歌曲的录制在纽约的罗伯录音工作室完成，由碧昂丝主唱，凯莉和音。这首歌的独唱部分全部由碧昂丝完成。起初独唱部分也包括了法拉·富兰克林，但是由于她的退出，她的演唱就被删除了。

这首歌曲的最初版本成为《玩美当家II》，作为单曲的第二个版本收录在专辑中。歌曲运用了《跃跃欲试》中那种动感的舞曲风格。而该曲的慢速版本也非常动听。

这首单曲发行于2000年9月，由于其动感、跳跃的节拍以及电影主角的推荐，歌曲一炮而红，迅速蹿升至美国各大排行榜榜首。这首歌曲带领着她们从美国城市硬核音乐进入了全球音乐市场，再次吸引了人们的眼球。

将天命真女与影片以及演员阵容共同介绍，显示出了组合对自身重要性的认知，公众也肯定了她们的地位。单曲的封面是重组后的三位成员，同时也标志着她们的新风格。在之前发布的单曲中，她们都穿着非常轻薄的或是俱乐部的服装；而这次，凯莉和米歇尔在单曲封面中穿着一身皮衣，碧昂丝则穿着深V领的皮衣。看得出来，女孩们已经做好"战斗"的准备了。

更让人惊喜的是，这部电影成为年度票房最高的电影。德鲁·巴里摩尔(也是影片的合伙制作人)一直以来都想将这部70年代的经典电视剧重新改编，当年的这部经典电视剧也捧红了法拉·柯茜(Farrah Fawcett)、凯特·杰克逊(Kate Jackson)和杰奎·史密斯(Jacqueline Smith)几位巨星。

在麦克金提(McG)的指导下，这部影片看起来像一个一本正经却活力无限的、顽皮的女孩。《哈利韦尔电影导报》(*Halliwell's Film Guide*)评价此片是一部非常轻松愉快的电影,比70年代的电视剧版更加有活力。尽管电影以"女性赋权"为主题,但是却也出现了女明星们在钢丝上高抬腿的动作和穿着紧身衣的优雅身段的画面。该电影预算为7500万美元,而其票房收入高达2.64亿美元。天命真女的形象也呼应了电影中三位主角的形象,这更加稳固了三人组在流行音乐中的地位。

这首单曲的MV于2000年8月在洛杉矶拍摄完成,由佛朗西斯·劳伦斯(Francis Lawrence)执导。片中穿插着《霹雳娇娃》中的片段以及天命真女坐在会议室桌子上的镜头。她们很快就在脚本中加入了"霹雳娇娃"的风格,一些骑摩托车和站立在火焰中的画面使她们成为坚强、独立女性的代言人。在21世纪初,天命真女就被定位在了"所向无敌"的形象上。这个形象比她们以前的形象更难把握、更有力量也更加成熟。

从2000年9月到2001年2月,《玩美当家》连续11周占据美国排行榜榜首,电影取得的惊人的票房成绩也使这首单曲大获成功。同时,电台也非常钟爱这首歌曲。为了打入圣诞节市场,索尼唱片及时发行了一张超长单曲,名为《快乐的圣诞节》(*8 Days of Christmas*),延续《玩美当家》的流行热度。

2000年11月,在英国歌曲榜上,《玩美当家》力挫其他强劲的对手,荣登榜首宝座。天命真女在英国市场也同样受到了热情的礼遇,这让人不得不联想起几年前同样红遍全球且呼吁"女权主义"的辣妹组合。2000年,辣妹发行了最后一张专辑《永久》(*Forever*)和最后一首单曲《发牢骚/让爱做主》(*Holler/ Let Love Lead the Way*)。无独有偶,同样也是出自金牌制作人罗德尼·杰金斯之手的这首单曲一举摘得英国排行榜的桂冠(约有一星期),但是这首歌曲无色彩的曲调更像是对辣妹组合曾经反对真爱的颂歌。而另一方面，天命真女独立于电影，活跃在演艺界，她们迅速成为那些曾经喜爱辣妹组合的歌迷们心中的新“辣妹”。2001 年 1 月，《玩美当家》在英国销量达到 25 万张，成为名副其实的金唱片。

的确，正如天命真女所说，世事难料。2000 年年底，拉塔维娅和莱托娅撤回了对碧昂丝和凯莉的诉讼。“莱托娅和拉塔维娅与碧昂丝和凯莉已经以友好的方式解决了争议。”2001 年年初，莱托娅和拉塔维娅的发言人兰迪·鲍曼(Randy Bowman)说。尽管她们仍然坚持对马修提起诉讼，但是所有人都同意不会在媒体上继续相互诽谤。

第六章

《百战娇娃》

我们很难确定，
天命真女到底是真正虔诚的、贴心的女孩，
还是圆滑的艺人而已。

《标准晚报》,2001 年

虽说 2000 年天命真女的事业得到了令人咋舌的突破,但 2001 年她们的事业才可称得上是直冲云霄。这一年,她们一直在筹备新专辑《百战娇娃》。作为第三张完整的专辑,《百战娇娃》的发行对于她们的事业发展起到了至关重要的作用。在《玩美当家》发行后,重新包装的双碟版《有迹可循》在欧洲市场受到了广大歌迷的欢迎,同时,歌迷们也期待着天命真女能更快推出新专辑。

2001 年 4 月,天命真女参加了一系列演出活动,这些活动也是对她们过去十年里在学校的礼堂或体育馆演出岁月的一个告别。就读于内布拉斯加州奥马哈市米勒德北部高级中学的学生们在一次电台举办的比赛中获胜,为了能参加这场专门为帮助贫困儿童所举办的慈善比赛,学生们东拼西凑攒够了参赛费用,而他们的奖品就是天命真女去他们的学校演出,这一行程在《玩美当家》发行前就已经确定了。

《滚石》杂志对此次活动进行了报道。“当组合成员上台时，孩子们放下了‘你太牛了’字样的标语。三位女孩子昂首阔步走上舞台，”詹西·邓恩(Jancee Dunn)写道，“金色的紧身热裤和细高跟长靴更显出她们修长的美腿。她们好像刚从乔治·克林顿的航空母舰上下来一样——画着闪亮的妆容，与伴舞一起随着音乐舞蹈。这三位高挑美艳的女孩充满激情地表演了《玩美当家》《不，不，不》《跃跃欲试》《你在那里还好吗?》几首歌曲。碧昂丝优美的声线、高高梳起的金色马尾令她更加闪耀夺目。这些孩子们平时看到超市里的‘今日推荐’就已惊喜万分，天命真女的现场演出让他们大开眼界。天命真女的表演简直是一场视听盛宴，无论她们是在麦迪逊广场花园表演还是在学校的礼堂里，她们都让人无法将目光移开。”

☆

天命真女的成员们明白，她们一定要具备一些与众不同的特质，才能超越现在而取得更大的成就。首先她们要做的是一定要超越《有迹可循》。“这张专辑大概售出了 500 万张，”碧昂丝告诉 MTV 台，“每个人都非常喜欢它。我们踏进录音棚之初，并没有预料到这张专辑会如此受欢迎。所以，坦诚地说，我们也很紧张，因为我们要不断地超越自我。也正是因为我们在不断地成长和锤炼，第二张专辑才会有这样好的成绩。我们长大了，我们一直在学习进步，所以很多事情也自然而然地发生了变化……我想，下一张专辑也一定会受到大家喜爱。”正如碧昂丝所言，她们的新专辑再一次获得了成功。

2001 年 5 月 1 日，天命真女的第三张专辑《百战娇娃》正式与歌迷见面。在随后的几年中，只要一提到天命真女，人们就会想到这张专辑。这部精心设计编排的作品包含了许多让人惊喜的元素。由蒂娜设计的专辑封面在设计理念上表达了与《玩美当家》相似的情感，揭示了天命真女从曾经的少女已然转变为真正的女人。在专辑封面折页内的照片中，女孩们以胜利的姿态立于荒岛上的岩石之巅，仅从画面上给人的视觉感悟就无须再解释她们所要传达的女性赋权态度。

专辑《百战娇娃》的创作理念来自于她们的真实经历。当时组合成员的离开引发了媒体的热议，而碧昂丝也受到了媒体的抨击。其中有一位主持人将天命真女的事件经过比作当时流行的一档电视节目，在这个节目中，每个星期都会淘汰一位选手，而最后留下的那位才是赢家。这却给了碧昂丝灵感，她认为《百战娇娃》表达了她们的内心感受，也是给所有对她们怀有恶意的人的一次有力反击。歌曲《百战娇娃》成为这张专辑的开篇之作。"《百战娇娃》是向全世界宣告，"碧昂丝说，"向当时放弃了我们的公司（艾丽卡唱片），向五年级时拿我们的梦想开玩笑的人，向曾经让我们失落的团队成员们。"这首歌曲的演唱充满了力量。碧昂丝主唱，凯莉负责中音区，米歇尔那福音音乐的独特嗓音为这首歌曲锦上添花。在尾声部分，清唱的合唱再次展现了三位女孩充满魅力的声线。如果说《玩美当家》是一部天命真女处于转型期的作品，那么《百战娇娃》则展现给人们一个全新的天命真女。

这首歌曲是碧昂丝创作的，她在创作过程中听取了马修和头脑音乐王国（State Of Mind Muzic）的制作人安东·尼丹特（Anthony Dent）提出的建议。这首歌曲讲述了天命真女自己的故事。"歌词是写我们自己的，因为我们经历的太多。"2001 年接受《滚石》采访时，碧昂丝说，"我们经历了组合的重组，当时好像每个人都在说，'好吧，以后不会再有天命真女了！'但是，在经历所有这些变故后，我们的专辑销量更高了。这十年中，我们经历的种种问题不但没有击垮我们，反而让我们变得更加团结，也使我们成了更好的自己。”

《百战娇娃》再一次回到“坚强”这一主题——这也是向所有现代女性传递的信息。“当创作《百战娇娃》的时候，我听取了在康复中心的人们的想法，我听到了那些失去家人或者失去家庭的人们的真正感悟。”谈到这首歌曲产生的影响时，碧昂丝说，“每到一座城市演出，我们都会邀请许愿基金会(Make-A-Wish Foundation)的孩子们前来观看，为他们唱歌。在和他们眼神交流的时候，我们感觉到，我们带给人们的不仅仅是跳舞唱歌之类看似肤浅的感官欣赏。如果你创作的歌曲能帮你驱散别人内心的阴霾，那么就是对你最大的肯定。”

这首单曲讲述了一个女孩结束了一段糟糕的恋爱关系后，开始了崭新的生活。其中“我们的专辑卖了九百万张”“我不屑于把你的丑事公布于众”“在社交网络的联系人中删除你”或是“有辱我的信仰”等歌词替代了“没有男朋友就一无所有”这样的歌词。这些极具挑衅意味的歌词似乎是对拉塔维娅和莱托娅的公开影射。

2001年3月，在同名专辑发布前，作为单曲提前发行的《百战娇娃》广受好评。为单曲录制的MV由达伦·格兰特执导，讲述了女孩们遭遇海难后，在荒岛上求生的故事。第一幕中，女孩们衣衫褴褛地从海中走向岸边；然后她们开始在沙滩上起舞；随后，她们手持猎叉跳进丛林，向瀑布走去。整个影片的高潮部分是女孩们穿着迷彩图案的服装，在一个类似玛雅寺庙的地方跳起了惊艳的舞蹈。而从始至终，一个男人一直在远处注视着她们。尽管并不是优雅精致的风格，但是这部富有戏剧性的MV还是受到了全世界观众的欢迎。随着TLC组合演艺事业的暂停以及辣妹组合的解散，天命真女一跃成为全世界最流行的女子演唱组。

2001 年 4 月,《百战娇娃》荣登英国排行榜冠军宝座,并在美国排行榜中排名第二,仅次于珍妮·杰克逊蝉联 7 周的冠军歌曲《只为你》(*All for You*)。这首属于天命真女自己的歌曲也引发了一些争议。除歌曲的部分歌词影射组合前成员外,2003 年,迈阿密的一位制作人特伦斯·罗宾逊(Terrence Robinson,又名 T-Robb)起诉了马修。罗宾逊称,他在 2000 年的时候将他创作的歌曲《荣耀》(*Glorious*)交给了马修和碧昂丝,当时他的这首歌曲并没有申请版权保护,而碧昂丝的《百战娇娃》与他创作的《荣耀》惊人地相似,他要求马修支付他两亿美元的赔偿。罗宾逊声称,如果在专辑的创作成员中加上他的名字,现在他就应该是最受欢迎、最有名气的制作人之一了。这是第一个关于这首单曲不是原创的谣言。"有三个人声称这首歌的创作或制作出自他们之手,或说歌词是针对他们的,"接受 BBC 采访时,马修说,"所以这其中肯定有人在说谎。"碧昂丝的律师汤姆·福尔克森(Tom Fulkerson)以诽谤罪起诉了罗宾逊,最后这桩官司以庭外和解的方式结束。

除同名主打歌以外,专辑中的其他歌曲像是"长大了一岁的《玩美当家》",其中最受欢迎的是《秀色可餐》(*Bootylicious*)。歌曲的吉他素材选用了史蒂维·尼克(Stevie Nick)的《十七岁的边缘》(*Edge of Seventeen*)。这首歌赞美了女性的丰满身材。"我希望我很健康,我希望我能一直这样自信,但是我一生都摆脱不了节食的困扰,"2003 年碧昂丝说,"这简直令人疯狂。我希望每个人都能接受自己,知道自身被人喜欢的优点,并且应该懂得,不要以大众的标准衡量自己。每个人都有属于自己不同的美。"碧昂丝正是以这种积极开朗的性格成为千百万女性心中的榜样。演艺界中的女性要么以瘦为美、身材性感,要么就是大妈身材但是却有一副好嗓子,而碧昂丝这位超级巨星自我感觉非常好。

制作人罗伯·福萨利(Rob Fusari)和法尔隆提·摩尔(Falonte Moore)参与了《秀色可餐》的创作和制作。摩尔曾参与威尔·史密斯的专辑《千禧威龙》(*Willennium*)的制作。福萨利建议将歌曲中吉他部分的素材换成幸存者乐队的《虎视眈眈》(*Eye of the Tiger*)。但是,当时福萨利手边没有这部分录音,所以这首歌曲暂时使用了史蒂维·尼克斯制作的版本。在福萨利将他的制作发给碧昂丝供她选择之前,史蒂维制作的版本大概使用了六个月的时间。

碧昂丝为这首歌填词时正在飞往伦敦的航班上。"在那次长时间的飞行中,我感到欣喜若狂。"她告诉弗莱德·布朗森(Fred Bronson),"这首歌曲告诉人们,不是所有的人都是杂志上的样子。人的身材不应该是瘦得像皮包骨一样,而应该是有血有肉的……如果有人告诉你要减肥或是应该怎样做,那么你就告诉他,是他们不懂得欣赏你的美。"

福萨利在接下来的几年间听到了对这首歌曲创作背景的很多说法。但是当他得知,碧昂丝告诉芭芭拉·沃尔特斯(Barbara Walters)的关于这首歌曲的创作灵感并不符合实情时,他致电马修。"他用一种友好的方式向我解释,"接受《公告牌》杂志采访时,福萨利说,"'听众们对这位来自新泽西州利文斯顿的制作人罗伯·福萨利的名字并不感兴趣。所以考虑到专辑的销量……请您谅解,毕竟,艺术家是全才,才是真正提高专辑销量的筹码。'当时我说,'是的,马修,我很清楚游戏规则。但是,我也在努力,我像一只正在寻找坚果的小松鼠一样努力。'"后来,在Lady Gaga初进乐坛时,福萨利担任了她的主要制作人。

《秀色可餐》是R&B与摇滚乐的完美融合与升华,在吉他绵延的音色中,人们产生了共鸣:2006年,Bootylicious一词被收录进权威的《牛津英语词典》(*Oxford English Dictionary*),意思为身材凹凸有致、撩人的，尤其指臀部曲线。但是对于这一贡献，碧昂丝一笑置之。“我是写了这首歌，”在接 TV Hits 采访时，碧昂丝说，“但如果非要我选，我希望词典收录的是另外一个词。”碧昂丝的好友兼同事密西·埃利奥特听到这首歌之后赞不绝口：“这首歌简直太有趣了，她们在谈论女性的臀部！这首歌是天命真女第一首让人感到很俏皮的歌曲。”

在这首歌曲的 MV 中，调皮嬉戏的女孩与时尚的游行组成了一个个自由旋转的场景。影片中出现了很多配角和伴舞，史蒂维·尼克一边弹吉他一边跳舞的镜头使这支 MV 更为轰动。2001 年 5 月，这首单曲正式发行；6 月 9 日打入各大排行榜；8 月 4 日，获得全美排行榜第一名。在英国，这首单曲位居排行榜第二名。

这首单曲也引发了“混搭”的潮流：一些匿名的制作人将一首作品中的演唱部分添加到另一首录作品的器乐中。当然，这种做法并不合法。英国制作人弗里朗斯·海尔瑞斯（Freelance Hellraiser）制作了一段名为《臀部气息》（*Smells Like Booty*）的音乐，将凯莉、碧昂丝与米歇尔的声音与涅槃乐队（Nirvana）的《青春气息》（*Smells Like Teen Spirit*）进行混合；而 DJ 弗兰切布洛克（Frenchbloke）则将死肯尼迪乐队（The Dead Kennedys）的《超越一切的加利福尼亚》（*California ber Alles*）与《跃跃欲试》混合在一起。这些歌曲都是私下发行的，如《私制唱片》（*The Best Bootlegs in the World Ever*）等。有时，人们很难记起天命真女还有过这样俏皮时尚的形象。

☆

“致所有经历了关系破裂、健康问题、歧视、虐待、失去至亲、失去朋友、不受欢迎、自卑、贫穷、身体残疾、经济问题、失业、痛苦、折磨、吸毒、酗酒、悲伤、孤独但坚持过来的人”，《百战娇娃》成为迄今为止天命真女最有凝聚力的一张专辑。这张专辑并没有使用很多制作人,而仅仅用女孩们自己的声音表达内心的情感;这更像是一张属于女孩们自己的专辑。

歌曲《野丫头》(*Nasty Girl*)的灵感来源于巴提莫拉(Baltimora)的《人猿泰山》(*Tarzan Boy*),并且加入了卡通片《皮博迪历险记》(*Peabody's Improbable History*)的主题元素,持续了前几张专辑的街头音乐风格。这首由碧昂丝和安东尼·丹特创作的歌曲,在欧洲和澳大利亚以单曲的形式发行,并进入排行榜前十名。虽然歌曲《幻想》(*Fancy*)反响平平,但是听众们嗅到了小众R&B风格的《冰淇淋苹果派》(*Apple Pie À La Mode*)的味道。这首歌曲让人想起了迈克尔·杰克逊的《想要挑动事端》(*Wanna Be Startin' Somethin'*),但是《冰淇淋苹果派》的速度更为缓慢。碧昂丝在歌词的创作方面越来越显露出机智诙谐,而制作人福萨利和摩尔的音乐与她默契十足。

《性感老爸》(*Sexy Daddy*)则更受欢迎——这是一首能让你真正感受到天命真女三人缺一不可的歌曲。这首歌由碧昂丝和狄昂·华威克(Dionne Warwick)的儿子达蒙·埃利奥特(Damon Elliott)共同创作,达蒙后来为Pink创作并制作了《派对开始》(*Get the Party Started*)。歌曲运用了邦戈拉舞、西班牙音乐以及条顿音乐的节奏等元素。然而,最让人惊喜的还是女孩们的演唱,毫无疑问,在金·伍德·桑达斯基的悉心指导下,女孩们一直在进步。她们在合唱与独唱间进行转换,应对自如,随后转变为安德鲁斯姐妹(Andrews Sisters)深情的灵魂乐演唱风格。碧昂丝创作的歌词像儿歌一样,回忆了与她迷人的老爸一起度过的愉快时光。可以这样说,与天命真女的其他歌曲相比,这首歌为后来碧昂丝发展个人事业时勇于冒险的精神奠定了基础。

专辑的另一首主打歌是福萨利和摩尔共同创作的《幸福的笑脸》(*Happy Face*)。这首轻摇滚与R&B相结合的歌曲迎合了主流市场的需求。尽管歌曲中也运用了所有摇滚乐都用到的"一切都好"之类的歌词，但是在经历了风风雨雨之后，这首歌曲表现出的活力成为碧昂丝自传性的时刻("快点醒来看看/这个世界/并没有那么糟糕")。她就像一位少年，不仅要乘着皮筏艇在急流中穿行，而且还要应对来自媒体的负面消息。传记作者阿诺勒夫斯基认为，这首歌像是碧昂丝"创作和录制歌曲的润滑剂一样，她运用这种疗法来使自己从负面情绪和负能量中挣脱出来"。

《与我共舞》(*Dance with Me*)是一首较为轻松阳光的歌曲，而《我的心依然为你跳动》(*My Heart Still Beats*)则展现了碧昂丝深厚的演唱功底。在《危险的爱》(*Dangerously In Love*)这首歌中，碧昂丝探讨了关于未来的事情，这首歌曲也是21世纪经典灵魂乐情歌的典范。透过碧昂丝演唱的"与生俱来就是要去爱"的歌词，人们感受到了她出众的声音特点。

专辑的第四首也是最后一首单曲《爱恋心情》(*Emotion*)于2001年11月推出，这首歌是巴里(Barry)和罗宾·吉布(Robin Gibb)在1978年为澳大利亚歌手萨曼莎·桑(Samantha Sang)创作的。尽管比吉斯乐队(Bee Gees)的演唱曾经红遍半边天，但是这首翻唱歌曲在这张优秀的专辑中还是显得有些格格不入。

这首歌曲由马克·J·菲斯特(Mark J Feist)担任制作人，比原来的速度慢，节奏更强，保持了整张专辑的风格。凯莉负责第一段的演唱，碧昂丝和米歇尔分别负责第二和第三段。这首歌曲获得了美国排行榜的第十名，英国排行榜的第二名，这一成绩也有效延长了其销售周期。在"9·11"事件发生时，这首歌曲成为电台经常播放的颂歌。歌曲的MV由弗朗西斯·劳伦斯执导，讲述了三位女孩在团聚前不同的情感波动。

专辑的最后两首歌曲向人们展示了一个全新的天命真女。由《你一直很好》《看那小羊》《耶稣爱我》《完整的赞美》(*You've Been So Good / Now Behold the Lamb / Jesus Loves Me / Total Praise*)组成的《福音组曲》(*Gospel Medley*)是组合成员第三次也是最后一次献给安德莱塔·蒂尔曼的歌曲。这首歌曲结构精致、演唱完美,以其有力量的福音音乐走入全世界千百万的家庭中。这也是组合最后一次在专辑的封面上提到"安女士"。有评论家指出,这是碧昂丝和凯莉在向拉塔维娅和莱托娅表明,她们也同样怀念蒂尔曼。

如果说《福音组曲》是一首缅怀过去的歌曲,那么《尾声(天命真女)谢谢你》(*Outro〈DC-3〉Thank You*)则是一首展望未来的歌曲。三个女孩彼此诉说着对组合的爱和信念,她们向上帝祷告,感谢上帝,尤其感谢米歇尔的加入。对于她们来说,过去的已经过去了,现在她们的眼中只有未来。

☆

在这张专辑中,天命真女将精神层面与性感相结合,既能使听众们坐下来仔细品味,也会让大家起身与她们共舞。邻家女孩的形象一去不复返,她们以性感、有力的姿态,歌颂了耶稣和家庭价值。专辑中相互冲突的情感也正是这张专辑最吸引人的一点。流行音乐学家西蒙·华纳(Simon Warner)在 popmatters.com 上对这张专辑进行了深刻的总结:"这三位极具天赋的黑皮肤美女将会证明,她们所拥有的不仅仅如此。"各类音乐报刊从各自的角度对这张专辑进行了评价,总体上都是积极的。《新音乐速递》(*NME*)评论道:"《百战娇娃》大量运用了提姆巴兰音乐中断奏的节奏形式和送奶工吹口哨的声音,这真是非常疯狂的创意。"《Spin》杂志认为:"《百战娇娃》不断地尝试创造性的编排。"《滚石》评论说:"整张专辑的唯一缺陷就是透露出一种自负的感觉。"《纽约杂志》(*New York Magazine*)的评论稍显消极:"专辑的15首歌都很肤浅:穿着暴露的女人和报复心重的男朋友,还有各式各样的怀疑论者。"在《Uncut》杂志中,西蒙·雷诺兹(Simon Reynolds)评论道:"作为一种自我表达,《百战娇娃》的内容并不连贯,从《秀色可餐》的卖弄风情("我可不认为你们想让自己长胖")到《野丫头》的一本正经,都是用穿得少来炫耀自己的好身材,扭动的臀部为她们赚得了满分。而在《性感老爸》中,本应该通俗的歌词被那些乖乖女的'甜蜜的蛋糕/我想它是你的幸运夜'式的歌词给毁掉了。"无论媒体给予的评价如何,最终这张专辑在全球的销量达到1200万张。

尽管《百战娇娃》专辑的销量并没有超过《有迹可循》,但天命真女无疑进入了事业的高峰期。这张专辑仅在发行的第一周就达到了66.3万张的销量,创造了哥伦比亚唱片公司历史上首周销量的纪录。同时,该专辑在美国排行榜中也排名第一位。天命真女成为第一个以全新专辑荣登第一名的女子组合,并且是继戴安娜·罗斯(Diana Ross)和至高无上组合后的24年中,第一个登上冠军位置的女子组合。在英国,该张专辑获得排行榜冠军,专辑中的两首歌曲分别获得单曲排行榜冠军的好成绩。从那以后,天命真女成为最成功的美国女子组合。为了宣传新专辑,2001年的大部分时间,天命真女都在进行巡回演出,她们的现场表演更为出色。

这张专辑的成功应归功于天命真女卓越的资质和能力。经过前两张专辑,她们的羽翼日渐丰满,积累了相当丰富的经验。碧昂丝非常优雅,在舞台上看起来具有王者风范。她们已经完全摆脱了成员离开带来的负面情绪,重新投入到事业中,碧昂丝也成为整个组合的中心。在2001年2月的《Vibe》杂志中,文森特·斯凯尔缇斯(The Vincent Skeltis)为天命真女拍摄的照片与至高无上组合极为相似,也证明了她们从至高无上组合手里接过了流行音乐天王组合的接力棒。杂志的主编埃米尔·威尔伯金(Emil Wilbekin)对将天命真女比作至高无上组合毫不怀疑。凯莉看起来很沉稳,就像玛丽·威尔森(Mary Wilson)一样;米歇尔则像弗洛·巴拉德(Flo Ballard)一样天真无邪。而在照片中间,像戴安娜·罗斯一样将手举过头顶的就是碧昂丝。笑容灿烂的碧昂丝所穿的服装比其他成员更简洁,而她佩戴的三颗珍珠的耳环却大大地抢了风头,让她看上去像一位超级巨星。在随后的十年里,碧昂丝常常被人比作戴安娜·罗斯,尤其是碧昂丝扮演《追梦女郎》(*Dreamgirls*)中的蒂娜·琼斯(Deena Jones)后,人们更是不断地将她与戴安娜进行比较。

随着天命真女的发展,马修和音乐世界娱乐公司也逐渐进入人们的视线——人们对这个由母亲和父亲组成的管理团队产生了无限好奇。《黑檀》杂志的一篇文章讲述了他们的故事——《蒂娜与马修·诺尔斯打造天命真女背后的故事》(*The Untold Story of How Tina & Mathew Knowles Created the Destiny's Child Gold Mine*)。在文章中,这对夫妇解开了人们心中一直存在的一些谜团,比如他们禁止碧昂丝交男朋友、他们依靠女儿生活以及他们收养了凯莉等传言。文章最后,马修说出了一句非常有预见性的话:“我希望在今后的五年中,她们能够开开心心,经济独立。我希望在电影中看到她们,也希望她们每个人都有自己的事业。”

第七章

《卡门》的单飞

我们需要暂时远离公众和世界的关注。
在这段时间内，
我们三位成员会各自开展自己的事业，
然后再回来一起为大家献上更多属于天命真女的音乐。

碧昂丝，2002 年

碧昂丝凭借出众的外貌和天赋成为公众关注的焦点，进军电影行业指日可待。在短短几年里，她在两部电影中担任重要角色。从歌手转向演员并不容易，也不总是会带来较高的商业利益。尽管戴安娜·罗斯在电影处女作《布鲁斯名伶》(*Lady Sings the Blues*)中表现出色，但是却在《桃花心木》(*Mahogany*)中遭遇了滑铁卢。1992 年，惠特妮·休斯顿在电影《保镖》(*The Bodyguard*)中的表现轰动一时，但 1996 年拍摄的电影《天使保镖》(*The Preacher's Wife*)却反响平平。经过深思熟虑后，碧昂丝低调地开始了她的电影生涯。

2000年,MTV台邀请碧昂丝在《卡门:嘻哈歌剧》(*Carmen: A Hip Hopera*)中担任主角。MTV台看过天命真女MV中碧昂丝的表现,他们认为碧昂丝完全可以胜任这部新版的比才歌剧的主角。这部电影结合了20世纪40年代的百老汇音乐剧以及50年代由奥斯卡·哈默斯坦二世(Oscar Hammer stein II)指导、黑人演员多萝西·丹德里奇(Dorothy Dandridge)与哈利·贝拉方提(Harry Belafonte)主演的电影《卡门·琼斯》(*Carmen Jones*)。2001年5月8日,这部全新的电影版《卡门》在美首映,全长88分钟。就在电影上映的同一个星期,天命真女的专辑《百战娇娃》正式发行。

碧昂丝的性格与剧中卡门的性格是完全相反的。19岁的碧昂丝是非常虔诚的基督教徒,与人物角色的"内心阴暗"毫不符合。所以要演好卡门,她一定要表演出邪恶、性感、挑逗的样子。卡门对警察德雷克·希尔(Derek Hill)的爱让她陷入了种种烦恼和麻烦中,当她深深地迷恋上纽约贫民窟的饶舌歌手布雷兹(Blaze)时,她的内心更是充满斗争。在第一次看到剧本时,碧昂丝提出可否对卡门的性格稍做变动,使卡门的内心善良一些,这样卡门所导致的麻烦可以说是她的无心之过,而并非像比才原剧中那样内心阴暗。碧昂丝最担心的就是表演诱惑男人的场景。"我知道,要想引诱一个男人,我必须要做出非常性感的动作。但是同时,我也要维护自己的形象,不能做一些少儿不宜的事情。"碧昂丝很清楚自己刚有一些知名度,并且在媒体的眼中,她一直是非常甜美的形象,但这样也会限制她的发展。"我不会表演限制级的内容,但是我知道,如果我想成为真正的演员,我一定要学会这样的表演。我必须要意识到,我演的不是我自己,我在演'卡门'。她不是卡通人物,这个角色比白雪公主要性感得多!"

在电影《卡门》三个月的拍摄过程中,碧昂丝收获了很多,学到了表演的要领。尽管她在天命真女中的表演游刃有余，但是拍电影与当歌星的感觉是截然相反的。这次经历也是对她适应能力的首次挑战，特别是对于平时生活在洛杉矶的她来说，这是十几年以来她第一次与凯莉和家人分开。“我不得不与导演沟通，把我自己的想法告诉他，让他了解。”碧昂丝回忆道，“我成长了很多。不管是作为一个普通女孩，还是作为一名职业女性，我都得到了相当大的提高。”在拍摄过程中，没有组合其他女孩的陪伴，碧昂丝的社交能力有了长足的进步。媒体采访时问的问题不再限于组合，而是更多地关注她的个人生活和目前的状况。碧昂丝自己认为：“在拍摄《卡门》时遇到的困难迫使我学会了怎样与人交谈，我要放下戒备，以自己的感受去交流——我们剧组中的大部分女孩子可能在 13 岁的时候就懂得怎样与人交谈了。”这次经历对碧昂丝来说影响很大。“除了凯莉和米歇尔，我与其他任何同龄人的相处都没有超过 45 分钟，”她告诉《滚石》杂志，“但是在这次拍摄中，我同一群与我年龄相仿的人相处了一个半月的时间，交到了很多朋友。所以，这次经历带给我的不仅仅是一部电影这么简单，我收获的更多。”

《卡门》上映后受到热议。当然，人们对于这部由世界著名歌剧改编、众多嘻哈明星加盟的电影感到非常新奇，茅斯·戴夫(Mos Def)、达·布莱特(Da Brat)、杰曼·杜普利、怀克里夫·吉恩、拉·迪加(Rah Digga)以及黑人电影明星弗莱德·威廉姆森(Fred Williamson)都参演了这部电影。有评论认为，这部影片透着一种自负，而且也并未运用有效的策略和方法来摆脱这种感觉。但是，无论怎样，这部电影证明了碧昂丝具有极高的表演天赋。尽管只是一次试水，但是碧昂丝与她在 MV 中一样美丽大方。

☆

天命真女已经成为享誉世界的超级巨星，她们经常受邀参加一些活动。

2000年4月，天命真女参加了VH1频道举办的纪念戴安娜·罗斯的演唱会。2001年1月20日，她们与克林特· 布莱克(Clint Black)、范·莫里森(Van Morrison)和ZZ Top一同参加了在华盛顿林肯纪念堂剧院举办的美国总统乔治·布什的就职典礼。2001年9月7日，天命真女参加了在纽约的麦迪逊广场花园举行的纪念迈克尔·杰克逊的特别活动，马龙·白兰度(Marlon Brando)、伊丽莎白·泰勒(Elizabeth Taylor)、杰克逊五兄弟、布兰妮·斯皮尔斯、雷·查尔斯(Ray Charles)以及丽莎·明奈利(Liza Minnelli)等巨星也参加了此次活动。在这场演出中，天命真女演唱了《秀色可餐》，这次演出也奠定了该组合在流行乐坛的地位。她们在演出中模仿了迈克尔·杰克逊的经典舞蹈动作，并且与所有明星共同演唱了结束曲《天下一家》(*We Are the World*)。

由于"9·11"事件的发生，天命真女的美国巡演被迫中断。这次事件产生了严重后果，组合的每一位成员都暂时放下了手头的工作，对整件事情进行了思考与反省。"我当时只想回家。"碧昂丝写道。但此时，她的父亲在纽约，母亲在休斯敦，妹妹索朗热在西雅图，而她和组合其他两位女孩则在洛杉矶。她们当时正在准备参加拉丁格莱美奖(Latin Grammys)的颁奖典礼，但是由于"9·11"事件的发生，此次活动被取消。而在参加迈克尔·杰克逊纪念演出的几天前，天命真女刚去过纽约。那段时间，碧昂丝就是依靠在答录机上与母亲相互祈祷度过的。

天命真女参加了在纽约和华盛顿举行的慈善演出。2001年10月20日星期六，在纽约的麦迪逊广场花园举行了一场慈善晚会，天命真女也参加了此次演出，她们与美国人民一起共渡难关。在两万名观众中，有六千人是在基地组织袭击世贸中心后参与救援的消防员、警察。这场演出以"一种特别的方式来缅怀343位牺牲的消防员”。与天命真女一同参加演出的还有大卫·鲍伊(David Bowie)、邦·乔维(Bon Jovi)、Jay-Z、比利·乔(Billy Joel)、埃里克·克莱普顿(Eric Clapton)、米克·贾格尔(Mick Jagger)、基思·理查兹(Keith Richards)、谁人乐团(The Who)、詹姆斯·泰勒(James Taylor)、埃尔顿·约翰(Elton John)以及保罗·麦卡特尼(Paul McCartney)。尽管三个女孩非常紧张,但是她们仍出色地表演了最新发行的单曲《爱恋心情》以及碧昂丝为这场演出特别制作的福音组曲。她们自然而深情的演出证明了她们不仅是精心包装的时髦女孩,而且有着不俗的实力。第二天晚上,在华盛顿举行的晚会上,天命真女在马修的建议下演唱了《百战娇娃》,当时这首歌曲在美国人民的心中产生了一种特别的共鸣。

在演唱《爱恋心情》的时候,凯莉深情地望着台下的观众。“我当时真的感受到了观众们内心的情绪,他们举着照片或者上面写着‘我想你’的牌子,一边哭泣。我们的情绪也非常激动。我当时在想,‘天呀,感谢上帝,我还活着。’”

☆

这一年,碧昂丝的家族事业有了新发展。小碧昂丝五岁的妹妹索朗热见证了这个组合的成长。由于身体健康问题,她有时要在家中养病。2001年,索朗热也得到了录制唱片的机会,凯莉、米歇尔和碧昂丝给予她很大支持。索朗热与天命真女一起为动画片《荣耀家族》(*The Proud Family*)录制了主题曲,这部生动活泼的动画片也成为当时迪士尼频道非常热门的一部动画片。2001年夏季,天命真女在紧锣密鼓地录制新的圣诞节专辑。在这张专辑中,索朗热也参与演唱了歌曲《小鼓手》(*Little Drummer Boy*)。这张圣诞节专辑包括七首传统的圣诞歌曲和四首为圣诞节特别创作的新歌。在12位制作人的精心准备下，专辑《快乐的圣诞节》融合了传统的节日风情和流行的R&B元素。

2001年10月，这张专辑正式发行，随后进入美国排行榜第34位，并且被评为金唱片。在《听我所听》（*Do You Hear What I Hear*）这首歌中，凯莉担任主唱；米歇尔演唱了《噢，圣诞夜》（*O' Holy Night*）；而碧昂丝负责演唱《平安夜》（*Silent Night*）。这张专辑的主打歌《快乐的圣诞节》是由碧昂丝与埃罗尔·麦卡拉（Errol 'Poppi' McCalla）共同创作的。除此之外，埃罗尔·麦卡拉也参与了单曲《爱恋心情》的创作。随着《铃儿响叮当》（*Jingle Bells*）的响起，歌曲《十二个圣诞日》（*The 12 Days of Christmas*）中增添了许多节日气氛。没有了鼓点声和跳跃的节奏，取而代之的是一个女孩期待着男人送给她的奢华礼物。她被"宝贝"的烛光晚餐、奔驰车、钻戒包围着，享受着一首情诗、一个宽厚的肩膀，在烛光中翩翩起舞。这首在1999年创作的歌曲是整张专辑的灵感之源。这首歌曲被收录在英国发行的双碟版《有迹可循》专辑中。

2001年年末，天命真女参加了奥普拉主持的脱口秀节目，为她们的新专辑做宣传。她们身着白衣，表演了《快乐的圣诞节》。2001年对于女孩们来说，是非常不平凡的一年。这一年她们荣获了《公告牌》杂志评出的2001年"年度艺术家"称号，并且宣布在接下来的一段时间里会各自行动。2002年5月至6月，她们将一同去日本和欧洲演出。演出结束后，她们会各自开展自己的事业。

2002年2月7日，在《芝麻街》（*Sesame Street*）节目组的极力邀请下，天命真女参加了这个非常具有开创性的电视节目。尽管离史蒂维·旺德、路德·范德鲁斯和奈尔·罗杰斯（Nile Rodgers）参加节目已经过去很久了，但是这个电视节目仍然在向学龄前儿童普及教育和种族平等等方面发挥着作用。天命真女参加了第 33 季的第 3984 集，与戈洛佛（Grover）、艾蒙（Elmo）和佐伊（Zoe）一起演唱了《新道路》（*A New Way to Walk*）。

同一时期，天命真女推出了一张精选集，专辑中共有 12 首歌曲，是从组合以前的歌曲中挑选出的，并制作成了混音版。2002 年 3 月 8 日，这张名为《最新混音畅销精选》（*This Is the Remix*）的专辑正式发行，由达·布莱特、密西·埃利奥特、怀克里夫·吉恩以及海王星二人组（The Neptunes）等组成的豪华阵容参与了这张专辑的制作。这充分说明了公司对天命真女的重视以及特里萨·拉巴贝拉·怀特精明的艺人企划策略。天命真女的每首单曲都会以多种版本发行，专辑《最新混音畅销精选》就是对组合的再次包装。组合成员们对"所有参与制作这张专辑的制作人和混音师"表示了感谢。这张专辑的第一首歌就是怀克里夫·吉恩制作的《不，不，不 II》，这首歌曲在 1998 年首次显露了她们的混音潜力。专辑中最成功的一首单曲要属海王星二人组制作的重拍放克风格的《爱恋心情》。里奥·鲍沃（Lil' Bow Wow）制作的《跃跃欲试》凸显了电子合成乐的强劲效果。女孩们对过去的歌曲进行了重新诠释。这张专辑中也包含了《霹雳娇娃》中的一首原声音乐《圆点》（*Dot*），这首由埃罗尔·波比制作混音的歌曲表达了拉塔维娅和莱托娅离开时，碧昂丝内心的难过之情。

从《最新混音畅销精选》专辑中，人们也看到了组合的未来。附赠的歌曲《听到》（*Heard A Word*）由米歇尔·威廉姆斯独立完成，这首歌曲也收录在米歇尔后来发行的个人专辑《心心相印》（*Heart to Yours*）中。在天命真女的歌曲中没有碧昂丝的声音，似乎有些奇怪；但是，这首歌曲在专辑中的出现，表达了凯莉和碧昂丝对米歇尔的感激之情，感谢米歇尔在加入组合后，对她们的支持与鼓励。

这张专辑的封面给人留下了很深的印象，照片中三位女孩在对着镜头化妆。专辑传达的乐观向上与无畏的精神为天命真女的巨星时代画上了一个圆满的句号。这张类似于填补空缺的专辑是天命真女发行的第三张专辑了。《斜向杂志》(*Slant Magazine*)评论道："这张专辑有什么新歌吗？没有。你想花钱买吗？是的。好玩吗？当然了。"这张专辑发行后登上美国排行榜的第29位，英国排行榜的第25位，总销量超过10万张；这也显示了天命真女极高的歌迷支持率。

这张专辑的发行加剧了天命真女与前成员之间的矛盾。莱托娅与拉塔维娅对《百战娇娃》这首歌曲尤为气愤。这首歌曲像是通过碧昂丝精心设计的歌词为天命真女赢得了最大的支持。2002年2月，莱托娅与拉塔维娅再一次提起诉讼。诉讼中提到天命真女曾提出支付拉塔维娅和莱托娅创作歌曲应得的酬劳，但是实际却并没有这样做。《百战娇娃》中的一些歌词，如"我不屑于在杂志上说你的丑事"，被认为直指前任成员的离开，而《百战娇娃》这首歌曲又被重新收录在《最新混音畅销精选》这张专辑中；因此，前任成员认为，这一做法违反了她们曾经做出的"不对对方进行公开诽谤"这一约定。

随着这首单曲获得格莱美最佳R&B组合表演奖，整个事态愈演愈烈。休斯敦联邦法院对莱托娅和拉塔维娅的诉讼进行了审理，在案卷中，她们将这首歌曲中对她们伤害最大的一句歌词也记录了下来："你以为没有你们，我们就不行/我们的专辑卖了九百万张。"对此，天命真女的律师汤姆·富克逊(Tom Fulkerson)轻蔑地说："太悲哀了。"在休斯敦接受采访时他说："看来原告真的没有什么事情可做，天天就计划着提出什么新诉状呢！"

这场官司最终的庭外和解也吸引了公众的目光。这次事件对碧昂丝造成了极大的伤害，在几年后，她才愿意提起当时自己沮丧的心情。关于她的一些谣言经常出现在八卦杂志上，包括她曾为林德尔·洛克堕过至少两次胎、她爱耍大牌等。“在那段时间里，我曾很气愤，也曾哭泣过，‘他们为什么要这样对我?’但是最后，人们开始明白真正的我是什么样的。”2003年碧昂丝说，“如果你要讲别人的事情，你就要有证据，不能凭空捏造。没人可以对我的人品提出质疑，所以最后那些流言蜚语都不攻自破了。只要你的成就到达一定程度时，人们就会开始谈论你的丑闻；即使没有丑闻，他们也会编造出来。”

用“吃一堑长一智”这句老话来形容天命真女和她们的经纪人再合适不过了。2002年6月，马修收到了安德莱塔·蒂尔曼的两个儿子艾蒙和克里斯对他提起的诉讼。他们声称，在天命真女初获成功时，马修挪用了本该属于蒂尔曼的3200万美元的酬劳。据说，这次起诉没有提及碧昂丝和她母亲，但是，碧昂丝仍为父亲感到非常不安。媒体并没有报道这起诉讼的最终结果。

然而在这次事件引发的风波逐渐高涨时，碧昂丝的状况并不乐观。后来有消息称，碧昂丝有抑郁症的倾向。据报道，在没有演出的时候，碧昂丝就待在房间里，拒绝吃东西。她没有跟媒体说过这些事情，因为她担心会给人留下不好的印象。这位19岁的新星本该是世界上最快乐的人，然而却不得不承受这些苦痛。

2002年，天命真女出版了她们的自传《灵魂幸存者：天命真女官方传记》(*Soul Survivors: The Official Autobiography of Destiny's Child*)。这本书由詹姆斯·帕特里克·赫尔曼(James Patrick Herman)执笔，记录了该组合从建立到后来成员单飞的点点滴滴。与所有的官方授权图书一样，这本书轻松易懂，但是书中讲述的内容却是三位主人公内心最真实的故事。这本书也让人了解到，无论她们在舞台上和MV中如何性感，她们都还是小女孩，为了今天的成就，她们从幼年时就开始练习。“天命真女不仅是一份的工作，它更像是一种每天24小时、一周7天的生活方式，当然这份工作会让人筋疲力尽。这种无休止的生活，我们已经过了将近三年了。我们需要暂时远离公众和世界的关注。在这段时间内，我们三位成员会各自开展自己的事业，然后再回来一起为大家献上更多属于天命真女的音乐。”然而，从那以后，天命真女再也没有回来。

第八章

“我就是这样与众不同”

《王牌大贱谍》《疯狂的爱》和 Jay-Z 的出现

很多女艺人都有属于自己的幸福，
而且也从不谈及感情问题。
我只是想保护自己的隐私。

碧昂丝，2004 年

2002 年，碧昂丝准备开始发展她的个人演艺事业。在接受《Vibe》杂志采访时，她说：“如果我们三人的个人唱片没有取得什么成就的话，那么天命真女这个组合依然存在；如果我们能够有所作为的话，那我们就成了真正的‘天命真女’。”然而，碧昂丝个人事业发展的第一步并不是音乐，而是电影。这一次，碧昂丝没有出演某部老电影，而是参演了最受欢迎的喜剧片《王牌大贱谍之决战金盟友》（*Austin Powers in Goldmember*）。

《王牌大贱谍》系列电影广受观众喜爱。1997 年，加拿大喜剧演员梅克·梅尔斯（Mike Myers）创作了系列电影中的第一部《王牌大贱谍之国际神秘人》(*Austin Powers: International Man of Mystery*)。这部电影的成功不仅对007系列电影,而且对60年代所有模仿007的电影都是一个极大的讽刺。

梅尔斯设计了特工马特·何蒙(Matt Helm)和德里克·弗林特(Derek Flint)等人物形象,希望能拍成一部华丽的大型喜剧。他拥有与生俱来的英式幽默(梅尔斯的父母都是英国利物浦人,梅尔斯本人也有两国护照),知晓每一个英国俚语,运用了很多美国人不知道的俗语——例如"shag"一词,在英国的俚语中是"性交"的意思;而在美语中,这个词却指一种鸟、地毯绒头或是一种舞蹈。

《王牌大贱谍I》与1999年的《王牌大贱谍:非常凸务》(*Austin Powers: The Spy Who Shagged Me*)的票房都大获成功。每个人都喜爱电影的无厘头,喜爱主角特工鲍威斯和他的敌人邪恶博士。在影片中,特工鲍威斯与邪恶博士都在20世纪60年代的时候被冷冻;解冻后,两人继续战斗。在第一部电影中,伊丽莎白·赫莉(Elizabeth Hurley)饰演特工鲍威斯的女性伙伴肯辛通夫人(Mrs. Kensington),这一人物来自60年代的电视剧《复仇者联盟》(*The Avengers*)中由戴安娜·瑞格(Diana Rigg)饰演的艾玛·皮尔(Emma Peel)。

第一部电影在全球的总收入共计6700万美元。第二部影片由海瑟·格拉汉姆(Heather Graham)扮演鲍威斯的搭档费莉希蒂·沙格威尔(Felicity Shagwell),电影总票房达3.12亿美元。显然,依照这样的发展势头,第三部影片一定会出炉的。梅尔斯希望电影的内容更加丰富,于是将第三部电影的场景设置在上世纪70年代初,对当时的黑人电影进行了讽刺。

2002年,第三部电影《王牌大贱谍之决战金盟友》开始选角。在母亲蒂娜的陪同下,碧昂丝会见了导演杰·罗奇(Jay Roach)、梅克·梅尔斯和制片人托比·埃默里希(Toby Emmerich)。碧昂丝参加了片中福克希亚·克里奥佩特拉(Foxxy Cleopatra)一角的面试,这一角色是20世纪70年代黑人电影中的女英雄,也是第三部影片中鲍威斯的搭档。“参加《王牌大贱谍III》试镜时,我没有往常那样冷静,”碧昂丝写道,“试镜时的环境让我很紧张:办公室里非常闷热,而且灯非常亮。我当时心跳得特别快,嘴巴很干,手心里都是汗。与梅克·梅尔斯握手前,我不得不在裤子上把手心里的汗擦干。”但是梅尔斯却表现得非常自如,他的幽默让碧昂丝的心情很快平复下来。

当被埃默里希问到对演喜剧的看法时,碧昂丝回答道:“我爱喜剧,但是我不知道自己到底有没有那么幽默。”虽然碧昂丝非常担心自己的面试能否成功,但是梅尔斯、罗奇和埃默里希一致认为她的幽默感完全可以胜任这一角色。就这样,碧昂丝顺利通过面试,得到了出演这个角色的机会。安排碧昂丝出演这部电影也是非常明智的,因为当时碧昂丝已经是红遍全世界的超级巨星,她的加入有助于电影获得更多年轻观众的支持。

这部电影有许多无厘头的情节。为了宣传电影,梅尔斯邀请了许多明星客串演出。电影开场由汤姆·克鲁斯(Tom Cruise)扮演奥斯汀·鲍威斯,格温妮丝·帕特洛(Gwyneth Paltrow)扮演他爱慕的对象,凯文·史派西(Kevin Spacey)扮演邪恶博士,而饰演“正牌鲍威斯”的梅尔斯则在电影院里观看一场由他自己演的电影。在电影中播放另一部电影,这是电影脚本中设计的搞笑情节之一。这部“影中影”由斯蒂芬·斯皮尔伯格(Stephen Spielberg)导演,音乐界传奇人物昆西·琼斯担任音乐制作。另外,布兰妮·斯皮尔斯、奥奇·奥斯本(Ozzy Osbourne)和约翰·特拉沃尔塔(John Travolta)也参与了影片的拍摄。迈克尔·凯恩(Michael Caine)扮演鲍威斯的父亲奈杰尔(Nigel)。很显然,这部系列电影已经成为一块磁石,吸引着重量级巨星的参与。这部电影竭尽所能地增加内容，如一些关于痔疮膏（Preparation H）的玩笑，但是过多搞笑情节的设计也使得整部电影显得有些肤浅。

荷兰百万富豪约翰·凡·德尔·斯玛特（Johan Van Der Smut）又称“金盟友”（梅尔斯终于有机会讽刺荷兰人了），他拥有着打开全球牵引波束的钥匙，这种牵引波束会引发极地冰盖的融化。唯一的解决办法就是使时间回到1975年去阻止他的邪恶事业，他藏在纽约一个名为“Studio 69”的旱冰迪斯科舞厅里。

电影的第30分钟，在“Studio 54”俱乐部里唱歌的碧昂丝出现在荧幕上。“Studio54”俱乐部对碧昂丝父母这一代人有着巨大的影响力，这个桥段也是向“Studio54”俱乐部的深情致敬。碧昂丝与妹妹索朗热以及歌手德文（Devin）共同演唱《你好，金盟友》（*Hey Goldmember*），这个三人组看起来就像当年的至高无上组合一样。她们演唱的歌曲改编自凯西与阳光组合（KC & the Sunshine Band）的《我就喜欢》（〈*That's the Way*〉 *I Like It*）。在旱冰迪斯科舞厅的背景下，碧昂丝首次参演好莱坞大片的形象令人难忘。

这个角色对碧昂丝来说并不难。福克希亚·克里奥佩特拉（名字是黑人电影明星福克希·布朗〈Foxy Brown〉和克里奥佩特拉·琼斯〈Cleopatra Jones〉二人名字的混合体）是鲍威斯的旧情人，也是一位FBI的特工。当她得到命令要去未来世界粉碎“金盟友”的“伟大”计划时宣称：“未来世界，我就要来了！我是福克希亚·克里奥佩特拉——无所不能的女人！”

但是，实际上，福克希亚却没有如她自己所说的那般无所不能。她表现得犹犹豫豫，并且由于太年轻，她无法胜任老练的肯辛通夫人委任的鲍威斯搭档一职。在肥霸（Fat Bastard，梅尔斯饰演的另一个角色）放屁那段情节中，福克希亚不停地做鬼脸。影片中，还有一个喜剧情节让碧昂丝有些尴尬：邪恶博士和小迷你演唱了搞笑版本的 Jay-Z 的歌曲《艰难的生活（贫民窟赞歌）》（*Hard Knock Life* 〈*Ghetto Anthem*〉）。

对《王牌大贱谍》这部影片的评价取决于你对待低俗幽默的态度。例如，当鲍威斯称赞福克希亚的翻译技巧时开的玩笑包含了一些低俗的含义。尽管赫尔利或格雷汉姆知道这个笑话的真正含义，但是对一个二十岁出头的女孩开这种玩笑，确实不合时宜。基本上，碧昂丝的角色是一个身材火辣性感的女人，类似第一部 007 电影《诺博士》（*Dr. No*）中，安苏拉·安德斯（Ursula Andress）饰演的"甜蜜骑士"这一角色。当碧昂丝脱下潜水服，甩动她那一头蓬蓬的卷发时，真是太美了。

《王牌大贱谍之决战金盟友》中充斥着太多琐碎的内容、一系列让人眼花缭乱的场景以及许多过时的笑话等等。人们对这部电影的评价也是褒贬不一。《太阳报》（*The Sun*）认为这部电影是"喜剧片中的珍宝"，而《观察家报》（*The Observer*）则认为这部电影是"一部空洞、低俗、东拼西凑出来的电影"。《哈利维尔电影导报》评论道："尽管电影中的许多笑话比较粗俗，但是总体上还是一部可爱的恶搞间谍片。只是影片结尾让人觉得太过幼稚，有些无聊。"然而，无论媒体评价如何，对电影获得的巨大成功没有丝毫影响。2002 年 7 月，仅在上映的第一周，电影票房总收入就达 7150 万美元。尽管这只是碧昂丝对好莱坞电影的一次试水，但是总体来说，这是一个好的开端。

直到 2003 年，在人们热切的期盼中，碧昂丝推出了她的第一首个人单曲。这首单曲也是她参演的这部电影的片尾曲。尽管《妙不可言》（*Work It Out*）这首歌受到人们的喜爱，但是多少会被人当作是因为电影的影响。这首歌曲由当时全球最红的海王星二人组担任制作，是一首具有未来主义风格的放克歌曲。这首歌曲登上了美国俱乐部歌曲排行榜首位，但是却未能进入美国主流排行榜。而在英国，这首歌曲获得英国排行榜第七名的好成绩，此外，还受到了英国媒体的广泛赞誉。英国《新音乐快递》杂志认为"《妙不可言》非常完美地将古典风格与林恩·安德森（Lyn Anderson）的超级重放克音乐结合起来"，并认为"这首歌曲是在精致的复古时尚的外衣下，淋漓尽致地展现了碧昂丝的疯狂，令人震撼。哦！我的天呀！碧昂丝要做真正属于她自己的事情了"！《妙不可言》的 MV 由马修·罗尔斯顿（Matthew Rolston）执导，重现了上世纪 70 年代美国的娱乐生活。片中，碧昂丝在一个音乐工作室中唱歌，她的旁边是一个由十件乐器组成的放克乐团。在这首单曲中，碧昂丝尝试了灵魂乐的演唱，尤其模仿了蒂娜·特纳（Tina Turner）的演唱风格。片中，碧昂丝的表演比她曾为天命真女录制的 MV 更本色、更成熟，少了一些舞台感。

由于电影的走红，碧昂丝的形象出现在大街小巷。广告和代言的邀请蜂拥而至。她先为休斯敦一家美发产品做代言，后来又为纽约的坎迪斯鞋店担任代言人，到 2002 年年末，碧昂丝的收入大幅增加。同时，碧昂丝取代了绯闻不断的布兰妮·斯皮尔斯，被选为百事的形象代言人。她参与拍摄了百事公司的"角斗士（*Gladiator*）"系列主题的商业广告片，与布兰妮和 Pink 一起在罗马圆形竞技场表演皇后乐队（Queen）的经典歌曲《将你震撼》（*We Will Rock You*）。

☆

Jay-Z，本名肖恩·凯里·卡特（Shawn Carey Carter），在 2001 年 10 月纽约的演唱会上第一次与碧昂丝见面。后来有 18 个月的时间，他们在一起录唱片，最终两人走到了一起。有趣的是，在天命真女的自传《灵魂幸存者》中，只有米歇尔·威廉姆斯提到了组合曾与 Jay-Z 碰过面。2002 年，Jay-Z 成为美国最成功的饶舌歌手之一。"Jay-Hova"是 Jay-Z 的另一个绰号，他白手起家，以坚定的信念和无悔的付出，最终实现了自己的音乐梦想。

《嘻哈音乐略谈》(*The Rough Guide to Hip-Hop*)的作者彼得·夏皮罗(Peter Shapiro)认为："肖恩·卡特取代了比基(Biggie)、纳斯(Nas)和克里斯托弗·沃肯(Christopher Walken)，成为纽约的饶舌音乐之王，无论是在街头巷尾，还是在各大排行榜上，他都被称为 Jay-Hova……他的说唱轻松又不失严谨，即使不称他为最棒的饶舌歌手，也应该是最有影响力的一个。"

他不仅是一位饶舌歌手，而且与达蒙·戴西(Damon Dash)和卡里姆·伯克(Kareem 'Biggs' Burke)共同创办了 Roc-A-Fella 唱片公司。此外，Jay-Z 还创立了自己的服装品牌"Rocawear"。2004 年，凭借杰出的商业头脑，Jay-Z 成为街头教父公司(Island Def Jam)的总裁，该公司隶属于全球最大的唱片公司——环球唱片公司(Universal organisation)，并且处于环球唱片的核心地位，Jay-Z 在这家公司工作了五年。他的个人净资产超过了 4.5 亿美元，并获得 13 项格莱美奖。

1969 年 12 月，Jay-Z 出生于纽约布鲁克林的贝弗·斯图文森区。人们用很多不同的词汇来形容他，但是最贴切的要属《乡村之声》(*Village Voice's*)杂志的"流氓诗人"。他的音乐内容复杂但情感真诚。从 1996 年的第一张唱片《合理的质疑》(*Reasonable Doubt*)开始，他的音乐就非常有深度。尽管在刚开始，他与声名狼藉大先生合作过(他的第二张专辑《我的一生》〈*In My Lifetime*〉就是献给后来被杀害的大先生的)，但是后来他迅速脱离了贫民区的帮派说唱。

Jay-Z没有坐享其成，而是在后续的歌曲中创作更新、更富创造力的音乐。“用上一张专辑的歌曲反复表演，当然既轻松又安全，”1999年卡特说，“但是我不想要稳定安全的职业生涯。有时候，人们可能不接受我做的东西，但是我就要去挑战自己，我想带给大家新的、更让人激动的音乐，这样，作为一位音乐家，我是在不断成长的，同样也可以使嘻哈音乐不断进步。”

不断地进步与成长是Jay-Z一直以来的追求。他的朋友埃米纳姆成功地成为说唱界的“猫王”，Jay-Z则成了商人，虽然并没有他曾经的制作人西恩·库姆斯(Sean ‘P. Diddy’ Combs)那样光鲜亮丽。Jay-Z一直是一位颇具争议的人物，他与碧昂丝不同，碧昂丝是尽可能地与人为善，而他曾经从事过毒品交易，曾经唱过一些粗俗的歌词。他与其他说唱歌手——如纳斯——不和；更严重的是，1999年他在纽约的一家俱乐部里，刺伤了一位竞争对手兰斯·里维拉(Lance ‘Un’ Rivera)。尽管Jay-Z刚开始否认了这件事，但最后还是被判缓刑三年。不过，与此同时，他也创作了很多非常优秀的音乐作品，包括在2000年全盛时期发行的专辑《蓝图》(*The Blueprint*)，这张专辑中的部分歌曲是由他的门徒坎耶·韦斯特(Kanye West)制作的。

尽管拥有不同的背景和经历，碧昂丝和Jay Z第一次合作就默契十足。2002年，Jay-Z的专辑《蓝图II：礼物与诅咒》(*The Blueprint 2: The Gift & The Curse*)中，坎耶制作了一首名为《03邦妮与科莱德》(*03 Bonnie & Clyde*)的歌曲，这是两人的首次合作。在这首歌曲的MV中，他们二人一路向墨西哥走去。Jay-Z问道：“准备好了吗？走吧。”片中，碧昂丝的黑人特征更为明显，她表现得非常迷人。

在这首时长两分半的歌曲中，碧昂丝演唱了王子1987年的专辑《时代标志》(*Sign O' the Times*)中的歌曲《如果我是你的女朋友》(*If I Was Your*

Girlfriend)。这首歌充分展现了碧昂丝的歌喉。歌曲的 MV 讲述了一个经典的警匪故事，生动地再现了一场美国神话。

Jay-Z 与碧昂丝的共同点是，他们两人对待工作都非常努力，并且热爱音乐。他们很快就走到了一起。当他们的恋情曝光时，媒体宣称：Jay-Z 作为一个音乐界的大腕与来自南部的虔诚的小女孩碧昂丝组成了一个错误的组合。尽管两个人谨言慎行，在感情问题上也很低调，但是这也使他们的爱情故事成为一段甜蜜长久的佳话，他们也是流行文化中最引人注意的、话题最多的一对情侣。

2003 年，在被《魅力》(*Glamour*)杂志问及与 Jay-Z 的关系时，碧昂丝委婉地说："我觉得最好还是不要谈我的个人生活。如果我说一句'我想找男朋友了'，那么铺天盖地都会是我觉得寂寞之类的报道。人们总是喜欢歪曲这些东西……我们坦诚相待，我觉得有他帮我，我很幸运。总而言之，他是个非常优秀的人，总是有很多好点子。"

2003 年，在 Jay-Z 的最后一场现场演出的 DVD《消失在黑暗中》(*Fade to Black*)中，碧昂丝有一段简短的片段。虽然时间很短，但可以很明显地感受到 Jay-Z 对她的迷恋。2004 年，在接受《滚石》杂志采访被问到情感问题时，碧昂丝依旧保持沉默。"我不会说我是单身，"她说，"我也不会否认任何事情。我只是不想谈论这件事。很多人喜欢说'我们只是朋友'，我不会这样说。我只是不想谈论感情的事。很多女艺人都有属于自己的幸福，而且也从不谈及感情问题。我只是想保护自己的隐私。"

☆

2002 年 10 月，碧昂丝再一次为《Vibe》杂志拍摄照片，摄影师是卡特·琼斯(Kayt Jones)。此次拍摄是为米米·巴尔德斯(Mimi Valdes)所写的文章《变形记》(*The Metamorphosis*)配图。这组照片的灵感来自玛雅·安吉罗(Maya Angelou)的传记《我知道为什么笼中鸟会唱歌》(*I Know Why the Caged Bird Sings*)。安吉罗被誉为美国最著名的黑人女性传记作家,1969年,她揭露了自己曾面临的种族主义和斗争。如果杂志的大部分读者或者碧昂丝的歌迷完全没有注意到这组照片的灵感来源也没有关系,至少这是一组精彩的照片。但是碧昂丝知道安吉罗,她了解这不仅对她父母而且对她的歌迷来说意味着什么。尽管碧昂丝是一位新星,但是她很有深度并且理解力非凡。她顶着乱蓬蓬的黑人头,看上去很性感,但又充满挑衅,同时又很强势。

碧昂丝的下一首单曲仍然具有黑人音乐特点。歌曲《妙不可言》是一次值得尊敬的尝试,而即将发行的这首单曲确立了碧昂丝的独唱歌手身份,也向全世界证明了,她已经不再需要回到组合了。《疯狂的爱》这首单曲是一部非常大胆的、无畏的代表作。如果说《妙不可言》是福克希亚·克里奥佩特拉玩起了放克音乐,那么《疯狂的爱》则改变了一切。现在,她是一个崭新的、充满自信的、成熟的女人。

歌曲《疯狂的爱》由制作人里奇·哈里森(Rich Harrison)创作,成熟地将复古的音乐风格与新的音乐风格相结合。某天,碧昂丝冲到位于纽约的索尼音乐工作室,找到了正在创作新歌的哈里森,当时哈里森正在为歌词发愁。碧昂丝在玻璃的反光中看见了自己,于是说:“我‘现在’看上去‘很疯狂’。”她的话启发了哈里森,接下来,歌词的主题诞生了。哈里森认为这首歌里需要加入一些小号,于是他找到了1970年芝加哥之光(Chi-Lites)演唱的《(告诉我)你是我的女人吗》(*Are You My Woman 〈Tell Me So〉*),并运用了其中大量的铜管乐片段。起初,碧昂丝并不确定加入这种复古的元素是否会被公众接受，因为她的上一首单曲中也有这样的复古元素。她个人非常喜爱《妙不可言》中的复古灵魂乐，但是尽管这首歌曲在英国排行榜取得了第十名的成绩，却并没有进入美国主流排行榜。后来，碧昂丝的直觉告诉自己，这样做一定行得通。在录制时，她的男友 Jay-Z 来到工作室，一起参与了这首歌曲的制作。在录制现场，他时不时地编排一些饶舌乐，但是据说并没有记录下来。他的加盟为整个制作增添了一些创意。

2003 年 5 月 18 日，《疯狂的爱》正式发行。这首单曲颠覆了从前的一切，好像从来没有过天命真女、没有过任何单曲、没有过电影，所有的一切都未曾存在过。这首歌曲是一首大胆的、尖叫的灵魂乐。当你第一次听到这首歌的时候，很难掩饰兴奋之情。2003 年，碧昂丝接受《魅力》杂志采访时说："这首歌说的是当我们恋爱时，为什么会做一些不符合自己性格的事情，但是你对这些完全不会在意，因为你已经敞开你的心扉。有一天我在工作室，看上去有点'疯狂'，于是就有了这首歌。"这首节奏欢快并极富感染力的歌曲在那个夏天一炮而红。

但是，使这首歌真正享誉全世界的应归功于它的 MV。这支 MV 由出生在英国的电影导演杰克·纳瓦(Jake Nava)操刀，完美地捕捉到了碧昂丝焕然一新的感觉。碧昂丝告诉 MTV 台，她希望用这支 MV 来庆祝自己"向女人的转变。这首歌是关于一个恋爱中的女孩。她发现自己坠入情网，她正在做一些平常不可能做的事情，但是她完全不在乎。没有关系，她只是在疯狂地爱。"这支 MV 采用了著名电影《火爆浪子》(*Grease*)中的场景。碧昂丝站在路中间，一辆凯迪拉克轿车驶过，而 Jay-Z 正坐在这辆车的后座唱着饶舌。碧昂丝问她的观众们"是否准备好了"时，车停了下来。紧接着，碧昂丝的演唱打断了 Jay-Z 的饶舌。

然后碧昂丝身着背心、紧身热裤和红色高跟鞋出现在镜头前。与当时在天命真女那些精心设计的服装相比，这时的碧昂丝更加自然。她走到一个平台上，跳起了非常性感的舞蹈，背景中有一块“小心有电”的告示牌。

然后，梳着直发的碧昂丝在屋顶的一个舞台上继续表演。夜幕降临后，一群女舞伴（包括未来的小野猫组合〈Pussycat Doll〉成员卡密特·芭查〈Carmit Bachar〉）围着穿着街舞服装、戴着棒球帽的碧昂丝一起跳舞。她们一起跳着这支MV中最经典的舞步——后来被称为“电臀舞”。碧昂丝和所有舞蹈演员一起将手臂举过头顶，有力地跟着节奏前后晃动她们的臀部，同时唱着副歌“uh-oh-uh-oh-uh-oh-oh-no-no”。在第二段副歌部分，碧昂丝漫不经心地用泡泡糖吹了一个泡泡；镜头切换后，她表现得非常性感，似乎在等待猎物落入她的怀抱。

这时Jay-Z再次出现。他带着棒球帽的侧影出现在夜晚的街头，他看着传说中这条危险的街道，然后点燃了打火机，向地面扔去，地上有一条被汽油浇过的痕迹，直接延伸到旁边的一辆轿车下，很快就燃起了熊熊大火。从字面来讲，碧昂丝是在玩火，这个镜头也暗示着现实情况——很多人都不理解，这样一个虔诚的女孩为什么会与Jay-Z这样的坏男孩在一起。下一个镜头中，碧昂丝身穿皮草，围着Jay-Z跳舞。然后她踢开了一个消防栓，想控制一下现场的情况，消防栓喷出的水将她全身浇湿，她继续跳舞。影片的结尾，她与舞群在一个巨大的风扇前跳舞，好像要将自己吹干。碧昂丝的手举起又落下，时不时还舔一下手指。片中最后一个镜头是她含着拇指慢慢走远。这支MV象征着碧昂丝要投入爱的火海中。

这支MV非常特别，没有裸露镜头、激情片段和过激的语言，整体来说还是比较健康的。片中确实有纵火以及很多抖动臀部的画面，但是这些镜头也捕捉到了碧昂丝最本质的东西。她现在已经完全长大了，但是她的内心依然非常正统。

这既是一首了不起的单曲，也是一部值得怀念的 MV。第二年，这首单曲拿下了两项格莱美奖：最佳 R&B 歌曲奖和最佳说唱/演唱组合奖。在美国黑人娱乐电视奖的评选中，这首歌曲赢得了最佳组合奖和最佳女性 R&B 艺术家称号。更酷的是，这首单曲被英国《新音乐快递》杂志评为年度最佳单曲，曾经荣获过这个奖项的艺术家有鲍勃·马利和哭泣者乐队（Bob Marley & the Wailers）、性手枪乐队（The Sex Pistols）以及快乐小分队（Joy Division）。

杰克·纳瓦导演的这支 MV 也抱走了 MTV 大奖的三项大奖——最佳 R&B 音乐电视奖、最佳女性音乐电视奖以及最佳编舞奖。这首歌曲获得了英国排行榜（2004 年年初，碧昂丝在全英音乐奖颁奖典礼上表演了这首歌曲）、美国排行榜以及爱尔兰排行榜的冠军，并且在新西兰、挪威、丹麦、荷兰、葡萄牙、瑞士、澳大利亚、比利时、意大利以及加拿大都进入了排行榜的前五名。《疯狂的爱》是碧昂丝第一首走红的个人单曲，并且超越了她之前所有的歌曲。这首歌与《玩美当家》一样，成为碧昂丝最经典的歌曲之一。

《疯狂的爱》完美地抓住了时代精神。它将性感与甜蜜恰到好处地结合起来，富有新意的 MV、简单易学的舞蹈，最重要的是它的内容相当有趣。这首足够成熟的歌曲吸引了更年长的观众，但是也不至于太疯狂而失去了天命真女原有的那些与她们一起成长起来的歌迷。2009 年，《新音乐快递》将这首歌评为"十年最佳歌曲"，曾经获得这个奖项的艺术家有雪地巡游者组合（Snow Patrol）、大声疾呼组合（Hue & Cry）、安东尼和约翰逊（Antony and the Johnsons）以及 Puppini 姐妹组合。那么，碧昂丝接下来的个人专辑还能缔造这样的神话吗？

第九章

《危险的爱》

我知道人们喜爱我，
但是我现在希望大家不要把我当成一位流行歌手，
而是当成一位艺术家来看待。

碧昂丝，2003年

碧昂丝的第一张个人专辑《危险的爱》道出了她的新身份：Jay-Z的女友，一位性感而独立的女性。在这张专辑的筹备中，碧昂丝并没有像在天命真女时那样匆忙（直到组合解散的前两周，她们还在忙碌）。她不慌不忙，细心地准备她的新专辑。尽管这张专辑并不是十全十美的，但却是这位21岁的成熟女孩对爱情的感悟。“爱情是一个永恒的话题，”接受MTV台采访时，碧昂丝说，“它是每一个人都会经历的事情，也许有的人目前还是单身，但是内心一定依然渴望恋爱的感觉。所以，如果你听到这张专辑，你会感受到它的浪漫。”

为了专辑的录制，碧昂丝先后走访了休斯敦、纽约、佛罗里达、迈阿密、亚特兰大、斯通山、佐治亚州等地，与至少60位音乐家进行合作。专辑名“危险的爱”清楚地表明她现在的情感状况。专辑的

15 首歌曲是从 43 首备选歌曲中精心挑选出来的。尽管随着时间的流逝，这张专辑并不是绝对完美，但是它却成为碧昂丝充满自信的代表作之一。在录制前，为了确定合作的制作人，碧昂丝花了两天的时间，接见了来自全美的主要制作人，并与每人进行了 30 分钟的面谈。

专辑《危险的爱》涵盖了碧昂丝擅长的大部分音乐风格。这张专辑的受众不仅是嘻哈音乐团体，而且还包括组合的铁杆粉丝，甚至是更为成熟的听众。在采访中谈到这张专辑时，碧昂丝表示："我希望大家能在这张专辑中听到嘻哈、摇滚和爵士，你甚至会听到舒吉・奥提斯（Shuggie Otis）的音乐风格。"在接受新西兰文化杂志《思路》（*Thread*）采访时，她说："我希望大家能真正感受到音乐家的才华。我知道人们喜爱我，但是我现在希望大家不要把我当成一位流行歌手，而是当成一位艺术家来看待。"这张专辑表达了一种新的声音，也体现了一种凝聚力，这也是天命真女专辑中所缺少的一种感觉。这张专辑生动地描绘了碧昂丝的内心情感。在《危险的爱》中，碧昂丝是一位《调皮女孩》（*Naughty Girl*），她与她的《小男孩》（*Baby Boy*）《在一起》（*Be with You*），这位《嘻哈明星》（*Hip Hop Star*）也常让她《无言以对》（*Speechless*）。

《疯狂的爱》这首开场曲已经成为红遍全球的歌曲，而怎样使整张专辑都能保持与这首歌一样的力量，是这张专辑所面临的最重要的问题。尽管《疯狂的爱》的成功为整张专辑奏响了胜利的序曲，但同时也使其他歌曲黯然失色。英国《新音乐快递》认为："尽管碧昂丝的歌声充满了真诚，而且她的演唱非常成熟，但是整张专辑让人很难评价。遗憾的是，《疯狂的爱》在专辑中显得过于出色，它的成功也成为专辑中其他歌曲挥之不去的一片乌云。"

《调皮女孩》这首歌曲由克里斯蒂娜・阿奎莱拉的制作人斯科

特·斯托奇(Scott Storch)操刀，他将唐娜·桑玛(Donna Summer)的经典灵歌《爱你我的宝贝》(*Love to Love You Baby*)中的元素运用到《调皮女孩》的创作中。除此之外，他还融入了嘻哈风格与雷鬼音乐元素，使这首歌成为一首具有阿拉伯风情的 R&B 歌曲。2004 年 3 月，这首歌曲被选为专辑的第三首单曲，一经发行就登上了美国排行榜第三名、英国排行榜第十名。歌曲的 MV 中运用了 1953 年的电影《龙国香车》(*The Band Wagon*)里赛德·查理斯(Cyd Charisse)和弗莱德·阿斯泰尔(Fred Astaire)的舞蹈。片中，碧昂丝在一间酒吧里跳舞，亚瑟小子(Usher)在一旁观看，并在中途加入表演。在 MV 的高潮部分，碧昂丝在舞台上的一支超大的香槟杯中跳舞，随着她的舞蹈，泡沫从香槟杯中涌出。最后一个场景中，碧昂丝坐在一架钢琴上，五颜六色的小纸屑从天而降。《疯狂的爱》的导演杰克·纳瓦再一次捕捉到了碧昂丝调皮又可爱的一面。

《小男孩》这首歌曲由牙买加歌舞巨星西恩·保罗(Sean Paul)与碧昂丝共同演绎。这首充满了宝莱坞风情的歌曲讲述了碧昂丝的梦想，描述了一个把音乐当作太阳、舞池作为大海的世界。这个充满了爱与音乐的世界就是她的天堂。这首歌曲与专辑的其他歌曲一样，向人们传递了一种令人震撼的激情。多年后，再次听到这首歌，人们仍然能感受到碧昂丝当时的内心情感。由斯托奇担任制作的这首歌曲非常时尚，旋律性虽然不强但却极富感染力。这首单曲于 2003 年 8 月发行，为碧昂丝取得了第二个美国排行榜冠军，并且位居榜首达 9 周之久，比《疯狂的爱》还多一周。唯一取代其冠军宝座的歌曲是黑眼豆豆组合(The Black Eyed Peas)所向无敌的单曲《爱在哪里?》(*Where Is the Love?*)。歌曲《小男孩》的 MV 仍然由纳瓦执导，在片中的很多场景中，都有碧昂丝有力地扭动、翻滚身体的画面。天命真女的 MV 给人的视觉冲击以及碧昂丝的性感完全展现在这支 MV 中。在器乐部分停止后，碧昂丝在沙滩上充满力量地奔跑、翻滚、旋转。

同时，专辑仍然采用了碧昂丝擅长的音乐风格，碧昂丝与大人物(Big Boi)以及“睡虫”布朗共同演唱了《嘻哈明星》。这首歌曲听起来有些奇怪，给人格格不入的感觉，而且在布朗演唱的饶舌部分，竟然有“脱掉背心和内裤，女孩们都停下，让他们丢掉那糖衣炮弹”这样的歌词。《泰晤士报》(*The Times*)的丽萨·威莉克(Lisa Verrico)认为：“为这首歌曲锦上添花的……是摇滚吉他、重低音以及一些奇怪的节奏形式，碧昂丝的演唱像比约克(Björk)的风格一样——让你完全想不到唱歌的人是她。此外，歌曲中还有流浪者二人组(Outkast)的大人物以及‘睡虫’布朗的饶舌演唱。”这首歌曲标志着碧昂丝的不断突破。尽管专辑余下的歌曲并没有延续同样另类的风格，但是将这首歌曲选入专辑，也是碧昂丝的一个大胆尝试。

《与你在一起》是针对一些成熟听众的。歌曲结合了舒吉·奥提斯的《草莓信 23》(*Strawberry Letter* 23)与布特斯·科林斯(Bootsy Collins)的《我宁愿和你在一起》(*I'd Rather Be with You*)两首歌曲中的元素，采用了上世纪 70 年代的复古风格和现代的干净利落的爵士放克风格。碧昂丝性感的演唱也展现了她对歌曲的驾驭能力。专辑的另一首歌曲《我、我和我自己》(*Me*, *Myself and I*)中也运用了相同的风格。《我、我和我自己》在 2003 年 10 月作为专辑的第三首单曲正式发行。这首慢速的、极富感官效果的歌曲由碧昂丝、罗伯特·沃勒(Robert Waller)以及制作人斯科特·斯托奇共同创作。与前两首已发行的同专辑歌曲不同的是，这首歌更趋于保守。碧昂丝曾说，这首歌曲是这张专辑中她最喜爱的单曲之一，因为在这首歌曲中，展现了恋人分手所带来的力量。“这首歌好像是在庆祝分手一样，”她告诉 MTV 台，“当这样的事情发生时，女人相当于上了一课。分手后，女人能够真正了解自己，比知道男人那些借口要重要得多。”瑞典导演乔翰·瑞克（Johan Renck）执导了这首歌曲的MV。他曾用别名Stakka Bo发行过自己的一些热门单曲，后来还导演了凯莉·米洛（Kylie Minogue）和新秩序组合（New Order）等歌手的MV。与专辑前两首单曲MV中的闪亮与扭动不同的是，《我、我和我自己》是以倒叙的手法来讲述整个故事情节的。MV以碧昂丝倒着走开始，她穿过一扇门、在浴缸中伤心欲绝、她头痛欲裂最后回到分手时的情景。直发的碧昂丝，在躺椅上一边酒醉难过，一边伤心演唱。

《是的》（*Yes*）这首歌由福克斯（Focus）创作并制作，是一首复古风格的歌曲。福克斯的父亲是CHIC的创立者之一伯纳德·爱德华（Bernard Edwards），这位贝斯演奏家和作家于1996年逝世。这首歌曲采取了埃斯利兄弟组合的歌曲《性感》（*Sensuality*）中的一些手法，如慵懒的钢琴声、性感的声线以及碧昂丝富有表现力的演唱。这首歌曲仍然有着自己的独特内涵：歌词描述的是碧昂丝被一位求婚者监听了，由于她拒绝了他提出的过分要求，所以他不信任她。碧昂丝的灵感来源是她一直在思考的公众对明星的要求。“我可以为大家签一百万个名，但是一旦我说出‘对不起，我要赶不上飞机了’时，好像我签过的那些名就都没用了，”她说，“生命中总是会发生这类事情。这就是我喜欢这首歌的原因。”

以上世纪70年代中期的音乐风格为基础，碧昂丝、克雷格·布洛克曼（Craig Brockman）和尼桑·斯图尔特（Nisan Stewart）共同创作了甜美的慢歌《星座》（*Signs*）。这首关于星座的歌曲悄然引发了人们对占星学的狂热。歌曲运用了漂浮者乐队（The Floaters）1976年的热门歌曲《飘摇》（*Float On*）中的元素，并在结尾处加入了密西·埃利奥特精彩的饶舌演唱。处女座的碧昂丝在歌曲中列举了不同星座男人应有的特质以及有可能匹配的星座，而在最后，她演唱的“我与射手座相爱了”也引发人们猜测，因为射手座是 Jay-Z 的星座。“人们愿意怎样猜就随他们吧，”谈起这首歌时，碧昂丝说，“这就是音乐的魅力。”

《无言以对》延续了《危险的爱》专辑中部分歌曲的慢速风格，歌词内容也比从前更为狂野放纵。歌词中直接谈到了性爱话题，这是一位全新的、无拘无束的女人发自内心的表达。“当听到这首歌曲的时候，我感觉很激动，”碧昂丝说，“这首歌曲非常性感。我从来没有尝试过这类风格。这首歌曲一定会有催情的效果！”当她唱到“在你的世界里好疯狂”时，似乎又一次表达了对 Jay-Z 的爱。

《这就是你所爱的》(*That's How You Like It*)的歌词来自德巴奇(DeBarge)在 1982 年进入美国排行榜前 50 名的热门歌曲《我喜欢它》(*I Like It*)，这首歌也是 Jay-Z 在这张专辑中第二次献唱。这首轻快活泼的歌曲与《百战娇娃》专辑中《幸福的笑脸》有些相像，并在某些角度与《03 邦妮与科莱德》有些许相似；除此之外，这首歌曲更像是碧昂丝与 Jay-Z 的一首单纯的情歌对唱。在歌曲中，她叫 Jay-Z“坏蛋”，而 Jay-Z 则唤她“小坏蛋”。Jay-Z 演唱的部分也谈到了他们的私人生活与公众角色的不同。这张专辑的大部分歌曲都传达了一种轻松甜蜜又温馨的感觉。

除了保守的音乐风格外，碧昂丝与路德·范德鲁斯合作的歌曲《愈来愈近》(*The Closer I Get to You*)采用了新旧结合的风格。时年 52 岁的范德鲁斯是音乐界的大师级人物，他是轻松灵魂乐的核心人物。这首歌曲由曾为马文·盖伊伴奏的打击乐手詹姆斯·穆图姆(James Mtume)和他的搭档雷吉·卢卡斯(Reggie Lucas)共同创作。歌曲类似流行于 70 年代末的萝贝塔·弗莱克(Roberta Flack)和唐妮·海瑟薇(Donnie Hathaway)的风格，又一次展现了碧昂丝的音乐天赋。范德鲁斯的团队担任制作，来自纽约的精英录音乐手塔瓦萨·阿吉(Tawatha Agee)、布兰达·怀特·金(Brenda White-King)以及茜茜·休斯顿(Cissy Houston)负责和声部分。这首歌曲的制作团队由最顶尖的音乐人组成。范德鲁斯的传记作者克雷格·西摩(Craig Seymour)曾写道："范德鲁斯很喜爱碧昂丝，因为虽然是一位新人，碧昂丝拥有着他所喜爱的艺术家的所有特点。她的身上闪耀着戴安娜·罗斯的魅力，又有着狄昂·华威克的姿态，同时还拥有艾瑞莎·富兰克林那样迷人的嗓音。"

2003年初春，这首歌曲在位于纽约西54街富有传奇色彩的 Hit Factory 工作室录制完成。当碧昂丝看到这间工作室的时候，她喜出望外，因为这间传奇工作室非常完美。但是，范德鲁斯仍然与她确认了工作室的湿度，因为这里的湿度对她的声音是否能发挥到最佳有着关键的作用。刚开始录音时，碧昂丝感到有些紧张，因为这是她第一次在这个传奇工作室录音；但是范德鲁斯用他的幽默感让碧昂丝完全放松下来。在回休斯敦的路上，碧昂丝的父母听她说的都是关于范德鲁斯的事情。这张专辑中另外一首由碧昂丝与范德鲁斯合作的歌曲《和我爸爸跳舞》(*Dance with My Father*)成为范德鲁斯销量最高的单曲，同时也是范德鲁斯的绝唱。"这就像实现了一个梦想一样，"碧昂丝说，"他的音乐会让人心碎。"很多评论认为这首歌曲有多处抄袭了原版，但是坦白地讲，这些评论并不正确。这首歌见证了R&B音乐的交接：80年代的偶像将他手中的接力棒交到了90年代的偶像手中。

在这张专辑录制完成不久后，路德·范德鲁斯遭受了一次严重的中风，在承受了18个月的痛苦后，他离开了人世。他的病逝令碧昂丝极为痛心。范德鲁斯这样一位享有盛誉的传奇人物，一直非常有耐心地指导别人，他也非常欣赏碧昂丝的演唱。歌曲《和我爸爸跳舞》也使碧昂丝的名字前加上了“超级好评”，这是巴斯达韵·莱姆斯(Busta Rhymes)和史蒂维·旺德都没有得到过的荣誉。

《危险的爱 II》改编自天命真女的专辑《百战娇娃》中碧昂丝演唱的第一首歌。与原曲不同的是，《危险的爱 II》去除了原有的电子音乐的节拍。这首歌的出现似乎有特殊的含义，尤其是碧昂丝自己演唱和声部分。这首歌曲并没有天命真女演唱的那样细腻与熟练，但是却展示了一位歌手从小女孩变为女人的历程。

专辑《危险的爱》的最后隐藏了一首歌曲——《爸爸》，这是碧昂丝献给父亲马修的歌曲。起初，由于这首歌的录制时间太晚，错过了专辑的最后期限，但是碧昂丝秘密地将这首歌曲加在专辑中，完全没有与担任行政制作人的父亲商量。这首歌曲非常简单和亲密，内容如家庭情景剧一般，谈论了家长们对孩子文身的反应以及把男朋友带回家时的反应等等。对于碧昂丝来说，将这首歌曲放在这张专辑中有着重要的意义，因为这张专辑是她第一次没有经过马修的指导而录制的。当马修第一次听到这首歌时，他沉默了，正如碧昂丝自己所讲，这首歌有点沉重。她认为，无论她未来的生活伴侣是谁，无论她未来的孩子是谁，他们一定会像她的爸爸。一些爱搬弄是非的人嘲笑这首歌曲太甜蜜，但是《滚石》杂志则认为“这首五分钟的歌曲是碧昂丝送给经纪人父亲的礼物，像一部既有演唱又有抒情诗的文集一样”。碧昂丝的这一举动也向她未来的独立迈开了第一步，尽管内容是对父亲的爱，但是也为她继续前行埋下了种子。

☆

专辑《危险的爱》包装非常精美，全部使用新拍摄的照片。专辑的艺术指导由伊恩·卡特勒(Ian Cuttler)担任，他曾与马库斯·柯林科和尹德莱尼(Markus Klinko & Indrani)的摄影团队一起工作。

蒂娜负责碧昂丝的造型。照片是在酒店房间中拍摄的，一头卷发的碧昂丝站在阳光前，蓝色的胸衣和紧身裤以及水晶串成的罩衫令她看起来光彩夺目。而专辑歌词册照片中的碧昂丝又变成了一个不一样的她，看上去还是那个没有准备离开三人组的女孩。碧昂丝在这张专辑中说了很多次的感谢。在光盘第二个感谢栏中，她说："感谢曾经的那些对手和批评过我的人。泪水和汗水将带领我走向成功。"这张专辑是努力工作的制作团队和完美的艺人管理团队的胜利。

碧昂丝对她的第一张个人专辑感到很自豪。"因为这次我是为我自己写歌，所以专辑中的歌曲都非常个人化，"她说，"我希望歌曲能更有力度，也期待与其他人的合作。基本上，这张专辑为我提供了一个学习写歌和唱歌的机会。这张专辑里的情歌更多。演唱部分的制作存在一些瑕疵，因为这就是我，我并不是一个完美的人。"有人推测，不久以后，碧昂丝就会超过天命真女的其他人。"我现在感觉很自由，因为我可以在工作时，告诉大家我想要什么样的东西。但是很多时候，让我独立去创意确实是更加困难的，"碧昂丝说，"曾经，我非常依赖天命真女（凯莉·罗兰和米歇尔·威廉姆斯），我需要她们告诉我怎样做，需要她们为我的想法提出意见。我对自己很挑剔，所以当完全凭自己的直觉做事时，就会变得很可怕。"

2003 年 6 月 22 日，专辑正式发行后立即得到了公众的热烈追捧。这张专辑获得 5 项格莱美奖，全球销量超过 600 万张。然而，《滚石》杂志对它的评价却不那么积极，他们认为"这张专辑中的一些慢歌，如《和你在一起》和《我、我和我自己》，像翻唱 70 年代的 R&B 歌曲似的，即使是密西·埃利奥特加盟的那首《星座》也于事无补。与路德·范德鲁斯合作的《愈来愈近》和整张专辑的风格并不符合，舞蹈部分也没起到什么作用。"尽管《新音乐快递》对《疯狂的爱》这首歌十分看好，但是对整张专辑并无好感："大人物和'睡虫'布朗在《嘻哈明星》中的饶舌并没有什么特别出彩的感觉，而唯一值得注意的就是一些吉他独奏，但是却一带而过。"《娱乐周刊》则认为，专辑的大部分歌曲"碧昂丝小姐做的都是再创作，而不是改编。这很危险的，但是爱情就是这样的"。《洛杉矶时报》(*Los Angeles Times*)总结说："她想表达的大部分内容，都给人不同程度的急促、温柔的感觉，这就是她想要的。"

《危险的爱》使碧昂丝感到欣慰，她终于有能力去衡量自己，并且感悟和享受与 Jay-Z 的新恋情。这是一张属于未来的专辑，我们无法说它比天命真女的唱片要好，但是这是与她之前的作品完全不一样的风格。"我对现在的生活非常满意，"她说，"我的生活、我的事业，每一件事情都很好。我也会担心一些事情，但是我身边有很多人让我感到非常踏实和安心。我的目标是享受我的人生，而我现在正在这样做。"在接下来的六年时间里，碧昂丝一直以大胆无畏的姿态继续她的事业。

☆

当碧昂丝的个人专辑在全球各大排行榜上迅速攀升的时候，她出演了她的第二部电影，由乔纳森·林恩导演的喜剧《亿万唱诗班》(*The Fighting Temptations*)。这部电影于 2003 年 7 月 9 日正式上映，由古巴·高汀(Cuba Gooding)饰演影片的主人公达林·希尔(Darrin Hill)。达林是一位来自纽约的白领，他得知自己继承了一笔遗产，必须要回到家乡佐治亚州的蒙特卡洛。然而，要想得到这笔钱，他唯一能做的就是创办一个福音唱诗班，并且要赢得一年一届的福音音乐比赛。

碧昂丝在剧中饰演达林的童年好友莉莉(Lily)，而长大后的莉莉是这座小镇上远近闻名的坏女孩。这部影片把碧昂丝带回了亲切的教堂。“我是在教堂中长大的，”她告诉代表 MTV 台采访她的饶舌歌手胖子乔(Fat Joe)，“我曾在唱诗班唱了两年教会音乐。由于从 9 岁起，我就要到处去演出，所以时间并不长，但是那段经历却给了我很大的力量。在演唱的时候，我完全没有感觉到这是在工作，而且我们也会演唱抒情的歌曲。”

与《王牌大贱谍之决战金盟友》不同，这部电影是一部让人感觉非常真实的小电影。“上一部电影比较夸张，”碧昂丝说，“场面很大。但是这一部电影中，我扮演了一个实实在在的人物。这个角色没有漂亮的衣服，没有化妆，发型也很糟。我很认真，我要表现出很实在的感觉。通常来讲，生活在南部的人不会打扮得那样闪亮。”这部电影非常滑稽，但也有一点感伤。

在这部电影中也上演着另外一部好电影。它是对美南浸信会(The Southern Baptist Church)的讽刺和皈依(在电影中反复出现的一个镜头，是一个女人经常晕倒因为她“被精神杀死了”)。教会经常传递出一种“快乐是短暂的，唯有受难才是永恒”的信息，而这也是教会的出纳宝琳娜宣扬的道德观念。然而这部电影最后着眼于古老的性别斗争。男人被认为是骗子(达林)、弱者(莱维兰德·路易斯)、夸张的讽刺对象(当地的出租车司机拉舍斯)或是醉汉(DJ 迈尔斯·司默科)。女人其实并没有比男人好很多，但是女人常常能抓住事情的本质。莉莉很强壮，而且以家庭为重，她勇敢地揭露了教会的虚伪，宝琳娜对此感到非常害怕；玛丽·安非常博学而且有责任心。

故事开始于 1980 年，由于小达林的母亲玛丽·安在教堂的唱诗班演唱世俗歌曲，所以要被驱逐出教会。尽管雪莉阿姨全力相助，但是她依然被驱逐了出去。23 年后，雪莉阿姨去世，达林回到故乡参加葬礼，得知雪莉阿姨希望由达林来领导唱诗班。

碧昂丝出色地完成了她的戏份，她饰演的角色看上去有些强势，但是唱歌的时候又很感性，恋爱的时候则很温顺。当她在酒吧用性感的嗓音演唱库利·达文波特（Cooley Davenport）的《狂热》（*Fever*）时，她的表演犹如好莱坞黄金时代的明星。电影坚持用传统的手法，将唱诗班的镜头进行跳格剪接。这部电影也向美国的福音音乐致以崇高的敬意。在这部电影中，观众们有机会一睹最大的福音音乐组合和R&B明星的风采。雪莉·凯撒在雪莉阿姨的葬礼上进行了一段精彩的表演；O'Jays在理发店里完美地演唱了保罗·西蒙（Paul Simon）的《爱如磐石》（*Loves Me Like a Rock*）。很少出镜的阿拉巴马盲男孩组合（Five Blind Boys of Alabama）也参演了这部电影。梅尔巴·摩尔（Melba Moore）和安吉·斯通（Angie Stone）的加入使电影的演员阵容更为强大。作为主角的古汀表演出角色人物的善良和友好。

尽管碧昂丝的表演很难突破自身的局限，但是她在这部电影中表现非常出色。据说碧昂丝的片酬约为1600万美元。碧昂丝对与英国导演乔纳森·林恩合作感到非常高兴。"当我得知是乔纳森导演这部电影的时候，我第一反应就是'太棒了'，因为他之前拍的电影真的非常好！"在电影拍摄期间，碧昂丝接受MTV台采访时说，"当我见到他的时候，他让我感觉非常自如。我很高兴又能在电影里唱歌了，在我之前拍的那部电影中，我几乎都是表演，我希望能做一些让自己更有自信的事情。"在拍摄期间，她请求乔纳森给她时间重新拍摄一些桥段，这样有利于她把握正确的情感。虽然她对吻戏感到有些尴尬，但是古汀也帮助她放松了下来。而到了演唱的桥段时，碧昂丝又变得活力四射了。她在监狱中演唱的《甜蜜的马车，载我回故乡》（*Swing Low*，*Sweet Chariot*）非常感人，在教堂中与吉拉尔德·来福尔特(Gerald Levert)、安吉·斯通、梅尔·巴摩尔演唱的《爱雨落下》(*Love Rain Down*)极为美妙。尽管与这些音乐界的教父级人物一起演唱让碧昂丝稍显逊色,但是,能与来福尔特、斯通以及摩尔这些出色的艺术家一起表演令碧昂丝感到非常满足。

在电影的结尾处,当唱诗班以出色的表演震撼了观众后,达林在歌唱比赛的舞台上向莉莉求婚。尽管他这一举动像是个噱头,但是观众也很乐意看到这样的结局。碧昂丝与古巴·古汀的合作非常愉快,"我非常敬仰他,他很有才华。他也是这部电影吸引我的一个重要原因。刚开始我有些紧张,但是当我见到他之后,他让我感觉很自在,而且他对待我的态度也并没有像对待新人一样,而是好像我以前拍过好几部电影一样。"

《亿万唱诗班》并没有得到评论家的喜爱:尽管《帝国》(*Empire*)杂志认为这部电影非常温馨,《名利场》(*Variety*)也称赞了电影强大的演员阵容,但是《卫报》(*The Guardian*)却认为这部电影"应该放在农场和菜园的小店里,卖给种玫瑰花的农民"。《哈利维尔电影导报》也评论道:"深情的歌曲演唱没起到什么作用。电影情节老套,古汀的表演也相当无聊。"

然而,碧昂丝在电影中的表现得到了不俗的评价。至少,她让大家看到了她的演技,而不仅仅是个花瓶。《芝加哥太阳时报》(*Chicago Sun-Times*)的知名电影评论家罗格·埃伯特(Roger Ebert)说:"尽管这是碧昂丝主演的第一个角色,但是她将这个角色表演得非常到位,她所做的不仅仅是出现在镜头前,她表现出了那种温暖而有同情心的感觉。"《旧金山纪事报》(*The San Francisco Chronicle*)评论道:"碧昂丝使电影的音乐增色不少,她演唱的《狂热》就像《吉尔达》(*Gilda*)中的丽塔·海沃思(Rita Heyworth)一样。"

这部电影的拍摄和制作耗资 1500 万美元，票房收入达 3000 万美元。随着莉莉和达林的冒险，电影以一个开放式的结尾结束，这种结尾让人不禁猜想电影是否会有续集。然而，这部电影得到的评价不高，并没有一炮而红。埃伯特完美地概括了这部电影："《亿万唱诗班》算不上是一部辉煌的电影，但是这部电影有着自己的灵魂，只有真正喜爱的人才会发现它的美。"

这部电影的原声大碟也是一张非常杰出的唱片，歌曲主要是灵魂乐和福音音乐风格。这张专辑发行于 2003 年 9 月，由执行制作人詹姆斯·赖特(James 'Big Jim' Wright)和大师级制作人吉米·詹姆(Jimmy Jam)及泰瑞·刘易斯(Terry Lewis)共同完成。这张唱片中的大部分歌曲都来自这部电影。歌曲《亿万唱诗班》由碧昂丝与密西·埃利奥特、恩西·莱特(MC Lyte)和自由组合(Free)共同演绎。这首出色的说唱歌曲与电影几乎同一时间发行，但是这首在欧洲获得好评的单曲在美国市场却遭到冷遇。这首由碧昂丝的长期合作伙伴埃利奥特担任制作的歌曲是一首非常有趣的放克风格的 R&B 歌曲。

歌曲《我知道》(*I Know*)是一首甜美的慢歌，由索尔·蒂戈兹(Soul Diggaz)担任制作，翻唱自 2001 年天命真女的专辑《百战娇娃》。这首歌曲后来也选入 2004 年奥运会官方专辑。歌曲运用了木吉他伴奏，由黑眼豆豆组合的饶舌歌手兼制作人威廉与碧昂丝合作完成。这首歌曲再现了天命真女的实力，2004 年，由于这首歌曲的走红，天命真女的歌曲也重新开始流行。歌曲《跟随你的内心》(*Don't Fight the Feeling*)融合了彭戈拉舞和 R&B 风格，由 Papa Reu 担任主唱，索朗热也参与了这首歌曲的演唱，她的加盟证明了她也有实力与姐姐一样签约哥伦比亚唱片公司。

《我所做的一切》(*Everything I Do*)是一首轻松、简单的情歌，被认为是这张电影原声大碟中碧昂丝唱得最好的一首歌曲。这首歌曲由碧昂丝与来自美国费城的饶舌歌手比拉尔(Bilal)共同演唱,比拉尔在2001年发行的专辑《1st Born Second》受到广泛好评,詹姆和刘易斯全力以赴创作并制作了这张迷人的午夜情歌专辑。歌曲《夏日》(*Summertime*)运用了南部R&B弹唱风格,由Jay-Z的竞争对手吹牛老爹与碧昂丝共同演唱;最初曾计划将这首歌曲收入专辑《危险的爱》。尽管这张电影原声碟的发行比较低调,但是由于几乎与碧昂丝第一张个人专辑同期发行,所以这张专辑也很好地填补了《危险的爱》中的一些空白,唤醒了美国南部的炎炎夏夜。

☆

这一年,马修也非常忙碌。抛开被起诉的事情不谈,马修不仅是曾经的天命真女的成功的经纪人,而且在组合解散后,他也着力为三位成员策划她们的个人发展。他具备无与伦比的策划和管理才能。10月时,有传闻说他将音乐世界娱乐公司以1000万美金的价格卖给了避难所唱片公司(Sanctuary Group),这家公司后来的事业发展也非常好。尽管他曾经签约的艺人仍然还以他们自己的公司名义发行唱片,但是马修有了更大的空间去发展新的艺人,尤其是发展演唱福音音乐的艺人。“我想做的不是要签那些需要上百万美元预算的项目,”马修接受《公告牌》采访时表示,“我需要的是有15万美金录音预算和10万美金的MV预算就可以的项目。你不必卖出300万张唱片,只要卖出20万张就可以赚钱。”他还帮碧昂丝与美国的一些大品牌签约。在对碧昂丝只做代言还是创立自己的品牌进行深思熟虑后,他让碧昂丝与汤米·希尔费格签约。因为对于这时候的碧昂丝来说,只做代言完全足够。随后,碧昂丝成为希尔费格品牌新推出的香水系列“巨星风采”(*True Star*)的代言人。

☆

2003 年 8 月 28 日，碧昂丝与 Jay-Z 在一年一度的 MTV 颁奖典礼上同台献艺。当天，碧昂丝拿走了三项大奖：最佳女性音乐电视奖、最佳 R&B 音乐电视奖和最佳编舞奖(《疯狂的爱》)。表演开始后，碧昂丝的脚踝用马具捆绑着，整个人倒挂着从高处慢慢降落到舞台上的一张睡椅上，随后她开始演唱《小男孩》，四位从头到脚被深蓝色服装包裹得一丝不透的男舞伴围着她。突然，这几位男舞伴开始剧烈地扭动起来，她表现出非常慌张的样子，随后起身与舞伴们一起舞动。

一分半钟后，音乐的节奏突然变化，台上舞群的数量增加了一半。紧接着，响起了铜管乐演奏的《疯狂的爱》的前奏部分。舞群做出了一个波浪翻滚的动作，变成一排，然后她们一起跳起了“电臀舞”——在这首歌曲的 MV 发行后，“电臀舞”红极一时。这次表演是碧昂丝一生中最精彩的表演之一。现在，我们到了萨沙的地盘了。突然一个举止怪异的男人穿着花哨的沙滩裤出现在台上，也跳了一段“电臀舞”。这时候音乐突然停止，几个男人围住了碧昂丝，给她喝了一瓶看起来似乎是百事可乐的饮料，然后，Jay-Z 唱着饶舌走上舞台。尽管碧昂丝这次表演是对口型的，但是这场极具动感的视觉盛宴像碧昂丝去年所做的一切一样，为已经 22 岁的成熟的她与曾经的天命真女画上了一条分割线。

在美国的首次个演之前，碧昂丝于 2003 年 11 月 3 日至 19 日在欧洲进行了为期 9 天的表演；大约同一时间，她的第二部电影也在伦敦首映。《观察家报》的西蒙 · 加菲尔德(Simon Garfield)对碧昂丝进行了采访，从这次采访的安排中，他对碧昂丝忙碌的生活有了一些了解。“我们安排好的采访时间和地点变更了四次，因为她的行程真的太满了。这次我也熟悉了她的一些行事风格，”他写道，“如果在她生活中，某件事情有百分之九十八的可能，那这件事基本上不会发生；如果是有百分之百的可能，那一定会发生。而这一定会发生的事情可能并没有事先计划好。‘我很高兴这次采访终于要达成了。’当我在温布利体育馆等待碧昂丝的时候，我对索尼公司的联系人说。‘是呀！’他回答我，‘这就是她的魅力。’”

碧昂丝此行受到了当地歌迷的热情欢迎，她于 2003 年 11 月 10 日和 11 日在温布利体育馆的两场演出也被制作成光盘，畅销欧美。在这两场演出中，碧昂丝表演了专辑《危险的爱》中的歌曲、《亿万唱诗班》中的一些电影原声歌曲以及一些经过改编的天命真女的歌曲。演出的开场与 MTV 颁奖典礼上一样，碧昂丝的双脚被绑住，头朝下从天而降。

2003 年对于碧昂丝来说是不可思议的一年，这一年也证明了从天命真女单飞是正确的选择。碧昂丝的个人专辑获得美国排行榜第一名，专辑中的两首单曲《疯狂的爱》和《小男孩》在美国单曲排行榜上蝉联了 17 周的冠军。但是更有意义的是，2004 年 2 月 1 日，碧昂丝在休斯敦为第 38 届“超级碗”大赛演唱了美国国歌《星条旗永不落》(*The Star-Spangled Banner*)，并且在 2 月 8 日的第 46 届格莱美颁奖典礼上再次演唱了这首歌曲。

在“超级碗”的现场，碧昂丝身穿朴素的套装，在美国参谋长联席会(the US Joint Chiefs Of Staff)副主席皮特·佩斯将军(General Peter Pace)的引导下，走入容纳了近七万人的瑞兰特体育场。在她缓缓走入会场时，响起了对碧昂丝的介绍：“格莱美多项大奖的获得者，来自休斯敦的碧昂丝·诺尔斯。”随后她深情地演唱了美国国歌。曾经演唱过这首歌曲的顶级艺术家有戴安娜·罗斯、惠特妮·休斯顿、尼尔·戴蒙德(Neil Diamond)以及比利·乔，碧昂丝也终于加入了这一行列。在演唱最后，她看起来像是在努力克制自己的情绪。对她来说，从休斯敦的报端走到瑞兰特体育场的十年是极其漫长的十年。

格莱美颁奖典礼也是极其重要的。碧昂丝凭《危险的爱》所获得的五项格莱美奖对于她来说有着相当重要的意义，这五个奖项中包括最佳当代R&B专辑。碧昂丝得到这个奖项是当之无愧的，尽管其中有些歌曲落入伤感的民谣之俗套，但是，这张专辑无疑是一部具有时代先锋意义的作品，这张来自22岁女孩的专辑带给人们的是一系列最伟大的流行音乐单曲。

对于碧昂丝来说，格莱美颁奖典礼更为特别的是她终于实现了她的愿望之一：与她的偶像王子一同演唱。为纪念王子最畅销的专辑《紫雨》(*Purple Rain*)，碧昂丝与王子在洛杉矶的斯台普斯中心共同演唱了这张专辑的主打歌曲《宝贝，我是一颗星星》(*Baby, I'm a Star*)和《让我们一起疯狂》(*Let's Go Crazy*)，并在最后合唱了《疯狂的爱》。能与自己的偶像一同演唱他最棒的作品是一件非常值得骄傲的事情，但是更不可思议的是偶像也演唱了碧昂丝自己的歌曲。王子对碧昂丝赞不绝口，当然，碧昂丝对她的偶像也是崇拜至极。

第十章

天命真女时代的终结

这种能量有一种特别的美。

碧昂丝,2004 年

经过认真的讨论和思考后,我们认为,这次巡回演出是我们最辉煌的时刻,我们决定将此作为我们的告别演出。这一刻,我们几个人的关系依然紧密,我们要感谢音乐,感谢我们的歌迷,也感谢我们彼此。

天命真女,2005 年

三位女孩各自的事业都发展得非常顺利,从某种角度讲,如果天命真女复合的话,对她们来说似乎是一种倒退,因为不只是碧昂丝,其他两位成员也在为自己的事业忙碌着。凯莉·罗兰在个人事业上获得了相当大的成就:她与奈利(Nelly)合作的歌曲《进退两难》(*Dilemma*)在英国和美国都获得了排行榜冠军;而她的个人专辑《深》(*Simply Deep*)中的单曲《圣衣》(*Stole*)、《不能没有人》(*Can't Nobody*) 和《轨道上的火车》(*Train on a Track*)使她成为享誉大西洋两岸的艺人。《卫报》曾经这样描述凯莉:"她不再仅仅是为碧昂丝和音的歌手了。"

米歇尔·威廉姆斯在福音音乐领域取得了巨大成功，事业也是蒸蒸日上。她的处女作《心心相印》成为2002年最畅销的福音音乐专辑，并且为她赢得了美国黑人音乐奖最佳新晋艺术家奖。2004年，当她再次与碧昂丝和凯莉合作时，米歇尔刚刚结束第二张专辑《你知道吗》(*Do You Know*)的宣传活动，并在百老汇表演了音乐剧《阿依达》(*Aida*)。

2003年7月，三位成员以天命真女的名义参加了在牙买加的蒙特哥湾举行的雷鬼音乐节。她们都非常怀念一起表演的那段时光。“我们的能量聚集在一起时有一种特别的美，”接受《滚石》采访时，碧昂丝说，“我们讨论了应该怎样做，讨论了我们的形象应该是什么样子，并且还谈了专辑应该是什么样的感觉。我们一起演出的时刻一直让人感觉非常兴奋。”在分开的日子里，女孩们总是计划着能有机会重组，希望在三个人各自的事业成功后，她们的重组能够获得更大的成功。2004年年初，她们开始准备新专辑的录制。三位成员在专辑中所占的比例是均等的，都有主唱的机会并且共同参与创作。

在她们准备录制新专辑前，碧昂丝参加了一次演出。2004年3月，碧昂丝与艾丽西亚·凯斯(Alicia Keys)、密西·埃利奥特以及塔米娅(Tamia)举行了为期26天的北美巡回演出。这次由欧莱雅和史蒂夫·马登鞋业共同赞助的演出非常成功。3月12日，她们从第一站佛罗里达州的劳德代尔堡启程，最终于4月22日在加利福尼亚州的奥克兰体育场落下帷幕。碧昂丝演唱了12首歌曲，其中包括改编自天命真女的歌曲。

☆

《魅行天下》(*Destiny Fulfilled*)是一张甜蜜、时尚又有着丰富情感的专辑。专辑邀请了一些重量级的制作人，包括她们的老朋友罗德尼·杰金斯。

除了采取了与碧昂丝的个人专辑相似的风格，她们更多地专注于声音的制作。女孩们为能再次一起工作感到高兴，她们花了一周的时间来聊天、制订专辑录制计划。随后，她们决定将她们的对话内容录制下来，用作歌曲的素材。由这一点，她们又想到了每一首歌与下一首都应该有一定的主题关联，而她们的主题就是讲一个关于姐妹情与爱的故事。如果女孩不相信《无法呼吸》(*Lose My Breath*)中主人公许下的承诺，那她将会找到《真爱斗士》(*Soldier*)，并与他一起《只为你》(*Cater 2 U*)。三位女孩从不同的角度进行创作，这也是她们第一次在专辑的歌词页清晰地标明谁演唱哪个部分。

“起初，我在想，‘三个女孩在一起，这张专辑应该怎样做呢?’”接受 MTV 台采访时，这位曾经帮助女孩们成为巨星的制作人说，“因为碧昂丝的独唱事业非常成功，所以当她们聚在一起的时候，应该采用怎样的方式合作呢？但是当我到了工作室，见到了这几位女孩重聚时那激动和兴奋的样子时，这件事就水到渠成了。三位女孩情同姐妹，她们不只是一个组合，她们紧密地团结在一起。”

尽管这张专辑是由 11 位制作人共同制作的，但是女孩们只是跟着伴奏进行演唱。谈到这一点，专辑的执行制作人马修说：“在这张专辑的制作过程中，制作人很少来工作室。他们将伴奏音乐制作好发过来，然后女孩们就开始施展魔力了。这是她们最真实的样子，并不是哪位制作人说，‘好吧，现在我希望你们能这样或那样去演唱。’她们都是以自己的方式去诠释歌曲。当我听见‘好吧，里奇·哈里森给天命真女制作了一张很不错的唱片’或者是‘罗德尼·杰金斯给天命真女做的唱片很棒’这类话的时候，我常常会反驳他们，因为让专辑成功的人不只是他们。一张专辑的成功往往是很多人合作的结果。是女孩们的付出成就了这些唱片，因为我们一直都是与不同的人这样合作的。”

《无法呼吸》是专辑的第一首单曲，运用了极其夸张的创作手法。BBC网站评论道：“这首歌曲听上去好像是至高无上组合在一个黑暗的小巷子里与机器人调情一样。真是太不可思议了。”这首歌是天命真女的歌曲中节奏感最强的一首，也为碧昂丝后来发行的歌曲《单身女郎》(*Single Ladies* 〈*Put a Ring on It*〉)和《玩转世界》(*Run the World* 〈*Girls*〉)带来灵感。罗德尼和他的团队负责了这首歌曲的部分创作，米歇尔和碧昂丝曾经听到过由密歇根大学游行乐队演奏的鼓乐，她们当时觉得这个鼓点声与这首歌非常相配，凯莉也很快接受了这个提议。这首由Jay-Z参与创作的歌曲于2004年9月21日发行，是天命真女下一阶段发展的公开宣言。尽管刚发行时，这首歌曲并没有之前发行的单曲那样有感染力，但是一段时间后，这首歌成为最流行的歌曲，受到大众的欢迎。《今日娱乐》(*Entertainment Today*)认为这首歌曲“运用了如龙卷风一样壮观的打击乐器，并且没有电子合成器的声音……尽管这首歌曲并不具有《秀色可餐》那样的效果，但是它给人带来一种前所未有的更为紧张的力量与气魄”。

这首歌曲的MV则再一次向人们证明了天命真女的实力。这支MV由马克·卡拉斯菲(Marc Klasfeld)导演，片中天命真女在洛杉矶夜晚的街道上跳舞，但是跳舞的不只是她们三人，女孩们分别扮演了三组舞者。豪华时尚的第一组遇见了街头嘻哈的第二组，六个人在一起斗舞；接着，第三组看起来“更凶悍”的天命真女出现了；影片的结尾是三组九个人站在一群街头舞者前一起跳舞。由于碧昂丝在拍摄期间拉伤了腿筋，所以这支MV的发行不得不推迟。“她太劳累了，”公关人员伊薇特·诺埃尔·舒尔说，“我们都为她祈祷。所幸她年轻，恢复得很快。我们可能有很多事情需要转变，不只是这张已经完成的专辑，还包括所有的一切。一个星期后，我们就会知道了。”

幸运的是，拍摄延误只是暂时的，但是由于单曲发行后缺少了 MV 的支持，单曲的销量也受到了一定影响。凯莉的朋友、世界网球冠军塞雷娜·威廉姆斯（Serena Williams）将她的私人医生推荐给了碧昂丝，碧昂丝的腿伤逐渐好转。这首单曲的 MV 在十月份开始拍摄。“我们当时在跳舞，为 MV 做准备，当时我有点激动，所以伤到了腿筋，实际上伤到了腿筋的五分之一，”碧昂丝告诉记者说，“我当时的感觉比实际情况更糟糕。第一天，我连路都走不了……但是我的医生非常好，而且我的运动伤害防护员也每天带着我进行大量的恢复训练。”

MV 的发行为单曲销量带来了一定影响，但是由于错过了发行良机，这首单曲失去了成为排行榜冠军的机会。在《公告牌》百首热门歌曲排行榜中，这首歌获得了第三名的好成绩，并且在榜单上持续了 20 周的时间。这首歌曲在英国也受到了极大欢迎，取得了连续 4 周英国排行榜第二名的好成绩（新进榜的埃米纳姆、U2 和女孩乐团〈Girls Aloud〉的歌曲获得了第一名），并且在圣诞节期间始终保持在榜单的前十名。

随着《魅行天下》专辑中的另外一首单曲《真爱斗士》的发行，《无法呼吸》的流行脚步逐渐放缓。《真爱斗士》由里奇·哈里森、肖恩·加勒特（Sean Garrett）、T. I. 和李尔·韦恩（Lil Wayn）共同创作，这首精巧的歌曲被解读为对美国在伊拉克战场胜利的赞歌。这首歌曲是对战士权利的个人支持，也赞美了街头的嘻哈艺人，或者正如 MTV 台所说的“表达了对街头艺人的崇敬与热爱”。这首歌曲极大的感染力也使得歌曲获得了极大的成功。这首歌曲邀请了 T. I. 和李尔·韦恩创作歌词，他们也是这张专辑中唯一从其他公司邀请的艺人。2005 年 12 月，《真爱斗士》作为专辑的第二首单曲发行，获得了美国排行榜第三名、英国排行榜第四名的好成绩。这首歌曲也成为天命真女最后一首进入美国排行榜前十名的歌曲。

这首单曲的MV也经过精心的设计和编排。在MV中，天命真女身穿闪亮的服装，头戴男士呢帽，手上牵着大狗站在街道中央。歌词中一些双关语也暗示着女孩们已经成熟，如“拿起那个大家伙，如果你知道我的意思”，这是碧昂丝第一次也是唯一一次尝试这样创作。这支MV由挪威导演雷·凯(Ray Kay)执导，雷·凯后来与贾斯汀·比伯(Justin Bieber)和Lady Gaga合作过。李尔·韦恩和T. I. 在这支MV中担任主演，艾斯·库珀(Ice Cube)和碧昂丝的妹妹索朗热也参与了演出。在拍摄完这支MV后，索朗热生下儿子丹尼尔。

两首快歌后，专辑进入了迷人的慢歌部分。“慢歌能让你真正去唱歌，”接受MTV台采访时，碧昂丝说，“不仅对我，对唱片的演唱制作人、对那些喜欢米歇尔来自灵魂深处的演唱的听众们来说，这样的编排非常重要。我们需要让大家听到凯莉的声音是多么干净又富有色彩，听到我们所有人的进步。这是快歌所达不到的效果。”尽管有人认为这首歌曲的歌词描述了一个女人对她伴侣的刻意奉承与迎合，但是《只为你》确实是一首优美的、富有感情的慢歌。“这首歌曲讲述了一个男人带给女人的感觉。”在专辑发行时，碧昂丝辩称，“你希望他开心，你想要迎合他。我想对于很多人来说，独立女性对男人言听计从是很不可思议的；但重要的是，如果这个男人值得拥有这些，并且他也会迎合你的话，这是完全可以的。”

《只为你》中的声音很优美，是一首出色的单曲，即使这与天命真女一直宣称的女性独立与赋权并不相符。这首歌曲于2005年7月发行，是天命真女这张专辑中的最后一首单曲。歌曲发行的同时，天命真女也开始了她们的最后一次演出——“魅行天下，我就喜欢”(*And Lovin' It Tour*)。歌曲的MV由杰克·纳瓦导演，在加利福尼亚的红石谷州立公园拍摄。片中，女孩们衣着性感，在不同的场景中演唱她们想要为所爱的男人做的事情。这首歌曲获得了《公告牌》百首热门歌曲排行榜第14名的成绩。然而，尽管拥有金牌制作人斯科特·斯托奇制作的混音，但是歌曲并没有在英国的电台节目中获得足够的关注，所以没有在英国正式发行。

由安德烈·哈里斯(Andre Harris)和维达尔·戴维斯(Vidal Davis)制作的《T恤》(*T-Shirt*)也是一首充满了喘息声的、涉及男女之情的歌曲。这首歌曲讲的是当男人不在的时候，女人穿着男人的T恤来寻找他的气息。歌曲《原因是她吗》(*Is She the Reason*)速度略快，灵感来源于梅尔巴·摩尔的《我不知该向谁诉说》(*I Don't Know No One Else to Turn To*，碧昂丝用这种方式对与她合作《亿万唱诗班》的摩尔表达了敬意)，再次运用了天命真女喜爱的复古风格。这首歌曲中，情感的主题被弱化，而另一个主题则是争夺男人的爱。帕特里克·多希特(Patrick Douthit)——又称第九奇迹(9th Wonder)——担任这首歌曲的制作人。他没有运用那些“嗖嗖”的或重击的声音效果，而是使这首歌成为一首速度稍快的复古灵魂乐歌曲。

在《女孩》(*Girl*)这首歌曲中，女孩们与闺蜜互诉衷肠，讲述她们失去恋人的伤心事。这首轻快的复古风格的灵魂歌曲同样由第九奇迹制作，使专辑充满了甜美的感觉。制作人运用了戏剧组合(The Dramatics)的《思绪如潮》(*Ocean of Thoughts and Dreams*)中的元素进行创作。

作为天命真女的一个完美象征，《女孩》这首歌曲在官方网站上被歌迷选为专辑的第三单曲。尽管采用了复古风，但是这首歌曲似乎并不适合作为单曲进行发行。即使歌曲的MV模仿了《欲望都市》的风格，但是这首歌曲在美国排行榜百首热门歌曲中仅排名 23。而在英国的情况相对乐观，2005 年 5 月，这首歌登上英国排行榜的第 6 名。

在《坏习惯》(*Bad Habit*)这首歌曲中，天命真女再次采用了专辑《有迹可循》中结构复杂的嘻哈风格。这首由玛丽·J·布莱姬(Mary J. Blige)、布莱恩-迈克尔·考克斯(Bryan-Michael Cox)以及怀尔德·卡德(Wyld Card)共同制作的歌曲展现了凯莉、碧昂丝和米歇尔的合唱功底。凯莉后来推出的第二张个人专辑中也收录了这首歌曲。但是，这首歌曲的欢快与《魅行天下》专辑整体慵懒的风格并不相符。

歌曲《如果》(*If*)被认为是天命真女最出色的一首抒情慢歌。这首由罗克·维尔德(Rockwilder)制作的歌曲改编自娜塔莉·科尔(Natalie Cole)在 1975 年推出的歌曲《形影不离》(*Inseparable*)。女孩们的演唱非常成熟，相互之间的配合也相当有默契。歌曲《自由》(*Free*)是在爵士大师唐纳德·博德(Donald Byrd)的歌曲《午夜的哨声》(*Night Whistler*)的基础上进行创作的。同样由罗克·维尔德创作的这首歌曲与《只为你》相呼应，描述了女孩们从恋爱关系中解脱，得到自由。歌曲的主人公曾经只活在恋人的快乐中，现在她要追求自己的幸福了。《今日娱乐》特别点评了这首歌曲："《自由》这首歌听上去像是 1975 年的经典灵魂歌曲，但是这首歌也凸显了这张专辑的真正问题：整张专辑试图唤起过去的那个时代，但是却未能成功。"

《结束爱》(*Through with Love*)由马里奥·威南斯(Mario Winans)制作，延续了怀旧的情感。这首歌曲以一首悲伤的钢琴旋律为基础，描述了女孩失恋的心情。碧昂丝的演唱讲述了一个男人将他的女友与电视剧里的每一个模特作比较，并且抱怨女友以家庭为重。这首歌曲延续了碧昂丝的作品中一直运用的自我分析的方法。

这张专辑的最后一首歌曲《爱》(*Love*)的出现挽救了大局。在这首歌曲中,碧昂丝用深情性感的嗓音唱出找到新恋人和沉浸在热恋中的幸福感;凯莉则唱出了一种热情洋溢的感觉(那时,她刚刚与达拉斯小牛队的球员罗伊·威廉姆斯订婚);而在歌曲的结尾,米歇尔也表达了爱是她呼吸的空气。“这首歌曲的意思是,爱情给予了我们灵感。”接受《滚石》杂志采访时,米歇尔说,“我的哥哥艾朗(Erron)制作了这首歌曲,这首歌曲的和声部分真的非常美妙!”附赠歌曲《游戏结束》(*Game Over*)除了有预见性的标题外,并没有什么特别之处。这首让人昏昏欲睡的歌曲也使整张专辑给人更为倦怠的印象。

☆

专辑《魅行天下》与天命真女以往的作品都不同。这张专辑中,没有很多明星客串,而且三个女孩在演唱中绝对平等,甚至连专辑的名字都是简简单单的;也许这张专辑是天命真女最值得一听的作品。整体来讲,专辑给人非常忧伤的感觉。很明显,这张专辑实际上是一张私密的小专辑,马修甚至已经准备应对批评的声音了。“在之前发行的专辑中,我们都有一些很热门的歌曲,”他告诉记者,“这张专辑的主打歌没有那么惊艳,但是我认为这张专辑会成为一张经典的作品。这张专辑最特别的地方就是它能够让人们用批评的眼光去看它、去称赞它。”

2004 年 11 月 16 日,《魅行天下》正式发行。尽管无法与《百战娇娃》获得的成就相媲美,但是这张专辑也引起了不俗的反响。在官方发行前,这张专辑在美国的个别地区进行了预售,仅在预售的第一周,专辑就进入美国排行榜的第 19 位,并且达到了 6.1 万张的销售量。在第二个星期,专辑销售量达到 49.7 万张,并且在排行榜位居第二,仅次于埃米纳姆的《再来一曲》

(*Encore*)。

对于大众来说,《魅行天下》的出现并不寻常:因为碧昂丝已经成为一名独立的巨星,但是她却选择与前组合成员一起发行了这张专辑;尽管她们每个人的事业都取得了巨大成就,但是碧昂丝的回归就像是对另外两位女孩的"施舍"一样。但是,在每一个与新专辑有关的采访中,她们都在讲着同样的故事——关于她们友谊的故事。"我们是闺蜜,"碧昂丝接受 MTV 台采访时说,"我们在一起很开心,一起唱歌的感觉也很好。我们一起长大,我希望我们的故事能为其他组合,尤其是女性组合做出榜样。我们三个人互相支持,我们为彼此感到高兴,我们在一起的时候很有安全感。我们发展各自的事业、各自成长、过自己的生活都没有问题,但是我们聚在一起时仍然很好。你懂吗? 很多事情并不需要向媒体所希望的那样去发展。女人之间可以相处得很融洽。女人可以成为商界精英,女人也可以很聪明,但是女人不是一直都很阴险的。"

当组合开始为这张专辑进行宣传时,很多人都在猜测这个组合会在一起多久。每个人都在期待她们解散,最主要的问题是她们是否应该在一起。"我不知道,"碧昂丝说,"对我们来说,友谊很重要,我们每个人都开心也很重要。我想,可能我们的档期是最难统一的事情——我们都发行了个人专辑,有人参演了百老汇音乐剧,也有人演了电影;之后我们聚到了一起,做了《魅行天下》这张专辑。也许今后的五年时间里,我们会有自己的小孩子,或者各自发展,然后有一天我们突然决定'再一起录一张专辑吧'。也许我们会这样,也许不会。但是重要的是我们的友谊还在,我们要为别人树立这样的一个榜样。"

《魅行天下》这张专辑的封面也预示了这也许是她们的最后一张专辑。

在专辑封面上，三位女孩裸露部分身体，不戴任何饰品，这与至高无上组合 1976 年的最后一张专辑《玛丽、司克丽与苏萨耶》(*Mary, Scherrie & Susaye*)如出一辙。

人们对《魅行天下》褒贬不一。《Vibe》杂志认为“这张专辑的制作非常高端而且很有价值，歌曲的创作和她们的唱功都相当出色”。《Mojo》认为“歌词过于简单，但是女孩们用她们强大的制作以及演唱功底圆满地完成了这张专辑”。《卫报》则评论道：“在前两首大胆的歌曲后，听众们就困在了一大堆情歌中。这类歌曲从音乐和歌词上都显示出了三人组的女孩视角。”《洛杉矶时报》的评价代表了很多人的观点：“歌手们用脆弱和世俗的美好愿望达到平衡，但是整张专辑的取材都太老套了，到头来是一些虚幻的概念和没完没了的重复。”《Q 杂志》的评价更为具体：“很失望，这些歌曲好像要提高人口生育率一样。”

这张专辑听起来，像是一定要完成什么事情一样。它像一个终止符，带领公众最后再看一眼已经长大的天命真女。这张专辑听起来是成年人对爱的深刻领悟，而不是她们在上世纪 90 年代末的那些幼稚的言论。她们已经 23 岁了，不再是 18 岁的假装成熟的小女孩了。

现在，女孩们已经签订了很多赞助协议。麦当劳将赞助她们的宣传演出，2003 年这家食品业巨头对贾斯汀·汀布莱克的赞助非常成功，并且在 2005 年 11 月，他们共同进行了“世界儿童日”(World Children's Day)的宣传。作为赞助巡回演出的条件，女孩们将在未来的 18 个月内，为麦当劳宣传新推出的沙拉系列，拍摄“我就喜欢”的商业广告。2003 年 9 月，在贾斯汀的带领下，“我就喜欢”活动正式启动，这次活动也是快餐巨头继 2001 年艾瑞克·施洛瑟(Eric Schlosser)为麦当劳撰写的颇具争议的《快餐帝国》后的品牌重塑活动。

天命真女为麦当劳拍摄的广告将会出现在影院、电视以及网络上，她们也参加了“世界儿童日”的宣传活动。活动当天，她们在市中心的一个体育场里表演了《只为你》。当她们身着长裙出现在体育场时，响起了麦当劳“我就喜欢”的叮当声。这再次说明，如果需要的话，任何人都可以为了迎合他人而改变自己。对于在成长的路上衣食无忧的女孩们来说，这似乎不符合她们的风格。

☆

这次巡回演出是为了宣传天命真女的新专辑，但人们明显感觉到这将是组合的最后一次演出。天命真女与麦当劳的合作更为紧密，她们在售出的每一张门票中抽出 25 美分，捐给麦当劳叔叔之家（Ronald McDonald House Charities）。这个机构于 1974 年成立，旨在帮助贫困儿童。为了强调与麦当劳的合作，这次巡回演出的名字为“魅行天下，我就喜欢”。

这场为期 67 天的巡回演唱会于 2005 年 4 月 9 日开始，共走访了 16 个国家。第一站是日本广岛的太阳广场，随后她们到了澳大利亚、迪拜和欧洲；回到美国后，于 7 月 2 日开始了美国之行的第一站新奥尔良；9 月 10 日在加拿大的温哥华结束演出。演出精心地结合了老歌与新歌，也增加了三位女孩自己的一些单曲。所有演出都是以《说出我的名字》开场，以《无法呼吸》结束。在演出中，凯莉演唱了《进退两难》，米歇尔演唱了《你知道吗》（*Do You Know*），碧昂丝演唱了《危险的爱》《小男孩》《调皮女孩》，当然还有《疯狂的爱》。金姆·博尔斯、弗兰克·卡特逊（Frank Gatson）与组合一起推出了一场场精彩的演出。《独立》这首歌曲尽管大多时候并未给人留下深刻的印象，但是在伦敦的伯爵宫展览中心演出时却成为全场的焦点。“天命真女走到脚灯的位置,强光透过她们的蝙蝠衫,显出她们的身体轮廓,非常引人注目……当她们对着观众喊‘呼唤我’时,她们柔色的裙子使她们看上去像童话故事里的公主,而不是 R&B 女王。”在大型的演出场地表演时,观众们可能无法看到她们身上以及舞台上的细节,但是这完全不影响歌迷们的热情。

最终,不可避免的事情还是发生了。6 月 11 日,天命真女在欧洲巡演的最后一站——西班牙巴塞罗那的圣约迪体育馆的演出中宣布了她们解散的消息。凯莉在舞台上宣布:“这是你们最后一次在舞台上见到天命真女。”

天命真女给 MTV 台发送了一封公函,对她们的决定做出了解释:“我们从 9 岁起就在一起工作,14 岁开始到各地演出。经过认真的讨论和思考后,我们认为,这次巡回演出是我们最辉煌的时刻,我们决定将此作为我们的告别演出。这一刻,我们几个人的关系依然紧密,我们要感谢音乐,感谢我们的歌迷,也感谢我们彼此。在这段美妙的日子里,我们确定了一件事,现在到了我们每个人去追求自己的目标,认真地发展个人事业的时候了……无论发生什么,我们依然会深爱彼此,把彼此当作朋友和姐妹,我们也会在事业上相互支持。感谢所有的歌迷给我们的爱和支持,期待在告别演出中与你们见面。”这封长信真挚地表达了她们的内心感受。但是与 2002 年的那段暂时的分离不同,这次真的是最后一次了。

7 月 15 日,在亚特兰大的菲利普斯球场的最后一场演出中,一种喜悦与伤感交织的情绪充满了整个会场。天命真女在此次巡演中,仅在美国就获得了 7000 万美元的收入。美国国内对她们的评论比较积极。在加拿大的最后一场演出中,三位女孩在舞台上相拥,一起落下了眼泪,这是她们最后一次叫作天命真女了。

“我很爱我的姐妹们，”一年后，碧昂丝回忆说，“我喜欢团队中那种为他人妥协和牺牲的感觉。不只是我，所有人，凯莉和米歇尔也是一样，无论做什么事情都是为了组合，为了我们每一个人，所以我们能放下个人利益。在这种妥协和牺牲中，我学会了很多，我认识了自己，认识了友谊。”

☆

2005 年 7 月 1 日，路德·范德鲁斯逝世。尽管碧昂丝早已有心理准备，但是当她得知这个消息时，仍然难以接受。在他们合作《愈来愈近》的时候，范德鲁斯表现出的友好，碧昂丝一直记在心头。碧昂丝翻唱了范德鲁斯的代表作、范德鲁斯母亲最喜欢的一首歌曲《如此美妙》(*So Amazing*)。碧昂丝与史蒂维·旺德一起制作了纪念范德鲁斯的专辑《如此美妙——献给路德·范德鲁斯》(*So Amazing*:*An All-Star Tribute to Luther Vandross*)。很多明星都参与了这张纪念专辑的录制，如艾丽西亚·凯斯、艾瑞莎·富兰克林、唐娜·桑玛以及约翰·莱臻德(John Legend)。2003 年，范德鲁斯由于中风而丧失活动能力后，这些明星通过演唱为范德鲁斯募集资金，后来范德鲁斯的病情有了好转。但是在坚持了两年后，他还是离开了人世。2005 年 9 月 20 日，这张专辑正式在美国发行，其获得的全部收入都将捐献给路德·范德鲁斯基金会。

2005 年 8 月，在天命真女即将结束巡回演出时，卡特里娜飓风(Hurricane Katrina)席卷了美国。7 月初她们在新奥尔良演出的超级穹顶体育馆也成为成千上万无家可归之人的避难地。碧昂丝和她的家人为这场悲剧感到非常难过，尤其是母亲蒂娜，因为她拥有克里奥尔人的血统。碧昂丝、凯莉与蒂娜、马修、索朗热一起建立了幸存者基金会(Survivor Foundation)，这个基金会是“一个慈善机构，为在休斯敦、得克萨斯地区卡特里娜飓风的受害者以及暴风雨避难人员提供暂时性的居住地”。后来，在这个基金会的基础上，他们又建立了诺尔斯—罗兰青少年中心（Knowles-Rowland Center for Youth），该中心目前为休斯敦中心地区提供大范围的服务。蒂娜将她新创立的时尚品牌 House of Deréon 的利润的百分之一捐献给这个项目，碧昂丝将 25 万美金的个人资金捐献给幸存者基金会。

☆

巡回演出结束后，天命真女参加了最后的一些活动。11 月 20 日，她们参加了“世界儿童日”的宣传活动。她们还监督了 7 月的亚特兰大演唱会的 DVD 制作，这张碟于 2006 年正式发行。2005 年 10 月 25 日，她们的最后一张专辑《最好的》（#1's）发行，同时正式宣布组合解散。这张专辑获得了美国排行榜第一名、英国排行榜第六名的好成绩。根据权威评级，这张专辑在发行第一周销售了 11.3 万张，成为获得美国排行榜第一名的专辑中首周销量最低的专辑。

这张新专辑中有 16 首歌曲是天命真女曾经发行的热门单曲，另外 3 首歌曲是新录制的歌曲，其中包括戴维斯·福斯特创作的《为爱守护》（*Stand Up for Love*）、2005 年“世界儿童日”的主题曲《你我同心》（*Feel the Same Way I Do*，在这首歌曲中，天命真女运用了惠特妮直率、粗犷的演唱风格）以及碧昂丝即将参演的电影《粉红豹》（*Pink Panther*）中的歌曲《玩美心机》（*Check on It*）。歌曲《玩美心机》在 2005 年 12 月 13 日正式发行，由司维斯·比茨（Swiss Beatz）制作。歌曲比较简洁，运用了一些彭戈拉的主题元素。滑头恶棍（Slim Thug）表演了歌曲中的饶舌部分，这部分饶舌再一次讲到“你这样的好女孩与一群饶舌歌手混在一起做什么？”这一话题。这首歌曲也成为碧昂丝第三首获得美国排行榜冠军的歌曲。

就这样，天命真女解散了。她们经历的磨难、她们遭遇的诉讼、她们多年来的辛苦努力都值得回忆；她们会记住一起获得的第一名、她们的格莱美奖，会记住世界音乐大奖一直将她们当作最成功的女子组合。女孩们的感情依然如旧，2006 年 2 月她们再一次相聚。天命真女在休斯敦为 NBA 全明星赛进行表演，这也是她们的告别演出。同月，她们在时尚摇滚音乐会（Fashion Rocks Concert）上再次表演。2006 年 3 月 28 日，三位女孩成为第 2035 位登上洛杉矶好莱坞星光大道的明星。“我们从 9 岁开始登台表演，现在终于成为好莱坞明星，”碧昂丝在接受福克斯新闻频道（*Fox News*）采访时说，“我们的梦想成真了。感谢所有支持我们的人。”

第十一章

个人事业的分水岭

《粉红豹》和《诞生日》

别再吓她了,你难道不觉得她很性感吗?

电影《粉红豹》中的台词,2006年

这张专辑就像一个大派对,庆祝一位女性终于找回自我,重获新生。我认为专辑名字非常贴切。

碧昂丝,2006年

如今,天命真女已经解散了,那么碧昂丝又该何去何从呢?在2002年组合第一次暂时分开时,碧昂丝是三位成员中最后一位发行个人专辑的,因为她首先参演了电影。现在的情形与当时也很相似。在天命真女正式解散后,碧昂丝在电影《粉红豹》中客串了一个角色。2006年2月,《粉红豹》在美国开机。尽管这部电影受到评论家的批评,但却广受观众喜爱。电影上映前,某个年龄段的所有评论家和观众都对电影抱有负面看法。但是这部电影却恰恰成为"粉红豹"系列中最卖座的一部。

这部电影围绕着一颗名为"粉红豹"的巨大钻石展开,由布莱克·爱德华

(Blake Edwards)担任编剧和导演。“粉红豹”系列电影的第一部是1963年由大卫·尼文(David Niven)和皮特·塞勒斯主演的。尽管大卫·尼文成为第一部电影的焦点,但是在随后的六部系列电影中,与故事情节相比,观众们更喜爱塞勒斯饰演的笨手笨脚的、搞笑的人物角色。

1980年,演员塞勒斯逝世。在他去世后,电影制作人员想了很多办法,希望能使电影“起死回生”。在1982年的《粉红豹再度出击》(*Trail of the Pink Panther*)一片中,塞勒斯在前几部电影中的片段被剪辑后运用在影片中。2005年,由美国喜剧演员史蒂夫·马丁(Steve Martin)出演的克鲁索使粉红豹再次回到人们的视线中。这部电影由肖恩·利维(Shawn Levy)执导,他曾经成功地导演了浪漫轻喜剧《新婚告急》(*Just Married*)和《儿女一箩筐》(*Cheaper by the Dozen*)。

碧昂丝在这部电影中饰演了法国国家足球队教练伊夫·格鲁安特(Yves Gluant)的超级巨星女友——歌手哈尼亚(Xania)。在天命真女最后的巡回演出中,碧昂丝抽出三个星期的时间拍摄了她的部分。她在影片中首次亮相是身穿一袭白裙出现在足球场,等待带队与中国足球队比赛的男友格鲁安特。然而就在赢得比赛后,格鲁安特在球场上遇刺,而他那枚镶有假冒“粉红豹”钻石的戒指也被偷走。这显然是一起有预谋的抢劫案。

史蒂夫·马丁扮演的克鲁索惹人发笑,凯文·克莱恩(Kevin Kline)饰演克鲁索的老板德雷福斯(Dreyfus);在“粉红豹”系列电影中,赫伯特·罗姆(Herbert Lom)曾饰演德雷福斯这个角色,他杰出的表演使德雷福斯成为家喻户晓的电影人物。许多有名气的演员,如让·雷诺(Jean Reno)、克里夫·欧文(Clive Owen)、罗杰·里斯(Roger Rees),也加入了这部电影。不仅如此,电影中还设计了很多幽默的桥段。

当时，马丁是美国最棒的喜剧电影编剧和演员，他将剧本重新润色，其中一个情景就是克鲁索教导他的女秘书尼古拉·杜兰特(Nicole Durant)应该遵守公司规定，并且向她列举了男上司对秘书的一些骚扰行为。而在结束对话后，他就开始亲吻女秘书，并拍打她的臀部。这样的情节设计非常诙谐而且贴近生活。

哈尼亚再次出现时，是在录音室里录唱片，她演唱的就是这部电影的主题曲《像我这样的女人》(*A Woman Like Me*)。这是克鲁索第一次见到哈尼亚。她看起来温柔又娴静，当克鲁索称赞她的演唱时，她拍了拍这位侦探的手臂。搞笑的是，克鲁索先问了哈尼亚这个录音室的隔音效果好不好，如果他在这里放屁，别人会不会听到，然后他走进了录音室开始审问哈尼亚。克鲁索彬彬有礼地审问了哈尼亚，哈尼亚也表现得一如既往的温柔。格鲁安特曾背叛过哈尼亚，但是她说："得知他背叛我后，我很恨他，但是我没有杀他。"

当克鲁索的同伴潘顿(Ponton)打算继续盘问她的时候，克鲁索说："别再吓她了，难道你没看到她很性感吗?"在哈尼亚提到她要去纽约时，她表现得非常迷人。一小时后，哈尼亚穿着她的白裙子出现在纽约的街头，她正准备去见一位珠宝商。演到这里，观众们似乎都认为，她就是真正的杀人犯。当她在这里见到克鲁索和潘顿的时候，她告诉他们，她的钻石镶在一个钱包上，这个钱包曾经属于约瑟芬·贝克(Josephine Baker)。

碧昂丝出镜最多的场景是克鲁索准备去哈尼亚在纽约的公寓，并且已经准备好被哈尼亚色诱。他想躲到卫生间让自己清醒一下，然后他将一片类似伟哥的蓝色药片丢到水槽中，却不小心将卫生间的窗帘点燃，情急之中他不得不跳窗逃走。随着故事的发展，滑稽的场景似乎越来越少，但是当碧昂丝在舞会上唱歌的场景出现时，人们又为之一动。

《像我这样的女人》是一首约翰·巴瑞(John Barry)式的歌曲，这首歌曲也使碧昂丝在这部长达93分钟的影片中第一次展现出她的魅力。影片结束时，克鲁索抓住了真正的杀人犯，观众也得知，真正的“粉红豹”钻石一直在哈尼亚那里，她将钻石缝在了钱包的里衬中。这是格鲁安特在他最后一场足球比赛前亲吻哈尼亚时送给她的订婚礼物。

碧昂丝在影片中的很多镜头被运用在《像我这样的女人》的MV中。导演肖恩·利维谈到碧昂丝时说：“也许她真的可以做一名演员。她只拍过几部电影，但是每一次都有进步。她做歌手的时候，每次走进录音室，那里就成了她的整个世界。她非常不可思议。”碧昂丝在电影中演唱《像我这样的女人》给他留下了深刻印象。这个场景拍摄了五六次，用了三个不同的摄像机。前一秒钟，碧昂丝还“安静地坐在那里喝着橙汁”，下一秒钟她就可以马上进入角色。利维认为碧昂丝性感的气质使整部影片更加夺目。这首由碧昂丝、卡梅拉·科菲尔德(Charmelle Cofield)和罗恩·劳伦斯(Ron Lawrence)共同创作的歌曲非常优美，引来了无数好评。歌曲中碧昂丝的多轨演唱与詹姆斯·邦德式的号声的搭配简直浑然天成。

2006年2月12日，《粉红豹》正式上映，仅在上映第一周就获得了8000万美元的票房收入；这部电影的票房总收入共计1.26亿美元。《今日美国》(*USA Today*)评论道：“碧昂丝的出演是这部电影成功的原因之一。正如‘粉红豹’系列电影的第一部，弗兰·杰弗里斯的参演也为电影的成功增加了筹码。”电影的成功让人欣喜，但是在这部影片中碧昂丝也没能充分发挥她的才能。《芝加哥太阳报》的知名影评家罗格·埃伯特谈到了“粉红豹”系列电影起用漂亮女演员这一传统，他认为，在这部电影中，法国侦探这一角色出彩的一点就在于“剧中人物好像从来不认识克鲁索一样地去看待他”。这也是对碧昂丝表演的一个总结。与《王牌大贱谍之决战金盟友》一样，《粉红豹》是另一部轻松、平民化的电影，如果说出演这类电影不会有压力的话，那么不久后碧昂丝的再一次出镜就是对她演技的一个挑战。

☆

2006年，碧昂丝将事业发展的重心放在了电影方面。在她的下一张个人专辑诞生前，她的大部分时间都投入到电影《追梦女郎》(*Dreamgirls*)的拍摄中。但是由于电影特效的后期制作耗费了很长时间，她的个人专辑率先问世。《诞生日》这张专辑中的大部分歌曲都是《追梦女郎》的电影原声音乐，而这张专辑也为碧昂丝的个人事业打开了一扇新的大门。碧昂丝从她饰演的人物蒂娜·琼斯的视角进行创作，因此，与她之前所发行的歌曲相比，这张专辑给人一种不同寻常的味道。

"我不想再写一些爱来爱去的情歌，尽管我现在过得很好，"在这张专辑发布前，碧昂丝接受《今日美国》采访时表示，"我想尝试一些不同的事情，希望能做一些有创意的事情，真正做出一些东西。我想，如果不是拍了《追梦女郎》这部电影，我可能会害怕去尝试，因为尝试意味着风险。也许没有那部电影，我还是会做一张情歌专辑，因为这是我现在生活的一个主题。我想，这部电影赋予了我一些本不属于我的东西，也可能是藏在我内心某个角落的潜力。"

2006年8月31日，碧昂丝在Jay-Z位于纽约的40/40俱乐部举行了专辑发行派对。2006年9月4日，《诞生日》在全球发行，这一天也是碧昂丝的生日。专辑发行后，迅速登上全球各大排行榜的冠军宝座。对于第二张专辑的主题，碧昂丝有很明确的看法："这张专辑是关于女性赋权的。但是与以往不同的是，这是一张概念化的专辑，而且在歌曲中我运用了以前从未尝试过的一些音乐元素。”这张成熟大胆的专辑标志着碧昂丝已经完全从天命真女的风格中走出来。这张专辑的每一首单曲都拍摄了MV，在2007年以DVD的形式单独发售。无论是视觉还是音乐，碧昂丝都开足马力，全速前进。

这张专辑仅仅用了三个多星期的时间就完成了录制。专辑是在纽约和科罗拉多州阿斯彭的分界线录音工作室录制的。以其大师级的才干制作了专辑《危险的爱》的里奇·哈里森也成为《诞生日》专辑制作团队的一员。碧昂丝将她的领衔制作人哈里森、罗德尼·杰金斯、西恩·加勒特分别安排在位于曼哈顿西54街的索尼音乐工作室的不同房间里。“我把西恩、里奇和罗德尼召集在一起，然后把他们每个人安排到不同的房间中，接着就开始分头工作。”碧昂丝接受《公告牌》杂志采访时说，她会轮流到几个房间去看看，然后告诉大家“‘哇，里奇刚做了一些非常棒的节奏片段！’这是一种良性的竞争”。所以在这场竞赛下，这张专辑比《危险的爱》的内容要丰富得多。

制作人和词曲作者同时进行创作，以一天14个小时轮班倒的形式完成了专辑的录制。尽管他们共录制了超过25首歌曲，但是在最后只收录了其中的10首。专辑给人一种复古和时尚兼容的感觉。Jay-Z参与了歌曲《似曾相识》(*Déjà Vu*)和《提升自己》(*Upgrade U*)的录制，《卫报》高度概括了他的演唱：“他的表演有与生俱来的律动和性感。”

专辑的第一首歌曲《似曾相识》是继《疯狂的爱》之后的又一部力作。Jay-Z在歌曲中的出现好像在宣称碧昂丝的所属。他们非常登对，同时，碧昂丝也是一位非常独立的女性。这首完美的开篇也是这张专辑中最为直接、动情的一首歌曲。但是这首歌也不是十全十美的。福克斯新闻频道评论道：“这首歌朗朗上口，多听几次就会记住，但是在旋律上缺乏一致性。”歌曲一开始是碧昂丝以演唱的方式介绍歌曲中用到的乐器“bass，hi-hat，808 和 Jay”，这是罗德尼·杰金斯和年轻的贝斯演奏家乔恩·乔恩·韦伯（Jon Jon Webb）共同创作的。韦伯又名乔恩·乔恩·特莱克斯（Jon Jon Traxx），精通多种乐器的演奏，这首歌的贝斯部分在他手中一气呵成。“当时，罗德尼和我突然想到用一种复古的风格去做，”接受《贝斯手》（*Bass Player*）杂志采访时，乔恩说，“用真正的贝斯和小号的声音渲染一种回到过去的感觉，这也是这首歌叫‘似曾相识’的原因。”听众在听到这首极具感染力的复古风格的歌曲后，都纷纷翻开唱片内页寻找制作人的姓名。这首歌带给人的那种不可思议和无法阻挡的感觉，像是 70 年代初史蒂维·旺德的歌曲。

这首歌也为专辑中运用的真乐器演奏与电子音乐混合的风格定下了基调。“当我录制《似曾相识》这首歌的时候……甚至在我录制专辑之前，我就希望能在我所有的歌曲中都加入真乐器演奏”，在专辑筹备期间，碧昂丝接受 MTV 台采访时说，“这首歌曲中有康佳鼓、小号和贝斯的现场演奏。这仍然是一首年轻又给人新鲜感的歌曲，但是它的确也有一些复古的灵魂音乐的元素。这首歌带给人的能量让你难以置信。这是一首夏日的赞歌，我发誓。我能感觉到，它一定会打破纪录。罗德尼·杰金斯非常了不起，Jay 也非常投入，有他的加入，这首歌一定会非常出色，我很高兴。”

这首歌原计划在 7 月底作为专辑的第一首单曲正式发行，但是 6 月时，这首歌就在网络上被泄露。《乡村之声》的汤姆·布莱翰（Tom Breihan）第一次听到这首歌时就感觉难以自拔，他说：“它就像一个怪物，给我们一种宽阔的画面感，在这让人疯狂的放克风格的弹唱音乐中，你能听到嘹亮的小号、呼之欲出的贝斯、如流水般的邦高鼓和 Jay-Z 的饶舌。这首歌曲可能会像 2003 年那首《疯狂的爱》一样，红遍 2006 年的夏季。很明显，因为这首歌同样拥有着夺人眼球的制作以及令人痴迷的演唱。”然而，对于其他一些人来说，这首歌的歌名“似曾相识”似乎已经预示了它会与《疯狂的爱》有一点类似的感觉。《观察家报》评论道：“在《诞生日》专辑的开篇歌曲《似曾相识》中，Jay-Z的贡献马马虎虎，这首歌的身上还是有《疯狂的爱》的影子，也使得这次尝试显得有点有勇无谋。”在美国排行榜上，这首歌仅获得第4名；而在英国排行榜中，这首歌曲起初仅排名第21位，而后在8月底攀升至排行榜的第一位，并稳居榜首一个星期。

歌曲的MV由索菲·马勒(Sophie Muller)导演。在位于新奥尔良的一座看上去像被荒废的小屋里，碧昂丝多套炫目的服装、围绕着Jay-Z跳起的性感舞蹈，都让人感受到小屋里的热度、潮湿和欲望。如果说在《疯狂的爱》的MV中，碧昂丝看起来是在试图诱惑Jay-Z的话，那么这次，她已经完全陷入Jay-Z的怀抱。在整部影片中，她看起来似乎与Jay-Z更亲密了些。但是，并不是所有人都喜欢这支MV。2006年7月24日MTV台报道，有超过两千名歌迷在网络上联名请求哥伦比亚唱片公司重新拍摄这首歌曲的MV。

“这支MV是碧昂丝女士所有MV中最无法表现她的天赋与品性的。”歌迷在请愿书中写道。在最后一段，他们写道：“我们作为碧昂丝的歌迷，请求公司能换掉这支MV，希望新的MV能有更多精心编排的舞蹈，少一些即兴动作；希望MV的视觉主题与歌词的联系更加清晰，少一些旋转的舞蹈动作；希望卡特先生与碧昂丝女士之间少一些亲密场景，少一些变焦和快速剪辑，多一些造型；希望这支MV的各方面制作都有清晰的方向。”然而为了保障专辑的发行和销量，这支MV并没有重新拍摄。

碧昂丝口中轻念着“9，4，81……B'Day”开始了《贴身热舞》(*Get Me Bodied*)的演唱，这首歌曲由西恩·加勒特、思威兹·比茨(Swizz Beatz)共同制作。思威兹·比茨，又名伯恩·卡西姆·达乌德·迪恩（Born Kasseem Daud Dean），也是这张专辑另外一位重量级的制作人。作为与 Jay-Z 的第二次合作，《提升自己》与《贴身热舞》是专辑中最杰出的两首歌曲。这首歌曲由碧昂丝、索朗热、安吉拉·碧恩斯（Angela Beyincé）、思威兹·比茨、西恩·加勒特以及马凯巴·雷迪克（Makeba Reddick）共同创作，采用了舞曲与雷鬼音乐的风格，将碧昂丝富有层次的演唱与错综复杂的打击乐结合在一起。

《贴身热舞》的 MV 由顶级大师安东尼·曼德勒（Anthony Mandler）执导，他曾为科盟（Common）和埃米纳姆担任 MV 导演。这支 MV 的灵感来源于鲍勃·弗斯（Bob Fosse）为影片《生命的旋律》（*Sweet Charity*）编排的一种名为扭摆舞（Frug）的舞蹈。这支 MV 很特别的一点是凯莉·罗兰、米歇尔·威廉姆斯以及碧昂丝的妹妹索朗热也参与了拍摄，这是天命真女第一次出现在碧昂丝的个人单曲中。当碧昂丝迈着舞步走进一间非常别致的俱乐部时，她们三人开始与碧昂丝一起热舞。

这部加长的 MV 首尾相呼应，并且在其中碧昂丝还为刚刚成立的时装品牌 House Of Deréon 插入了她的第一条广告：人们会听到“穿着 The House of Deréon 摆动你的屁股”这样的歌词；镜头转换时的背景中，还有这个品牌的标志。这首单曲于 2007 年 7 月正式在美国发行，是这张专辑的第七首也是最后一首单曲，可惜遭遇了最低的成绩，这首歌在美国排行榜百首热门单曲中仅排名第 68 位。但是对于这样的歌曲，排名并不重要，它的销售量超过了 300 万张。2011 年，作为米歇尔·奥巴马（Michelle Obama）帮助肥胖儿童减肥所举行的活动的一部分，这首歌曲重新进行了录制，并取名为《舞动你的身体》（*Move Your Body*）。

《娱乐周刊》形容歌曲《甜心女孩》（*Suga Mama*）像 60 年代的灵魂乐，是爵士放克风格的升级版。这首歌曲像2002年的《玩美心机》一样，又是一首放克风格的歌曲。《甜心女孩》由里奇·哈里森制作，以1972年由J·韦德和灵魂探索者（J Wade & the Soul Searchers）录制的器乐唱片《灵魂探索》（*Searching for Soul*）为蓝本，这首小有名气的歌曲最早收录在《马特录音集》（*Mutt Records*）这张专辑中。这首歌曲由碧昂丝、哈里森和马凯巴·雷迪克以及样带的创作者查克·米德尔顿（Chuck Middleton）共同创作，歌曲以轻快顽皮的风格为主，讲一位少女所花的每一分钱都为了取悦男朋友。这首歌曲的MV由曼妮拉·麦特索卡斯（Melina Matsoukas）执导，除了非常少的伴舞外，算得上是碧昂丝的一场个人表演。在开场部分碧昂丝身穿西服套装，抽着烟（她的歌迷对此感到很惊讶），然后她脱掉西装外套，跳起了一段钢管舞。镜头切换后，碧昂丝站在一块巨大的方糖上跳舞。影片最后以碧昂丝骑在一头机械牛上唱歌的镜头结束。这支MV中依然存在大量性暗示的细节。

《提升自己》沿用了《贴身热舞》的风格。这首由8位出色的音乐人创作的歌曲，由卡梅隆·华莱士（Cameron Wallace）与思威兹·比茨担任制作。在这首歌曲中，碧昂丝表达了女性对爱人的请求，希望他能提升自己，共同进步。歌词像一个购物清单一样，充满了各种闪亮的商品；而Jay-Z演唱的饶舌部分表达了男人的心声，他已经是“第一名”了，所以对“升级”不置可否；两者产生了强烈的对比。之后，碧昂丝将男人比作“街区”，而女人就是“照亮街道的灯光”。随后，碧昂丝也唱出，“马丁能为人们做的事情”，女人也能为她的男人做到。碧昂丝的演唱证明了她成为一名嘻哈歌手的实力。这首歌心照不宣地表达了碧昂丝对Jay-Z的尊重以及她与Jay-Z恋爱的处境与危机。歌曲以贝蒂·怀特（Betty Wright）的《男女有别》（*Girls Can't Do What the*

Guys Do)为蓝本，以小号的演奏和忧郁的元素作为开场。

这首歌曲的 MV 用了一天半的时间拍摄完成。这部同样由曼妮拉·麦特索卡斯执导的作品延续了整部专辑的自由旋转和自我觉醒的感觉。MV 一开始，碧昂丝学着 Jay-Z 的样子坐在椅子上唱饶舌；在第二段中，碧昂丝还围着自己扮演的 Jay-Z 跳舞，非常有趣。随后，Jay-Z 本人出现了，他坐在椅子上，继续着他的饶舌。在拍摄时，为了模仿 Jay-Z，碧昂丝让 Jay-Z 先录制他的部分，然后碧昂丝认真学习了他表演的样子。“我很喜欢我模仿的那部分，因为这是在表演另外一个人，或者至少人们把我当成是他，”接受 MTV 台采访时，碧昂丝说，“我模仿 Jay 的时候，他就站在那里；但是他在那里，我就表演不好，所以我叫他离开房间，这真是太让人尴尬了。我觉得我模仿得还不错，我还把下嘴唇特意向下翻！”

《敲响警钟》(*Ring the Alarm*)继续尝试不同的风格，这首歌曲也是碧昂丝到目前为止最疯狂的一首。这首歌曲讲述的是一位愤怒的女人即将失去她的爱人和生活。歌曲采用了极其简洁的节奏，给人一种强势和不舒服的感觉。全曲以警报声开始，碧昂丝说出歌曲的名字，并大声尖叫；她用一种严重扭曲的方法，唱出了“该死的，我在你的怀抱中看到了另一只小雏鸡”。这首歌与凯丽斯(Kelis)1999 年发行的由海王星二人组为其制作的杰作《深陷其中》(*Caught Out There*)有情感上的共鸣。据说(后来被否认)，当时 Jay-Z 力捧街头教父公司新签的一位名叫罗宾·芬蒂(Robyn Fenty)的 16 岁新人，人们通常叫这位巴贝多女孩的中间名——蕾哈娜(Rihanna)。而这首歌的歌词表达了碧昂丝对 Jay-Z 这一行为的反对。

碧昂丝非常喜欢与制作人思威兹·比茨一起工作。“他的制作很有挑战性，”接受《公告牌》杂志采访时，碧昂丝说，“他设计的节奏都非常复杂，很难找准旋律，内容非常丰富。”这首歌曲就像大发雷霆一样。“我的创作初衷并不是这样，”她在专辑发行时说，“思威兹的制作非常强硬，好像一个男人背叛了你一样，其实我只是想写一些内心的感受。在恋爱中，如果男人背叛了你，即使你最后并不想和他在一起了，但是想到你教会这个男人的东西都被他用到另外一个女人身上时，还是会让人感觉愤怒。”2006 年 10 月，这首歌曲作为专辑的第二首单曲正式发布。第一首单曲《似曾相识》的成绩并不理想，而将这样一首愤怒的歌曲安排在第二首发行似乎有一点奇怪。在美国，这首歌曲获得排行榜第 11 名的成绩；但在英国，这首歌并未作为单曲发行。这首歌曲的 MV 由索菲·马勒执导，相当震撼，碧昂丝用了很多她在拍摄《追梦女郎》时学到的表演技巧。这支 MV 的很多情节灵感来源于 1992 年由莎朗·斯通(Sharon Stone)主演的电影《本能》(*Basic Instinct*)。“我将这支 MV 当作电影对待，”接受《今日美国》采访时，碧昂丝说，“我当时在想，‘我一定要让我的表演指导为我感到骄傲。’”先不论这支 MV 本身如何，碧昂丝为角色所做出的努力会让俄罗斯传奇表演理论家康斯坦丁·斯坦尼斯拉夫斯基(Konstantin Stanislavski)都为之赞叹。在 MV 中，碧昂丝一会儿悲痛欲绝地在一座海滩别墅中演唱，一会儿又如凯瑟琳·特梅尔(Catherine Tramell)笔下的由莎朗·斯通扮演的人物那样，在警察询问时双腿来回交叉。碧昂丝的表演很完整也很出色。但是，在她第一首单曲的 MV 引发争议后，第二首单曲在 MV 中对那部臭名昭著的电影进行了效仿，再加上听上去没什么旋律感的音乐，碧昂丝的歌迷对此毫不买账。

这张专辑中，只有《爱情小猫》(*Kitty Kat*)这首歌曲采用了曾经的慢歌风格，这也是专辑中第一首运用了天命真女风格的歌曲。这首歌曲的主题与《敲响警报》同样偏执，几乎是 1999 年那首《呼唤我》的升级版，讲述了一个女人由于她的爱人没有回她的电话，忘记了他们度过的美好时光而苦恼的故事。该曲由90年代初期人们公认的最伟大的制作团队——海王星二人组操刀，与专辑中的其他歌曲相比，这首歌给人一种年轻活泼的感觉。

歌曲《魔力裙》(*Freakum Dress*)再次将整张专辑带回硬核节奏中。《卫报》认为："《魔力裙》是一次非常轻松的旷克音乐风格的狂欢，这首歌曲提醒女孩们在衣橱中有一件'魔力裙'是多么重要。"旷克音乐(Crunk)是一种美国南部的嘻哈音乐风格，电子鼓、沉重的贝斯以及喊叫式的演唱给人一种松散的感觉，代表人物有里尔·乔恩(Lil Jon)和 Three 6 Mafia 组合。《魔力裙》由里奇·哈里森制作，音乐的制作以及碧昂丝本人的演唱都让人感觉很有趣，矫揉的演唱和口号似的歌词散乱地穿插在快速活泼的音乐中。与《跃跃欲试》相似，这首歌曲也是叫女孩穿上迷人的裙子，走出情感的低谷。尽管这首歌曲并不属于女权主义范畴，但是歌曲的主旨也是告诉女孩们，只有懂得欣赏自己，才会发现自己的那件"魔力裙"。歌曲中电子音乐的"哔哔"声、喧闹的打击乐声以及越来越丰富的演唱使整张专辑蒙上了更加古怪的色彩。

《绿光》(*Green Light*)是海王星二人组制作的一首嘻哈、放克与大胆的大型时光平移合唱的完美结晶。尽管歌曲中有与奈利相呼应的歌词，如"这里越来越火爆"，但是这首歌适时地为整张专辑增添了一丝轻快感。

对于更喜欢以旋律为主的歌曲的听众来说，《无可取代》(*Irreplaceable*)尽管出现得晚了一些，但是仍然受到了很多人的喜爱。这首歌曲由挪威制作团队"星际之门"(Stargate)打造。这个团队因在英国与 S Club 7、Blue 以及原子少女猫组合(Atomic Kitten)合作而走红。随后，他们打入美国音乐圈，与 Ne-Yo 以及 Jay-Z 的街头教父公司新签约的音乐奇才蕾哈娜合作。这首由星际之门与碧昂丝共同创作的歌曲以其简单、朴实的摇滚民谣风格显示出制作人及演唱者卓越的音乐实力。原本，这首歌曲是Ne-Yo为“街头教父”旗下的歌手克里赛特·米歇尔(Chrisette Michele)创作的。后来碧昂丝听了歌曲样带后，非常喜欢，想要尝试一下，之后就由挪威创作团队“间谍”(Espionage)的亚斯本·林德(Espen Lind)与埃蒙德·布杰克兰德(Amund Bjørkland)完成了创作。后来，Ne-Yo曾提到，他希望当时没有将这首歌给碧昂丝。他认为，这首歌如果由男人演唱会更有意思。

《无可取代》这首歌对碧昂丝来说是一个很大的挑战，这首歌基本上是她唱的第一首乡村摇滚风格的歌曲，歌曲甜美的旋律像个异类一样考验着这张专辑。

福克斯新闻频道的罗格·弗里德曼(Roger Friedman)很快注意到这首歌曲，称赞它是一首“充满智慧的情歌”，并且认为它是“最难忘的一首歌曲，并且很可能迅速被歌迷接受。这首歌是《诞生日》中唯一一首可以让人跟着一起唱的歌曲。几年前，星际之门曾经与马克思·马丁旗下的乐队工厂合作过。”

在一首描述情场失意、伤心失落的歌曲后，通常紧随的就是一首女性赋权的歌曲，歌曲中反复演唱的“下一分钟就会有另一个你”再一次表现出碧昂丝的独立。这首歌曲的MV由安东尼·曼德勒执导，鲍比·罗彻(Bobby Roache)饰演男主角，除此之外，碧昂丝的新和音团队“甜心女孩”也在MV中露了面。该片的构思受到了“007”系列电影的影响。其中有一个情节是碧昂丝坐在跑车的前盖上拥抱男主角，这一幕看起来似乎是她有意与男人和解，但实际上，她只是为了脱下他的外套、摘下他的项链而已。随后，镜头切换到碧昂丝穿着胸衣、头上卷着发卷在梳妆打扮。随着故事的发展，碧昂丝和她的乐队一边演唱、一边打着手势重复着“致曾经的那个人”，这句歌词也是整首歌中给人印象最深的一句。随后，你就明白碧昂丝在准备什么了：结尾处，又一位求爱者出现在她的门前。这支 MV 获得了 2007 年黑人娱乐电视大奖年度最佳音乐录影带奖。

就在专辑的前两首单曲在美国排名落后时，2006 年《无可取代》的发行为专辑的销量注入了新的活力。这首单曲重树了碧昂丝在美国排行榜第一的位置，成为她第四首获得排行榜冠军的歌曲，也是《玩美心机》后，碧昂丝的第一首排行榜冠军歌曲。这首歌曲在世界各地流行起来，并获得了 2008 年格莱美奖年度最佳歌曲奖提名。这首单曲的火爆程度超乎想象，为此，碧昂丝特意演唱了一首西班牙语版的《无可取代》。

《恨》(*Resentment*)是专辑的最后一首单曲，《波士顿环球报》(*The Boston Globe*)认为这首歌"唱得太过、让人厌烦"。歌曲采用了王子中期歌曲的特点，成为专辑中唯一一首真正给人深刻印象的抒情歌曲。专辑的最后附了一首上年度冠军歌曲《玩美心机》。

像《危险的爱》专辑中的歌曲《爸爸》一样，《诞生日》中也隐藏了一首歌曲——电影《追梦女郎》的片尾曲《听》(*Listen*)。在专辑封面上，只写着"附赠一首送给歌迷的歌曲"，碧昂丝希望将她下一部电影中一首"非常特别的歌曲"作为礼物送给歌迷们。歌曲谈到了她在电影中饰演的人物，而这个人物也代表了碧昂丝自己，"她知道自己是谁""知道自己想要什么"，最后她唱道："我相信，所有的女人都与这首歌有关。"碧昂丝用她最打动人心的声音演唱了这首朴实、深情的歌曲。《娱乐周报》对这种做法嗤之以鼻，认为这像是"一种精明的推销手段，在开始下一项伟大的事业前先扫清所有的障碍"。

2006 年初夏，《诞生日》专辑开始录制，仅用了三个星期的时间就完成了录制。与《百战娇娃》和《危险的爱》中偶尔长时间的录制不同，专辑延续了

《魅行天下》相对简洁的手法，将十首歌曲快速地录制完成。从某种角度讲，《魅行天下》这张专辑给人一种稍欠火候的感觉，当第二年发行了更为成熟的专辑后，碧昂丝与哥伦比亚公司也一定感觉到了这张专辑的欠缺。碧昂丝对《诞生日》非常满意。“这张专辑就像一个大派对，”在专辑发行前，碧昂丝接受MTV台采访时说，“庆祝一位女性终于找回自我，重获新生。我认为专辑名字非常贴切。”专辑《诞生日》是一部经得起考验的杰作，它很时尚，却也能唤起曾经的灵魂歌手对自己成功时的追忆。

专辑封面与《似曾相识》的MV在同一地点拍摄。唱片背面的照片中，浓妆的碧昂丝身穿条纹比基尼牵着两条短吻鳄。这一照片也掀起了轩然大波。而在唱片内页中，碧昂丝的手臂上伏着一只短吻鳄。“它很可爱，但是因为它的嘴被缠住了，所以没办法保护自己，”接受《竞技场》(*Arena*)杂志采访时，碧昂丝说，“它当时很害怕，所以就尿在了我身上。这真是一种别样的体验。”这不是碧昂丝第一次遭到善待动物组织(PETA)的抗议了，她的时装产品中由于使用皮草也遭到了该组织的抗议。该组织发起了海报示威活动，上面写着：“亲爱的碧昂丝，你一次次无视我们的请求，希望你能注意到你的衣橱中那些被毒死、掐死、电死的貂、狐狸以及毛丝鼠。不要让善待动物组织中那些喜爱你的歌迷们再失望了。”歌手Pink也是一位动物保护者，她也参与了这次讨论。在《世界新闻报》(*News of the World*)以及善待动物组织的网站上，她发表了自己的看法：“我只希望碧昂丝能想到……无论她穿着什么动物的皮毛出门……人们可能会觉得这还好或者看上去很酷，但是实际上并不是这样的。有些对待动物的行为太残忍了。作为一个名人，你有责任并且应该想到你身穿皮草向公众传递的信息。”

抛开对专辑封面的争议，这张专辑受到了广泛好评。《滚石》认为：“在经历了天命真女的《魅行天下》以及电影《追梦女郎》之后，碧昂丝信心百倍地等着来自《诞生日》的挑战。"《波士顿环球报》谈到制作人里奇·哈里森时，称赞他"有着印第安纳·琼斯(Indiana Jones)的灵魂，总是能发掘那些已经被人忘记的音乐。你会情不自禁地想，谢天谢地，曾经那些优秀的音乐可以重见天日了"。《观察家报》认为这张专辑"整体性强、有旋律感、非常自信，而且没有那些特别煽情的音乐了"。《布兰德》(*Blender*)评论道："《诞生日》这张专辑永远不会过时，甜美的快歌也是碧昂丝施展她说唱似的演唱风格的最佳舞台。"《娱乐周报》认为："专辑中的歌曲很明显是为俱乐部里那些具备大型低音炮的音响系统准备的。买这张专辑回家听实际上很划不来，因为家里的音响根本展现不出歌曲那些强有力的、宏伟的声音效果。"这张由布莱恩·加德纳(Brian 'Big Bass' Gardner)在洛杉矶的伯尼·古朗曼后期制作中心进行后期制作的专辑，也真正展现了加德纳的制作实力。

然而《悉尼先驱晨报》(*The Sydney Morning Herald*)对这张专辑的评价并不乐观，它认为"这张专辑有时会让一直表现出自信和良好控制力的碧昂丝变成冷酷的、说大话的女王式人物，也许是想成为更有力量的蒂娜·特纳或是埃塔·詹姆斯(Etta James)。但是这并不管用，就像这张专辑一样，无法让人们一直喜欢它。"

很多人都在讨论 Jay-Z 为这张专辑带来的影响。"他教我说唱，"接受《卫报》采访时，碧昂丝说，"我从小就喜欢嘻哈乐，但是我妈妈不让我听那些脏话连篇的歌曲。现在我懂了，这种音乐唱的就是现实。"专辑中，碧昂丝也对 Jay-Z 表示了感谢："感谢你的再次相助。你知道吗？你是这个世界上最酷的男人！"

碧昂丝马不停蹄地为新专辑进行宣传，即使是她最喜爱的休闲方式，她都没有时间去做，因为她明白她应该走出去，走向世界。这是她第一次像一位成熟女性一样去看待问题。“我感觉，年龄越大，越不会担心失败，”接受《卫报》采访时，她说，“我不知道接下来会发生什么事情，但是我知道我现在不只是一名歌手了，我的生命中有那么多事情要去完成。我希望，我祈祷，我会像现在这样身体健康、心情愉快。”

尽管这张专辑并不是最完美的，但是丝毫不影响碧昂丝对商业的兴趣：在专辑中，她向全世界介绍了她与母亲蒂娜合作的服装品牌 House of Deréon；在歌词册的背面，是她的妹妹索朗热穿着 House of Deréon 品牌服装的照片以及品牌的官方网址。到 2006 年下半年，碧昂丝的事业已经远远超过了流行歌手的范畴。

第十二章

“我就是我，无人能挡！”

我就是主张女性赋权,我就是要挑战极限。
我知道我有责任做些不一样的事情。

碧昂丝,2007 年

2006 年 12 月 15 日,电影《追梦女郎》开机。显然,选择这部非常有影响力的电影是碧昂丝的明智之举,它为碧昂丝在电影行业的发展写下了浓重的一笔。电影改编自 1981 年由汤姆·艾恩(Tom Eyen)与亨利·克里格(Henry Krieger)创作的百老汇音乐剧,以摩城唱片公司及其倾力打造的至高无上组合的故事为蓝本,讲述了在公司发展起起落落的背景下,这个当时最流行的女子组合所经历的悲欢离合。1981 年上映后,这部音乐剧大获成功,创下了演出 1521 场的纪录。剧中,珍妮弗·霍利迪(Jennifer Holliday)演唱的歌曲《告诉你我不会离开》(*And I'm Telling You I'm Not Going*)至今令人难以忘怀。在观看了这部音乐剧后，最后留在组合中的唯一一位元老级成员玛丽·威尔森(Mary Wilson)深受震撼，于是她写下了自己的第一本自传《追梦女郎：我至高无上的人生》(*Dreamgirl: My Life As a Supreme*)。

虽然这部音乐剧获得了极高的声誉，但是由于剧中揭露了很多关于摩城唱片及其老板贝利·戈迪的事情，也遭到了一些非议。摩城唱片公司是全世界最有影响力的唱片公司之一，马修也一直以公司创始人贝利·戈迪为榜样。2009年，为庆祝摩城唱片成立50周年，公司在美国和英国举行了盛大的活动。然而，在1981年这部音乐剧上映时，除了所谓的“阴暗面”和流言外，并没有关于摩城唱片发展的记录。《追梦女郎》这部音乐剧的主人公就是至高无上组合，除此之外，其他都是根据真实的人物和环境创作的。电影版的《追梦女郎》以动荡的年代为背景，讲述了一个关于人性的故事。影片中，为了使组合走红，经纪人不惜换掉最具天赋的成员埃菲·怀特(Effie White)。怀特的嗓音非常美妙但是却没有出众的外表，而替代她的蒂娜·琼斯拥有动人的容貌，虽然演唱水平不及怀特。任何对摩城唱片发展历程略知一二的人都辨认得出这就是关于组合前成员弗洛伦斯·巴拉德(Florence Ballard)与戴安娜·罗斯的故事。

电影《追梦女郎》由派拉蒙影业公司与梦工厂联合制作发行，比尔·康顿(Bill Condon)担当导演。比尔·康顿是一位左翼电影导演兼编剧，他的作品有《众神与野兽》(*Gods and Monsters*)、《金赛性学教授》(*Kinsey*)等。多年以来，《追梦女郎》多次被列入拍摄计划。90年代初，惠特妮·休斯顿被选定饰演蒂娜·琼斯，但是据称，由于她本人想演唱埃菲·怀特的一些经典歌曲，所以最后也未能拍摄成功。20世纪末，流亡者三人组(Fugees)的劳伦·希尔(Lauryn Hill)曾参与这个计划，但是由于没有类似影片成功的先例，所以计划也不得不暂时搁浅。2002年，由肯德和艾伯于1975年创作的百老汇经典音乐剧《芝加哥》被搬上荧幕，并大获成功。这也掀起了将当代的音乐剧作品带到好莱坞的新潮流。1991年，《追梦女郎》音乐剧编剧兼词作者汤姆·艾恩逝世，另一位创作者亨利·克里格在原音乐剧的基础上又写了四首新歌。

电影《追梦女郎》的故事发生在上世纪60年代的底特律，主要讲述了由埃菲、蒂娜和劳罗尔·罗宾逊(Lorrell Robinson)组成的梦幻女郎(The Dreams)组合的起起落落。组合原名为梦幻小妞(The Dreamettes)，在一次演出中，当地的一位经纪人柯蒂斯·泰勒(Curtis Taylor)发现了她们的潜力。起初，她们为歌手詹姆斯·厄尔利(James 'Thunder' Early)担任伴唱。她们的表演非常出众，并且很快开始独立发展自己的演艺事业，然而泰勒却找借口将非常具有音乐才华的埃菲踢出组合，安排更上镜的蒂娜替代了她的位置。柯蒂斯·泰勒一直梦想着出人头地，所以他将组合重新包装成光鲜亮丽的明星，期待这些女孩能用她们的音乐超越种族的障碍。

这部电影可以分为两部分:第一部分以60年代为背景，讲述了这个组合努力奋斗的点点滴滴;第二部分讲述了70年代中期，在埃菲离开组合后，已经成为超级巨星的蒂娜·琼斯与梦幻女郎组合再次回到她们第一次成名的剧场进行演出。电影中也讲述了当彩虹唱片公司(Rainbow Records)走向成功时，故事的主人公们面临的毒品、私生子等问题。剧中，以“彩虹”作为唱片公司的名字不仅是对摩城唱片的赞美，也对千姿百态的音乐圈生活表达了由衷的敬意。

《追梦女郎》真实地再现了至高无上组合的发展历程，并且表达了对至高无上组合的崇敬之情，这也使这部电影更受欢迎。此外，影片中一些可爱的小细节也为电影大大加分，例如，梦幻女郎组合模仿至高无上组合与披头士

(The Beatles)拍摄的照片，梦幻女郎组合的唱片封面完美地模仿了至高无上组合的专辑封面等等。詹妮弗·哈德森饰演的埃菲是她的第一个荧幕角色，在影片中詹妮弗的表演也受到公众的一致好评。片中有一个非常有趣的情节：埃菲以开玩笑的口吻责备泰勒出版了一张马丁·路德·金的专辑，却没有为她出专辑。埃菲说："柯蒂斯，这是公平与否的问题。听众们花钱是要买唱片的，这不是你一直教育我的吗？为什么连马丁·路德·金这样的业余爱好者都发行了一整张专辑，而我的歌曲连45分钟都录不满呢？他真的会唱歌吗？"这段对话中提到的马丁·路德·金的唱片实际上是摩城唱片在1963年出版的绝世精品——马丁·路德·金的演讲专辑《向自由进军》(*The Great March to Freedom*)。

影片中提到梦幻女郎组合将与舞蹈指导乔利·詹金斯(Jolly Jenkins)合作，这也是向摩城唱片的舞蹈总监乔里·阿金斯(Cholly Atkins)为至高无上组合做出的大量工作致敬。影片中还有一个情节是一位白人歌手演唱了泰勒和CC·怀特(CC White)创作的歌曲，并且他的演唱使这首歌曲红遍美国。剧中的怀特结合了史摩基·罗宾逊(Smokey Robinson)、拉蒙特·多齐尔(Lamont Dozier)、布莱恩(Brian)以及艾迪·霍兰德(Eddie Holland)四个人物的形象。怀特对于作品被盗用非常生气，而泰勒却问他《猎犬》(*Hound Dog*)这首歌的演唱者是谁，在怀特回答"艾尔维斯·普莱斯利"后，泰勒告诉他："其实这首歌的原唱是'胖妈妈'桑顿(Big Mama Thornton)，这就是生意。"

这部温馨的电影不仅记录了当时美国白人对黑人态度的变化，并且重现了录音的兴起。在片中，泰勒通知厄尔利的经纪人米基·麦迪逊(Mickey Madison)自己将成为厄尔利的新经纪人时，泰勒说，现在是一个"崭新的时代”了。的确，正如戈迪本人，他的运营已经成功打入白人的生活，戈迪的经营方式将黑人音乐带到了新的观众面前，也登上了一个更广阔的舞台。

另外，这部电影也很直接地提到了一些备受争议的问题，如戴安娜·罗斯的演唱。影片中，泰勒对已经成为他妻子的蒂娜说："你知道为什么我会选择你做领唱吗？因为你的声音……没有个性、没有深度。只有把我的感情加入到你的声音中，才会唱出好的歌曲。"当蒂娜的母亲问到泰勒为什么选择蒂娜担任组合领唱时，他回答道，蒂娜更出色，她的身上有一种特别的东西。蒂娜的母亲回答说："你这样说，让我感觉她是一件商品。"他笑了笑，说他很喜欢这个比喻。

从某种意义上来讲，尽管碧昂丝是电影的主角，但是有时会让人感觉到，她的加入仅仅是因为她的名气。因为在整部影片中，碧昂丝的戏份并不多，只有在影片结尾时才有机会展现她的光芒。片中，除了擅长的唱歌和跳舞外，碧昂丝还有与人争吵以及抽烟的镜头，这都与她的个性不符。在影片最后，当蒂娜意识到她只是她的经纪人丈夫的一个木偶时，碧昂丝演出了蒂娜内心的苦楚，不仅如此，她戴假发的样子、她的表演以及舞蹈都非常出色。当梦幻女郎演唱改编自至高无上组合的歌曲《重重的》(*Heavy Heavy*)时，真的会让人误以为这是至高无上组合演唱的哪一首未发行的歌曲。而且，在蒂娜看到经纪人丈夫为她拍摄的纪录片《蒂娜·琼斯的故事》时，碧昂丝将那种感到被人禁锢、内心难过的心情表现得淋漓尽致，戴安娜·罗斯应该将碧昂丝的表演视为对她的一种赞美。这部电影中也有碧昂丝的个人秀，如在离开组合时的表演，还有电影最开始，13 岁的蒂娜与组合一起参加选秀比赛，却败给另一位选手小乔·狄克逊(Tiny Joe Dixon)。你能感觉到碧昂丝表演时的一些潜在情绪。

戴安娜·罗斯曾与碧昂丝会面，据说戴安娜对碧昂丝非常友好。后来，有媒体就这部电影采访了戴安娜，戴安娜表示她还没有看过这部电影，不过她说："我知道这不是我们真实的故事，他们用了一些与我们的故事相似的情节以及他们的想象拍了这部电影。所以我也很疑惑，我应该作何反应，因为电影里刻画的这个人物受到人们的喜爱，但是电影里所演的又不是事实。不过，尽管不是事实，人们还是会认为电影中发生的是真实的事情。"

多位重量级明星参与了这部电影的表演，哈德森与福克斯是电影的主演。碧昂丝在电影中的表现非常出色，只可惜展现实力的机会不多。艾迪·墨菲凭借扮演詹姆斯·厄尔利这一角色获得了金球奖。这一角色不仅是詹姆斯·布朗(James Brown)、贾奇·威尔森(Jackie Wilson)、艾克·特纳(Ike Turner)和马文·盖伊的混合体，而且厄尔利的经历更令人联想起诱惑组合(The Temptations)的歌手艾迪·肯德里克斯(Eddie Kendricks)和大卫·鲁芬(David Ruffin)的遭遇。墨菲以其惊人的演技，轻松地展现了厄尔利演唱时活力四射的样子。片中，厄尔利演唱的歌曲《耐心》(*Patience*)是由盖伊的歌曲改编而成的；此外，厄尔利在舞台上脱裤子的情景也是盖伊在80年代最后一场巡回演出时在台上大跳脱衣舞的真实写照。

《听》这首歌曲是为电影创作的，收录在碧昂丝的《诞生日》专辑中。这首歌曲是碧昂丝的经典代表作之一，在电影中与哈德森的《告诉你我不会离开》平分秋色。碧昂丝深刻领会了人物的内心情感，以她的嗓音完美地诠释了这首歌曲。

影片《追梦女郎》的制作成本约为8000万美元，上映后获得1.54亿美元的票房。据说，在清一色由黑人演员参演的电影中，这部影片是迄今为止制作成本最高的一部。作为电影的主演之一，尽管碧昂丝的戏份不多，但是她所饰演的角色是电影情节发展的关键，而且她的表演相当完整。虽然碧昂丝个人并未获得任何电影奖项，但是这部电影获得了第64届金球奖最佳音乐/喜剧类电影奖，还获得了第79届奥斯卡金像奖的两项大奖，包括詹妮弗·哈德森获得的最佳女配角奖。

碧昂丝称《追梦女郎》这部电影使她第一次真正有了做演员的感觉。为了演好这个角色，她花了很多工夫。她钻研了戴安娜·罗斯的作品；为了更像戴安娜，她不惜减肥，并且与她的表演指导伊凡娜·丘巴克(Ivana Chubbuck)进行了无数次的练习。尽管如此，当你看到她的表演时，还是有一种看到自己的孩子参加学校演出的感觉：无论你多爱你的孩子，你总是感觉其他孩子表演得更好。

☆

2006年对于马修和音乐世界娱乐公司来说都是非常忙碌的一年。在碧昂丝与母亲合作的服装品牌 House of Deréon 成立后，马修也在休斯敦市中心的克劳福德大街建起了一座艺术中心，供演艺界的新星以及未来的艺术家们表演之用。这座艺术中心原为天命真女排练的一个旧仓库，在蒂娜的精心设计下，这座旧仓库变成一个多功能中心。

2004年，碧昂丝与母亲蒂娜宣布成立服装品牌 House of Deréon，随后通过碧昂丝《诞生日》专辑的市场宣传和相关采访，她们也为品牌做了大规模的宣传工作。蒂娜作为品牌广告语“设计、活力与灵魂”的设计者，诠释了品牌的定位：“House of Deréon 专门设计鸡尾酒会礼服与晚礼服，尺码从2码到14码，灵感源于碧昂丝的红毯造型。”

蒂娜继承了她母亲的设计才华，所以用母亲的中间名 Deréon 作为品牌的名称。而碧昂丝激发了蒂娜的设计灵感。“碧昂丝经常会翻看杂志，然后撕下她喜欢的设计给我们看，”蒂娜说，“我们不会去抄袭别人的设计，但是会选取碧昂丝喜欢的颜色和材质进行设计。”

很快，品牌就与多家经销商签订了经销协议，如内曼·马库斯(Neiman Marcus)、萨克斯百货(Saks)、梅西百货(Macy's)、诺德斯特姆(Dillard's Nordstrom)和布鲁明·戴尔斯百货(Bloomingdales)等。“Deréon品牌主要针对碧昂丝的歌迷们，”蒂娜继续说，“包括儿童服装、青少年服装以及大码服装。除此之外还有牛仔服、手袋、鞋子、珠宝以及内衣。”

为了给品牌的泳衣系列做宣传，2007年2月，穿着黄色比基尼的碧昂丝登上美国《体育画报》的封面。这也是碧昂丝又一次大胆的转型。碧昂丝的传记作家詹尼斯强调，碧昂丝是为该杂志拍摄封面的第一位音乐人，也是第二位黑人女性。

☆

2007年4月10日，《诞生日》专辑的大型全球巡回演出正式启动。这次名为“碧昂丝真体验”(*The Beyoncé Experience*)的演出从日本东京开始，在游历了全球五大地区后，于2007年12月30日，在美国拉斯维加斯的曼德勒海湾度假中心落下帷幕。

为了寻找合适的巡演乐队成员，2006年6月17日，碧昂丝举行了“甜心女孩”成员选拔活动。世界各地的乐手纷纷涌向美国参加面试。碧昂丝希望能找到最好的乐手，而她的条件只有一个——全部为女性。“我希望这个乐队全部由美丽的女性组成，她们凶猛又有才华，同时又充满渴望。”接受MTV台采访时，碧昂丝说，“我就是主张女性赋权，我就是要挑战极限。我知道我有责任去做一些不一样的事情。所以我说，‘我想要一支乐队，我想做些不同的事情。’”

“这实在太难了，我的乐队只要9位成员，但是这些女孩们都太优秀了，我很难选择。我想我可能要增加到12位成员……这就是明星品质，对于这件事，你很难准确地描述。面试时，在她们开始演奏前，我说‘拿出你们战斗的状态’。每一件乐器我选择两位乐手，就是这样选拔的。你能感受到那些真正想参加的人身上所爆发出的能量。看到这些女孩像在战场上战斗一样，那种感觉非常美妙……天哪，这简直太棒了，像被施了魔法一样。”Pink的吉他手毕比·麦吉尔(Bibi McGill)以及非常有才华的贝斯手迪文妮缇·沃克·洛克斯(Divinity Walker Roxx)被选为音乐总监；妮奇·格拉斯派(Nikki Glaspie)和金姆·汤姆森(Kim Thomson)被选为鼓手；爵士键盘手兼迷你光碟助理Rie Tsuji与布莱特妮·华盛顿(Brittani Washington)一起负责键盘演奏；玛茜·恰巴(Marcie Chapa)被选为打击乐手；铜管乐器组由凯蒂·罗德里格斯·哈罗德(Katty Rodriguez Harrold，次中音萨克斯管)、缇娅·弗勒(Tia Fuller，中音萨克斯管)以及克里斯汀·J.托雷斯(Crystal J Torres，小号)组成。后来乐队又增加了三位非常有实力的歌手，蒙缇娜·库伯(Montina Cooper)、克里斯汀·A.柯林斯(Crystal A Collins)、蒂凡尼·雷迪克(Tiffany Riddick)。舞群由五位女性和五位男性组成，在队长安东尼·伯勒尔(Anthony Burrell)和米兰·迪拉德(Milan Dillard)的带领下，完成了这次精彩的巡回演出。

在此次巡演中，碧昂丝从很多方面真正定义了自己的表演方式和个性。在巡演的宣传册中，碧昂丝解释说：“每一件有创意的事情都要求我更努力，这也使我尝试了我未曾做过的事情。如果这件事做起来容易的话，也就失去了真正的乐趣。说到我的音乐，我不喜欢做起来无聊的、容易的东西，我喜欢挑战自己，希望我所接触的都是最具创造力的元素。”这次巡演是一次真正具有创造力的并且非常成功的演出：12位成员组成的乐队、3位和音歌手、10位伴舞造就了这场奢华艳丽的演出，这是一次激动人心的演出，也是一次高水平演出。2007年8月，谈到碧昂丝的麦迪逊广场花园演出时，《纽约时报》评论道：“在舞台上，碧昂丝的乐队全部由女性组成，而男性只负责伴舞。对于碧昂丝的女性歌迷来说，这几位男性只是起到了装饰性的作用而已。”

在巡回演唱会期间，唱片公司发行了碧昂丝《诞生日》专辑的豪华版，包括一张MV、五首新歌、专辑中部分歌曲的西班牙语版以及《贴身热舞》的加长混音版。豪华版专辑的发行更坚定了歌迷们对这张专辑的喜爱，也稳固了专辑在排行榜上的成绩。

这张专辑中的一首新歌《爱情骗子》(*Beautiful Liar*)于2007年5月作为单曲发行。这首歌曲由碧昂丝和天后夏奇拉(Shakira)共同演唱。“星际之门”、阿曼达·格斯特(Amanda Ghost)、碧昂丝以及EMF前吉他手伊恩·丹奇(Ian Dench)共同创作了这首极富戏剧感的阿拉伯风格歌曲。这首歌曲与《玩美当家》的情感内涵类似：两个女人同时爱上一个男人，但是在最后两人并没有展开争夺战，而是都决定甩掉这个爱情骗子。

对于此次与夏奇拉的合作，碧昂丝赞不绝口。“她是我最喜欢的拉丁歌手之一，我非常尊敬她，”在接受MTV台采访时，碧昂丝说，“她的声音甜美、性感，充满了活力……我们大约是三四年前在MTV颁奖典礼现场遇到的，当时我们就说希望能有合作的机会，终于实现了。虽然由于她分身乏术，我们没有时间一起录制这首歌曲，但是这丝毫没有影响到我们的合作。”由于这两位艺人在不同的地方演出，所以这首歌曲是在美国几个不同的工作室录制完成的。

这首歌曲的MV由杰克·纳瓦执导，片中运用了一系列旋转镜头。碧昂丝一直以来对于MV的拍摄都有着非常敏锐的直觉。“我希望我们两个看上去很相像。我曾经看过一个人跳舞，当时感觉他是在镜子前跳舞，但是后来我才意识到他在与另外一个人跳舞。这真的很棒！所以我们决定用这个概念去拍摄。”在这支MV中，碧昂丝与夏奇拉的衣着和动作都非常像，画面不断在两人中切换，直到最后两人一起在地上跳舞时，才能分辨出她们。

这首歌曲推出后广受赞誉，也为专辑《诞生日》能更久地流行创造了机会。《爱情骗子》在英国一举夺得排行榜的冠军，在美国获得第三名的成绩。由于歌曲的创作者阿曼达·格斯特与伊恩·丹奇均为英国人，所以这首歌获得了2008年艾弗·诺维洛奖(Ivor Novello Awards)的英国最畅销歌曲奖。此外，歌曲的西班牙语版也成为传唱的经典之作，并被提名为拉丁格莱美奖(The Latin Grammys)年度最佳唱片奖。

6月25日，为纪念专辑《合理的质疑》发行10周年，Jay-Z在纽约的无线电城音乐厅举行了演唱会，碧昂丝作为嘉宾出席了这次演唱会。演唱会上，碧昂丝与Jay-Z表演了《不能停止奋斗》(*Can't Knock the Hustle*)。这次演出也确定了碧昂丝作为全球嘻哈音乐天后的地位。

☆

碧昂丝巡回演出的DVD《碧昂丝真体验现场版》完美地记录了这次演出。9月2日，在位于洛杉矶菲格罗亚大街的可容纳两万名观众的斯台普斯中心，导演尼可·威克曼(Nick Wickham)对为期五个月的巡回演出的最后一场进行了拍摄，并点燃了所有的焰火。碧昂丝穿过焰火墙，走到舞台上。在起身之前，她左右扫视一圈，然后目视前方，喊道："准备好了吗？"之后就开始表演《疯狂的爱》。

这组由碧昂丝和弗兰克·卡特逊设计的场景阵容包括5个甜心女孩、和音歌手以及舞群。这个令人震撼的剧院可以将碧昂丝的表演展现到极致，观众们能够捕捉到舞台上所有的精彩瞬间。在这张DVD中，碧昂丝与Jay-Z一起表演了《提升自己》；此外，凯莉·罗兰、米歇尔·威廉姆斯也与碧昂丝一起演唱了《百战娇娃》，这首歌曲是送给那些经历过"性别歧视"与"种族歧视"的人的，凯莉与米歇尔的加入使整张DVD的意义更为深刻；《跃跃欲试》表达了期待自己变得更好的愿望。选择演唱天命真女的歌曲无疑会为演出带来更大的商业利益。

这张DVD作为此次巡回演出的最后一部分于2007年11月20日在美国发行，11月26日在英国发行。DVD一推出就引起了巨大轰动，在美国排行榜上，连续占据榜单150个星期，拿到了三张白金唱片，并获得了排行榜第二名的好成绩。欧洲电视台播放了该DVD的剪辑版；2009年11月19日，美国也上映了这部影片。DVD中的原声音乐也在iTunes上发行。

2008年2月10日的格莱美颁奖典礼上，碧昂丝终于实现了与她的偶像蒂娜·特纳同台演出的梦想。为介绍蒂娜·特纳出场，多位获格莱美奖的音乐人为碧昂丝创作了饶舌歌曲。她坐在一把椅子上，用卡巴莱的风格开始介绍："莎拉·沃恩（Sarah Vaughan）、艾瑞莎·富兰克林、夏卡·康，这些流行音乐史上的传奇人物都曾来到这个舞台。当我还是个小女孩时，我梦想着有一天能站上这个舞台，但是我知道这需要实力……我需要唐娜·桑玛的动感节拍、玛哈莉雅·杰克逊（Mahalia Jackson）的精神、艾拉·菲茨杰拉德（Ella Fitzgerald）或南希（Nancy）的爵士乐，我要像莉娜·霍恩（Lena Horne）、安妮塔·贝克(Anita Baker)、戴安娜·琼斯、格拉迪斯(Gladys)、珍妮特(Janet)那样,再加上惠特妮那优美动听的旋律——这些巨星们留给我们的珍贵财富是无可替代的,但是有一位传奇人物她具备所有这些才华,她的魅力、她的灵魂、她的激情、她的力量,还有她的天赋——女士们先生们,请大家起立,向我们的女王致以最热烈的掌声。"

碧昂丝与蒂娜·特纳演唱了清水组合(Creedence Clearwater Revival)的《骄傲的玛丽》(*Proud Mary*),这首歌曲的原唱是艾克和蒂娜·特纳,1971 年进入美国排行榜。这次与碧昂丝同台也是蒂娜·特纳 7 年以来首次登上舞台。这次激情四射的演出充分地肯定了碧昂丝的演唱实力。演出非常顺利,除了碧昂丝在台上不小心踩到了蒂娜·特纳的脚趾外。

然而,碧昂丝将蒂娜·特纳奉为"女王"也遭到了一些非议。艾瑞莎·富兰克林对此感到很愤怒:"我是踩到了格莱美音乐家或是碧昂丝的脚趾还是碰伤了他们其中的哪一位吗?""但是,我不愿意把这当成制造事端、恶意中伤的行为。另外,我还要感谢格莱美给予我的第 20 个大奖,以及他们对碧昂丝的支持。"

☆

从碧昂丝第一次与 Jay-Z 合作开始,他们两人的关系就一直成为媒体关注的焦点,一直有关于他们结婚的传言。2006 年,网络上最离谱的传言称,碧昂丝已经购买了大卫和伊丽莎白·艾曼努尔夫妇(David and Elizabeth Emmanuel)为戴安娜王妃设计的婚纱。"我真希望能和编写这条谣言的人聊一聊,因为这个主意真的很不错。"接受《今日美国》采访时,碧昂丝说,"这个人真的很有创意,他应该去做婚礼策划,他为我和 Jay 策划了一场非常盛大的婚礼！而婚礼菜单中竟然还有鱼子酱。我根本就不吃鱼子酱！”

2008年4月4日，碧昂丝与Jay-Z举行了婚礼。他们的一位朋友说：“婚礼是在傍晚举行的。Jay希望婚礼只有家人和最亲密的好友参加。”这次非常私人的婚礼还邀请了天命真女的另外两位成员以及格温妮丝·帕特洛。纽约的年轻DJ卡西迪·柏德尔（Cassidy Podell）担任了婚礼的音响师。第二天，Jay-Z就回到录音室工作，而碧昂丝也继续拍摄她的新电影《蓝调传奇》（*Cadillac Records*）。

☆

2008年6月，已经成为碧昂丝丈夫的Jay-Z参加了英国格拉斯顿伯里音乐节（Glastonbury Festival），他把嘻哈乐表演带到了白人摇滚乐的舞台上，引起了不小的轰动。碧昂丝在后台观看了Jay-Z的表演。Jay-Z以翻唱绿洲乐队的《迷墙》（*Wonderwall*）开始了他的精彩演出。他的这首开场曲也是为绿洲乐队的吉他手诺埃尔·加拉格尔（Noel Gallagher）准备的。加拉格尔得知Jay-Z将作为领衔艺人来参加这次音乐节时说：“不，格拉斯顿伯里不会有嘻哈乐，绝不可能。”加拉格尔的摇滚乐队曾经作为领衔艺人三次登上格拉顿伯里音乐节的舞台，他坚信嘻哈乐不会出现在主流音乐的舞台上。

然而，观众与媒体却不这样认为。“在这次活动中，Jay-Z的表演成为格拉斯顿伯里音乐节近十年来最令人激动的时刻，”《泰晤士报》的记者皮特·帕费迪思（Pete Paphides）写道，“我们知道，由于没有新领域可以去尝试，这位艺术家从2003年后就不再发新歌了。相信他会喜欢这次的挑战。”音乐节上观众们的热情以及这次活动本身的特殊性带给碧昂丝极大的震撼。“那天，我真的为他感到骄傲。”11月碧昂丝接受《每日电讯报》（*The Daily*

Telegraph)采访时说,“在那样的气氛下,在那个不可思议的地方,他表演着他的音乐,这太美妙了。我之前看到过凯特·摩斯(Kate Moss)穿着满是泥巴的雨靴参加格拉斯顿伯里音乐节的照片!当Jay-Z在台上演出时,我在后台疯狂地跳舞。这是他最棒的一次演出!他把观众全部都带动起来了,让观众感受他的音乐。他真的是最棒的!我想那天晚上的演出不仅仅是关于音乐的。”“格拉斯顿伯里音乐节上的争议似乎已经过时了。”2010年Jay-Z在自传《解码》(*Decoded*)中写道。

21世纪头十年,媒体的一大娱乐就是挖掘碧昂丝与Jay-Z的隐私。曾经反对主流文化的《滚石》杂志在挖到了Jay-Z的一条芝麻大的消息时,也乐此不疲地大肆宣传。在2009年6月采访Jay-Z时,《滚石》的编辑马克·比奈利(Mark Binelli)提到,碧昂丝反对Jay-Z给家里买劳里·西蒙斯(Laurie Simmons)的艺术作品这件事。对此,Jay-Z回答说:“每次我们遇到一些有创意的东西时,其中一个就会问,‘你觉得这个看上去酷吗?’碧昂丝品位非凡,有着独特的审美眼光,而且追求完美。所以这类问题上,我都会尊重她的意见。”《滚石》杂志另一位撰稿人亨特·汤普森(Hunter Thompson)也曾写过:“Jay认为夫妻二人‘都是各忙各的事,不会互相干预’。”尽管如此,仍然很难阻止媒体窥探他们私人生活的目光。

☆

2008年的大部分时间里,碧昂丝都在录制她的新专辑。由于新专辑内容非常丰富,所以很可能发行双碟唱片。在完成了电影《蓝调传奇》的拍摄后,碧昂丝与伊德里斯·艾尔巴(Idris Elba)联袂主演了史蒂夫·什尔(Steve Shill)导演的惊悚片。

第十三章

《双面碧昂丝》

这张专辑，我想慢慢地去做，里面的每一首歌都是我的心血之作。一共录了70首，然后我发现，歌曲太多了，可能要分成两张CD。

碧昂丝，2008年

2008年11月18日，碧昂丝的第三张个人专辑《双面碧昂丝》正式发行。显然，这张双碟装专辑拥有更强劲的市场潜力。专辑共有两张CD，每一张有8首歌曲。专辑的理念大胆而简单：两张碟分别展现了碧昂丝"不同的性格和情感，完整地表达了她对音乐艺术的不同感知"。如果说《诞生日》是一张匆忙的、不完整的作品，那么《双面碧昂丝》就是一部精心编排的专辑。第一张CD主要是抒情歌曲，但是在这一部分，碧昂丝也尝试了不同的音乐风格，包括英国摇滚以及民谣等；第二张CD主要是一些快节奏的舞曲。

碧昂丝本人与父亲马修再次担任专辑的执行制作人。在这张专辑中，碧昂丝与多位知名制作人合作，其中包括娃娃脸、星际之门、克里斯托弗·斯图尔特（Christopher 'Tricky' Stewart）、特里尔斯·纳什（Terius 'The-Dream' Nash）以及经常与碧昂丝合作的罗德尼·杰金斯、肖恩·加勒特、索朗热、吉姆·琼辛(Jim Jonsin)、里科·拉夫(Rico Love)和赖恩·泰德尔(Ryan Tedder)。托比·加德创作了《如果我是一个男孩》(*If I Were a Boy*);曾与詹姆斯·布兰特(James Blunt)一起创作了《你如此美丽》(*You're Beautiful*)英国音乐人阿曼达·戈斯特创作了披头士风格的《消失》(*Disappear*)、《卫星》(*Satellites*)和《万福玛利亚》(*Ave Maria*)。与其他专辑不同的是,筹备这张专辑碧昂丝花费了超过一年的时间,这是自 1998 年天命真女首张专辑以来,碧昂丝耗时最长的一张专辑。

《双面碧昂丝》在交叉销售方面非常成功。碧昂丝更丰富的自我定义也带给她更多的观众。与基吉星团(Ziggy Stardust)和斯利姆·谢迪(Slim Shady)不同,这张专辑为向更年轻的受众介绍时装品牌 House of Der on 创造了机会。斯塔福德郡大学教授埃利斯·卡什莫尔对碧昂丝的大胆创新大加赞赏。"萨沙·菲尔斯是碧昂丝最有趣也是最成功的产业创新,"在《购买碧昂丝》中,他写道,"这种多元化的经营很机智也很有才华。就像是丰田公司推出的雷克萨斯系列为厂商带来更多声誉一样。"

《双面碧昂丝》非常成熟,值得仔细欣赏。从《如果我是一个男孩》的摇滚风到《单身女郎》的电子舞曲,这张专辑中有很多隐喻。例如,关于坎耶·韦斯特的趣事。平日自负的坎耶·韦斯特与碧昂丝共同演唱了《自我》(*Ego*)这首歌曲。这里面有更深的含义:一位非常在意自己公众形象的后现代歌手,在他的赞助人 Jay-Z 的妻子,也是全球最有名的明星的专辑中参与了演唱。

☆

"在刚开始准备这张专辑时,"碧昂丝写道,"我就觉得,在艺术方面我还需要成长。尽管我现在事业发展得非常成功,也很富有,但是我希望挑战自己。我仍然希望自己紧张起来，如果我想要成功的事业，就需要考虑所有能使我成功的因素。"这张专辑非常有气魄也极为复杂，但是在概念上却非常清晰。

"萨沙是另一个我，"碧昂丝说，"现在我给了她一个姓——菲尔斯。当我工作或站在舞台上的时候，另一个我便开始控制我的意识。我创造出萨沙来保护我，保护真正的我。正是因为有了萨沙，专辑中'我是……'这一部分的音乐都是关于我，关于那个在精致的妆容下、在炫目的灯光下、在令人兴奋的明星光环下隐藏的我。在我工作或在舞台上表演的时候，那个更有趣、更性感、更放肆、更直率也更有魅力的萨沙·菲尔斯就出现了。这张新专辑中，我冒险地从'我自己'中走了出来，或者也可以说，我走入了自己的另一面，一个让人熟悉的一面。"另外，这张专辑实行了多渠道销售。2009 年 10 月 8 日，《如果我是一个男孩》和《单身女郎》在美国广播电台开始播放，并且受到了听众的欢迎。2009 年 11 月，这两首歌曲都发行了数字版和唱片版。

《如果我是一个男孩》是专辑的第一首歌曲，也是整张专辑中唯一一首碧昂丝没有参与创作的歌曲。这首由德国制作人托比·盖德和歌曲的原表演者 BC·吉恩(BC Jean)共同创作的歌曲，改变了碧昂丝一贯的风格。如果《无可取代》证明了碧昂丝驾驭摇滚的实力的话，这首歌则将她带入成人抒情摇滚(AOR)市场，并且取得了成功。提到这首歌曲，碧昂丝说："要成长、要打破常规去尝试新事物是很难的，因为人们已经对你充满了期待。在这一点上，我希望人们可以感受到更有力量的歌词和音乐。我喜欢唱这种歌曲，因为可以更好地将音乐和情感表达出来。由于你专注地去聆听，所以你和歌曲之间产生了一种更紧密的联系。"这首歌曲的录制和演唱都非常简洁，器乐由盖德演奏，吉他由雷吉·佩里(Reggie 'Syience'

Perry)演奏，是碧昂丝一次大胆的尝试。"我一定要去试一试，"接受《本质》杂志采访时，碧昂丝说，"因为我记得艾瑞莎·富兰克林说过，一位伟大的歌手可以演唱任何类型的歌曲，并且要唱出自己的味道。"

这首歌曲谈到了性别问题，以女性的角度看待男性优势。歌曲的灵感来自创作者吉恩，有一天她与盖德走在纽约时代广场。"当时我闻到了比萨店里飘出的香味，"吉恩向《作曲家世界》(*Songwriter Universe*)讲述她的创作经历，"那段时期我在节食，所以我说，'我要是男孩，就一定会去吃比萨。'然后加德问我，'你说什么?'我说，'我希望我是个男孩，这样我就可以吃比萨、吃爆米花，也可以穿着肥肥大大的衣服。'他又问我，如果我是个男孩，我还想做什么，我回答说，'我要是男孩，我肯定比我的前男友要好很多。'然后盖德问我，'BC，你能把你刚才说的唱出来吗?'然后我们回到工作室，写了歌词和旋律。这首歌是我内心最真实的情感，所以不到30分钟就写好了。"吉恩的唱片公司并没有接受这首歌曲，幸好碧昂丝看中了这首歌，并深情地演绎了这首悲伤的歌曲。

歌曲的MV由杰克·纳瓦执导。片中，碧昂丝饰演的是一位男性。她穿着纽约警察的衣服，带领我们去感受她的一天。这支MV以黑白色的画面强调了男人的无心之举对他们所爱的人造成的伤害。片中，碧昂丝的丈夫在准备了早餐后，还要忍受碧昂丝的挑剔；不仅如此，碧昂丝与同事约会时，还不接听她丈夫的电话。最后，她甚至在丈夫的面前与人调情。

这个故事当然不是真的，片尾揭露了实情：实际上她的丈夫才是这位警员，我们看到的是角色的互换，这样做的目的也是为了突出丈夫无心的行为对妻子造成的伤害。这支MV更加深化了歌曲所要表达的情感，以简洁的形式将主旨传达给全世界的观众。这首单曲在美国与同期发行的《单身女郎》争夺排行榜的首位,2008 年 11 月在英国获得了排行榜冠军,也成为碧昂丝在英国最畅销的一首单曲。该曲在《公告牌》百首热门单曲中排名第六位。

歌曲《光环》(*Halo*)延续了专辑第一部分的深刻内容。这首歌曲由赖恩·泰德尔、埃文·博加特(Evan Bogart)和碧昂丝共同创作。作为共和时代(OneRepublic)的主唱兼创作者,泰德尔在为他的乐队创作了《道歉》(*Apologize*)后,成为全球最红的歌曲创作者。他与其他音乐人共同创作的歌曲《蔓延的爱》(*Bleeding Love*)使《英国偶像》节目的冠军莱昂娜·刘易斯(Leona Lewis)一炮而红。当时泰德尔想根据美国民谣歌手雷·拉蒙太奇(Ray LaMontagne)的演唱风格创作一首歌曲。他起初为碧昂丝创作了《光环》,但是由于碧昂丝没有时间录制,便让莱昂娜·刘易斯尝试了这首歌曲。后来碧昂丝重新录制这首歌曲,引起了负责莱昂娜演艺事业的《英国偶像》总指导的极大不满。2009 年 1 月,在背负巨大争议的情况下,这首歌曲作为专辑的第四首单曲在网络上发布。这首充满力量的歌曲唱出了真爱的崇高,由菲利普·安德尔曼(Philip Andelman)指导的 MV 更加深化了歌曲的主旨。这首歌曲获得了美国排行榜第五名、英国排行榜第六名的成绩。2009 年 6 月,迈克尔·杰克逊去世,在"我是……"巡回演唱会上,碧昂丝用一曲《光环》表达了她对迈克尔·杰克逊的敬意。

歌曲《消失》非常甜美动人,主要由吉他伴奏。这首歌曲由阿曼达·戈斯特、戴夫·麦克拉肯(Dave McCracken)和伊恩·丹奇制作,由 RocNation 唱片公司的音乐人雨果·查克拉彭斯(Hugo Chakrabongse)与多位制作人共同创作。这首轻柔的歌曲非常适合在电台中播放,也为专辑的第一部分增添了更多柔美的感觉。《心碎女孩》(*Broken-Hearted Girl*)是一首伤心情歌,听起来与《光环》非常相像。这首歌是由星际之门、碧昂丝和娃娃脸共同创作的，星际之门担任制作。同时，《心碎女孩》也是一首充满力量的歌曲，碧昂丝在歌中强调了她不会成为那位“伤心女孩”。星际之门的成员米克尔·埃里克森(Mikkel Eriksen)向《重叠录音》(*Sound on Sound*)讲述了这首歌曲的诞生过程。这首与娃娃脸共同创作的歌曲起初是一首R&B风格的歌曲，后来他们把歌曲的速度放慢，就成为一首非常深情的歌曲了。“我们改编了全部的背景音乐。我们改了和弦以及其他的一切，用钢琴作伴奏。这首歌是D小调的。”小调的歌曲难免给人一种忧郁感。“我们倾向于一种更情绪化、更有旋律感的表达。对我们来说，这是最自然的感觉。”这首歌在美国作为单曲《视频电话》的B面发行；在英国则作为单曲发行，并位居排行榜第27位。

《万福玛利亚》这首由格斯特与碧昂丝共同创作的歌曲将舒伯特的圣歌变成了民谣风格。歌曲灵感来源于麦当娜1989年的代表作《噢，天父》(*Oh Father*)，展现了碧昂丝优美的声线，是一首温暖、优美的歌曲。格斯特有天发现，她和碧昂丝最近都痴迷于轻快的圣歌。格斯特告诉《每日电讯报》的汤姆·霍兰(Tom Horan)，她觉得这首歌曲真正触碰到了碧昂丝的内心。“她当时讲到，虽然每天有朋友们陪伴，但仍感到孤独。她说，‘沉默怎么会让人感到喧嚣呢?’她又说，‘当灯光暗下来的时候，只有我们两人了。’我觉得这首歌曲是整张专辑中最能表达她和Jay的感情的歌曲，因为他们都非常真实，而且非常相爱。当你成名后，想要拥有真爱是非常困难的。”这首由星际之门制作的歌曲以其简洁的风格超越了一切。

《疯狂爱上你》(*Smash into You*)是一首由碧昂丝、克里斯托弗·斯特尔特和特里尔斯·纳什共同制作的摇滚民谣；而由格斯特和丹奇共同创作并制作的《卫星》则融合了专辑第一部分歌曲中的几种不同风格。木吉他的音色使歌曲显得非常温和，听起来很像克罗斯比(Crosby)、斯蒂尔斯(Stills)和纳什专辑中的歌曲。歌曲在旋律和分句上，同枪炮与玫瑰乐队(Guns N' Roses)的《我亲爱的宝贝》(*Sweet Child O'Mine*)有一些相像。精致的弦乐使其成为专辑中最成功的一首歌曲，碧昂丝个人的表演与歌曲融为一体，也展现了碧昂丝演唱的最高境界。

在第一部分最后一首歌曲《为何你如此美丽》(*That's Why You're Beautiful*)中，碧昂丝完全脱离了R&B风格。充满力量的和弦、刺耳的电吉他以及沉重的鼓点，使这首歌听起来像英国独立音乐先锋“快乐小分队”(Joy Division)或是美国艺术摇滚乐队“传声头像乐队”(Talking Heads)献给快乐小分队的歌曲《超载》(*The Overload*)。歌词将碧昂丝未曾拥有爱情时的心比作被煤炭遮住光芒的钻石。如果把这首歌偷偷放到摇滚乐电台去播放，没有人能想到这出自碧昂丝。总之，“我是……”是一次大胆的尝试。尽管这部分并不完美(很多内容较为单一)，但显示出碧昂丝作为一位艺术家的严谨态度。对于这一部分，人们的钦佩之情多过喜爱，人们清楚地看到27岁的碧昂丝已经成为一位成熟、有思想的表演者。

☆

专辑的第二部分“萨沙·菲尔斯”与第一部分“我是……”的细腻精致截然相反。在这一部分，听众会沉浸在快歌那醉人的节奏中，这就是萨沙的魅力。“有时候，你只是希望自己能更有自信，”碧昂丝解释萨沙的身份时说，“她是派对女王，她性感迷人。但这是她而不是我，她只是我的另一个自我。在最后我才展示出真正的我。”另一个自我的出现很好地解释了碧昂丝在前几张专辑中演唱的快节奏舞曲风格的歌曲，这一概念也使整张专辑蒙上了一层庄重感。

"在我的生活中，穿上高跟鞋就意味着要自信，有时候也会过于自信。听着女人们要提高自身的那些话，走出去开始行动，"碧昂丝说，"萨沙·菲尔斯很有趣。"

曾为蕾哈娜成功打造《雨伞》(*Umbrella*)的制作人"寻梦人"和斯图尔特与碧昂丝以及萨迪斯·哈勒尔(Thaddis 'Kuk' Harrell)共同创作了红遍全球的单曲《单身女郎》。这首歌继《疯狂的爱》后，以最有说服力的方式重新树立了碧昂丝在公众心中的形象。《泰晤士报》称"这首歌曲如碧昂丝大部分的作品一样，以无限性感的能量、怪异的声音以及撕心裂肺的演唱立即侵占你的大脑"。《娱乐周刊》称这首歌"像飞舞的跳绳一样令人眼花缭乱"。这首大胆、疯狂、有趣并且富有力量的歌曲具备登上排行榜的所有条件。

这首时长三分钟的歌曲延续了《贴身热舞》和《敲响警钟》的金属舞曲风格，有着派对歌曲那种极富感染力的节奏。这首歌曲好像是碧昂丝专为女性赋权演出创作的一样。年长的英国听众注意到这首歌的合唱部分与 70 年代英国电视杂志节目《走遍全国》(*Nationwide*)的主题类似，但是它无法与《单身女郎》顶级的创作和制作团队相媲美。最终，这首歌曲获得了 2009 年格莱美年度最佳歌曲奖。

与碧昂丝的其他歌曲相比，《单身女郎》的 MV 以简洁的方式获得了前所未有的成功。这部编排精巧的 MV 中，碧昂丝与两位舞伴埃博尼·威廉姆斯(Ebony Williams)和阿什利·埃弗里特(Ashley Everett)穿着蒂娜设计的紧身衣舞动。这支 MV 也在 YouTube 上大热。片中的舞蹈由弗兰克·卡特逊(Frank Gatson)编排，并得到了贾奎尔·奈特(JaQuel Knight)的指导，还受到了另两部作品的影响：鲍勃·福斯(Bob Fosse)在《甜蜜的切莉特》(*Sweet Charity*)中表演的舞蹈以及由福斯的妻子格文·韦尔东(Gwen Verdon)领舞的

《墨西哥早餐》(*Mexican Breakfast*),这支小有名气的舞蹈曾在1969年美国电视台的《艾德·沙利文秀》(*The Ed Sullivan Show*)中表演。

这支MV之所以简洁的原因很简单:在拍摄完《如果我是一个男孩》的MV后,导演杰克·纳瓦的拍摄时间以及预算都不宽裕了,而且他还准备为《双面碧昂丝》专辑拍摄另一部宣传录影带。这支MV拍摄了12个小时,碧昂丝和她的舞伴们随着歌曲疯狂地跳着一组组编排紧密的舞蹈。在舞蹈中她们运用了一种名为J-Setting的舞蹈形式,其主要特点是在八拍子的节奏下,由一个人领舞,而其他人重复领舞的动作。这种舞蹈形式据说由杰克逊州立大学的拉拉队长发明,后来在男同性恋酒吧风行。在这种形式的基础上,她们运用了大量的臀部动作和手臂动作。为了表达对迈克尔·杰克逊的敬意,碧昂丝戴了一支由珠宝设计师洛雷恩·施瓦兹(Lorraine Schwartz)设计的钛合金机器人手套。

这支MV在YouTube上的浏览量达到了6000万;同样也是在YouTube上,碧昂丝看到了《墨西哥早餐》的视频,深受启发。"这个视频的背景非常简单,由升降机进行360度拍摄,这样舞蹈演员就可以前后左右、面向各个方向去跳舞。我当时觉得,'这样的设计真是太天才了。'我们运用了很多福斯编排的舞蹈动作,再加上J-Setting。所以这是一种奇怪的组合,就像这首歌曲一样。歌曲像儿歌般'oh-oh-oh'的演唱,但是和弦又非常不协和。MV中的舞蹈也将城市风格的编舞与福斯那种时尚但又复古的动作结合在一起……这是我花费最少的一支MV。我不止一次地说过,'这将会引发一场运动。'"

正如碧昂丝所说,世界各地的人们都掀起了对这首歌曲的狂热模仿。当时英国兴起了"快闪族":几百人通过社交网络,约定在某一特点时间和地点集体做一件事情。伦敦利物浦街的车站就上演了一次《单身女郎》舞蹈的快闪。一时间，无数个模仿《单身女郎》舞蹈的视频在网络上兴起。2008 年 11 月 16 日，美国传奇喜剧电视节目《周六夜现场》（*Saturday Night Live*）邀请碧昂丝担任嘉宾。碧昂丝很高兴地出席了这档由喜剧演员保罗·拉德（Paul Rudd）主持的节目。在节目上，碧昂丝身着紧身衣和高跟鞋与三位男伴表演了《单身女郎》，其中包括超级巨星贾斯汀·汀布莱克。这首歌曲也突破了《疯狂的爱》所获得的盛誉，成为碧昂丝的第二首“神曲”，轻松拿下了美国排行榜的冠军。

在这首震撼人心的前奏曲之后，迎来的是一首电子合成乐《无线电台》（*Radio*），讲述了她在青少年时期，非常喜爱待在家里听电台播放的音乐。这首歌曲由里科·拉夫（他与碧昂丝一起设计了专辑歌曲的演唱方式）、德韦恩·内史密斯（Dwayne Nesmith）、碧昂丝和詹姆斯·谢弗（James Scheffer）共同创作，肯定了 21 世纪初电子音乐对 R&B 音乐的影响。“这首歌曲讲述了我的成长故事，”接受《中国日报》（*China Daily*）采访时，碧昂丝说，“在家时，我既不愿意去参加各种聚会，也不喜欢其他同龄女孩会做的事情，只喜欢听电台播放的音乐。我的父母也很支持我，因为他们觉得我的爱好非常积极健康。”这首歌曲后来作为单曲发行。《卫报》的亚历克西斯·派特里迪斯（Alexis Petredis）曾评价说：“这种上世纪 80 年代的电子合成乐可能不像《疯狂的爱》或者《诞生日》专辑里的《甜心女孩》那种复古的灵魂乐更适合碧昂丝，她的演唱风格与 60 年代的灵魂乐歌手有着某种联系；但是不可否认的是，这首歌曲仍然让人难以抵抗。”

《玩美女神》（*Diva*）是碧昂丝歌曲中常见的嘻哈风格舞曲：跳动的旋律以及重低音。这首由碧昂丝与创作者兼制作人肖恩德莱·克劳福德（Shondrae ‘Bangladesh’ Crawford）以及肖恩·加勒特共同创作的歌曲，受到了他们为里尔·韦恩制作的《千分之一》

(*A Milli*)的启发。歌曲中，碧昂丝为与她的男伴地位平等提出了充分理由，并吹嘘自己的赚钱能力。这首歌曲在美国以单曲的形式发行，歌曲古怪、直率的节拍使其在百首热门单曲排行榜中只位居第19位，而在俱乐部歌曲排行榜上则更受欢迎。

歌曲的MV由梅利娜·马楚卡斯执导，片中碧昂丝像她的男伴一样昂首阔步地吹嘘自己，在洛杉矶的桥上、地下通道里留下一个个背影。其中一个场景是碧昂丝在一个仓库里跳舞，当她离开这座仓库时，她看到一辆轿车突然爆炸，这一场景也使人想起了五年前在《疯狂的爱》的MV中，Jay-Z引爆汽车的画面。

《甜蜜的梦》(*Sweet Dreams*)再一次运用了电子音乐。这首歌曲由吉姆·琼辛、里科·拉夫、韦恩·威尔金斯和碧昂丝共同创作并制作，歌曲在2008年5月录制，但是录制完成不久就在网络上遭到泄露，当时名为《美丽的噩梦》(*Beautiful Nightmare*)。这首歌曲是碧昂丝尝试的一个新领域，这种流畅、灵活的电子音乐通过英国组合乐路克丝(La Roux)和未来巨星Lady Gaga的表演迅速走红。这首歌曲也是专辑中最完整的一次表演，歌曲中大量的合唱受到了电台的欢迎。2009年6月，这首歌曲正式发行，并在美国和英国都获得了排行榜第五名的好成绩。

由肖恩德莱·克劳福德制作的《视频电话》延续了专辑的舞曲风格，克劳福德也在制作中运用了独特的东方音乐元素。MV中，碧昂丝在视频电话中裸体出镜。《卫报》评论道，这首歌曲“向我们展现了一个不一样的碧昂丝，一位业余拍摄色情视频的演员。‘你想看我裸体吗？如果你喜欢这个动作，你就拍下来。’歌曲背景中的呻吟声和与之呼应的电子音乐声令人兴奋。”

这首歌曲成为专辑中的第八首单曲。2009年11月，这首与Lady Gaga合作的歌曲打入英国排行榜。Lady Gaga，原名斯蒂凡妮·乔安妮·安杰莉娜·杰尔马诺塔(Stefani Joanne Angelina Germanotta)，1986年出生于纽约。她以充满力量的电子音乐、精彩的表演艺术、吸引眼球的视觉形象以及如麦当娜那样的性感引发了公众的热议。碧昂丝与Lady Gaga的合作并不奇怪，她们共用同一组制作人。通过在《视频电话》中的合作，碧昂丝为Lady Gaga赢得了公众的关注度，而Lady Gaga的加盟也巩固了碧昂丝在唱片业的顶尖地位。

下一首歌曲《你好》(*Hello*)听起来像是属于“我是……”那部分的歌曲。这首动听且有气势的歌曲运用了大量钢琴伴奏，而曲中大量的节奏变化也模糊了旋律的美感。在这首由碧昂丝、戴维·奎诺恩斯(David ‘DQ’ Qui ones)、埃文·博加特(Evan ‘Kidd’ Bogart)和拉蒙·欧文斯(Ramon Owens)创作的歌曲中，碧昂丝运用了风格化的手法进行演唱，似乎是有意与歌曲保持距离一样。

上文中曾提到的《自我》这首歌，后来又加入了坎耶·韦斯特的演唱。古典灵魂乐风格是碧昂丝以往歌曲中最常见的风格，但是这首优美又带着悲伤情绪的歌曲是专辑中唯一一首古典灵魂乐风格的歌曲。这首悲伤又精致的福音歌曲极大地丰富了专辑的内涵。这首歌是由埃尔维斯·威廉姆斯(Elvis Williams)和哈罗德·利利(Harold Lilly)共同创作的。2009年5月19日，这首单曲在美国发行。歌曲中，碧昂丝赞美了爱人的“自负”。但是与之相比，更为重要的是音乐本身，这首不同凡响的歌曲听起来像是王子为柯蒂斯·梅菲尔德献上的赞歌一样。歌曲中由唐纳德·海耶斯(Donald Hayes)、菲利普·玛吉兹奥提斯(Philip Margiziotis)和多恩泰·温斯洛(Dontae Winslow)演奏的原汁原味的铜管乐也使这首歌曲加入了爵士和摇摆乐的味道。

这首歌曲的MV由碧昂丝执导，弗兰克·卡特逊编舞。坎耶在片中担任主演，讲述着碧昂丝对他的“自负”的迷恋。歌曲中非常隐晦地暗示了她真正爱的并不是他的自负，而是他的男子气概。随后，镜头一转，碧昂丝穿着歌舞女郎的服装与伴舞在一面墙前跳舞。在《双面碧昂丝》的白金版唱片中，收录了这首歌曲的另一支 MV，片中碧昂丝坐在宝座上演唱。这首歌曲也是专辑中让人愉快和惊喜的歌曲之一。

专辑的最后一首歌《害怕寂寞》(*Scared Of Lonely*)再次运用了电子鼓，用优美的民谣唱出了内心缺乏的安全感。这首歌曲由罗德尼·杰金斯制作，回归天命真女华丽又敏感的风格。歌曲与天命真女十年前的第一首歌曲《说出我的名字》相似。而在这十年间，碧昂丝经历了一段漫长又丰富的旅程。

☆

尽管这张专辑的概念非常清晰，但是丰富的内容也招致了一些非议。"当我想表达一些东西时，我不会只考虑自己的想法，我会邀请其他制作人一起商量。"碧昂丝说，"从情感上来讲，我认为这是我目前最好的一张专辑。如果一首歌曲没有表达出一些东西或者对我来说没有什么意义，那么是不会收录在这张专辑中的。"尽管公众对这张专辑的评论褒贬不一，但是大部分的评论还是积极的。《娱乐周刊》认为："如果这张专辑能合并成一张 CD 会更好，因为双碟装会让人感觉是为了盈利而推出。而且很多歌迷认为，歌词部分不像 2006 年的《敲响警钟》那样，可以宣泄内心的情感。但是那又怎样呢？作为一位艺人，碧昂丝已经满足了大家对流行音乐的喜爱之情，所以公众们也应该尊重碧昂丝作为普通人的私人空间。"《洛杉矶时报》对于专辑中相对独立的两个主题并不十分认同，但是也清楚地认识到专辑的第一部分把碧昂丝带到了一个新的领域，"这两个主题的独立最奇怪的部分是对音乐领域的潜在区分。第一部分慢摇滚的风格有着席琳·迪翁和惠特妮的感觉，也有U2带领的吉他演唱。他们完全不是R&B风格的，但是碧昂丝以一种后音乐领域的风格宣布了自己的立场，好像她在一个棒球场上与艾丽西亚·基斯和莱昂娜·刘易斯同时交锋一样。”安·鲍尔斯（Ann Powers）以刚刚当选美国第44任总统的贝拉克·奥巴马为例，总结了她对此的评论："假设《双面碧昂丝》是奥巴马的专辑。在整张专辑中，她一直在虚构一种超越各音乐领域的流行音乐，但是她的前提条件是尊重黑人文化。她目前还没有达到那个高度，但是她做出的努力是值得称赞的，希望她会坚持走下去。毕竟，这个激发她的另一个自我的专辑还不够成熟。”《滚石》评论道："专辑的中的两张CD说明了碧昂丝已经成为十年里最具创造力也是最杰出的流行偶像。”

“我为上一张专辑《诞生日》做出了很多努力，”碧昂丝接受《每日电讯报》采访时说，“我上次巡演共有136场。这张专辑，我想慢慢地去做，里面的每一首歌都是我的心血之作。一共录了70首，然后我发现，歌曲太多了，可能要分成两张CD。”这张专辑确实内容非常丰富，尤其是后来发行的白金版唱片，将两张光碟内的歌曲又进行混音，制作成更符合商业要求的歌曲。这张专辑与前一张《诞生日》一样，都是大胆的尝试，也要求碧昂丝的歌迷与她一起成长、一起转变。但是，最关键的一点是，专辑的内容非常精彩。成为《公告牌》专辑排行榜冠军丝毫不让人意外，这也是碧昂丝连续第三次获得排行榜的冠军。这张专辑在英国获得第二名的成绩。而专辑发行后，碧昂丝也会举办大型的巡回演出，所以，很明显这张专辑会热销很长时间。与“碧昂丝真体验”巡回演出不同，这次巡回演出规模会更大，整体运作也会更完善，这也保证了到2010年，世界各地的人们都有机会去体会这张专辑的内涵。

2009年专辑发行后，《泰晤士报》的丹·凯恩斯（Dan Cairns）在碧昂丝欧洲巡演的第一站鹿特丹采访了她。在采访中，凯恩斯面对的是一位在超级巨星外表下的有思想并且很风趣的女性。“我已经把自己分析得过于透彻了。我想这可能是我的另一个长处，”碧昂丝半开玩笑地说，“每天，我都会坐着想一想我的生活、我的家庭和我的举止。从我自己做的事情和别人的所作所为中，我会学到很多东西。我会遇到一些头脑非常冷静、非常踏实的人，这些人比那些没有肩负着名人压力的人更踏实、更冷静。我想我保持头脑清醒的方式就是不断分析自己。当然，没有人愿意这样做（通常会是个灾难），但是人确实会面对很大的压力和诱惑。人很容易会陷入自己的世界，真的非常容易。每一天，你都要格外小心，因为每天都有机会主义者会告诉你一些事情。”

☆

这一年，索朗热也一直非常忙碌。她的第二张专辑《Sol-Angel And The Hadley St. Dreams》是对六七十年代灵魂乐的完美致敬。2008年8月，赫芬唱片公司（Geffen）发行了这张专辑，并进行了大量的宣传活动。这张专辑邀请了许多知名音乐人共同制作，如希洛·格林（Cee-Lo Green）、制作人共济会（Freemasons，他们也为她的姐姐碧昂丝制作了《敲响警钟》的混音）、马克·龙森（Mark Ronson）、海王星二人组和盗窃集团组合（Thievery Corporation）。有这些优秀艺人的加盟，这张专辑也走在了流行音乐最前沿。这张专辑为索朗热拿到了第一个美国排行榜前十名的成绩。专辑内页的一张照片上，索朗热这样写道：“‘我不是名门望族’是学校里惩罚人时爱说的话，这句话的意思是希望大家知道，除了碧昂丝，诺尔斯家还有另一位女孩。”

第十四章

凯迪拉克背后的巨星

多伟大的碧昂丝啊。我真是受不了碧昂丝。
她凭什么站在那里，为那个大耳朵总统唱我的歌。

埃塔·詹姆斯，2009年

在电影《蓝调传奇》中饰演埃塔·詹姆斯，对于碧昂丝来说真是一个难以抗拒的诱惑。为了演好她的下一部电影，碧昂丝再一次深入研究了黑人音乐的发展历程。对于三星影视公司(Tristar)和索尼音乐来说，拍摄这部主要讲述切斯唱片公司(Chess Records)的电影是一个艰巨的任务，因为对于公众来说，切斯唱片并没有摩城唱片那样巨大的吸引力。波兰移民伦纳德·切斯(Leonard Chess)和菲尔·切斯(Phil Chess)兄弟在芝加哥创立了切斯唱片公司。第二次世界大战后，兄弟俩发现，很多从美国南部来芝加哥找工作的歌手都非常有才华，如果把他们的演唱录制下来出售会是一个赚钱的买卖。于是，他们开始在凯迪拉克轿车的后备厢中出售他们录制的唱片。就这样，全世界最具影响力之一的切斯唱片公司诞生了。

影片赞美了韦利·迪克森（Willie Dixon）和马迪·沃特斯（Muddy Waters）。伊默恩·沃克（Eamonn Walker）完美地演绎了“嚎叫野狼”（Howlin' Wolf）的傲慢。电影《卡门：嘻哈歌剧》中查克·贝里（Chuck Berry）的扮演者茅斯·戴夫在《蓝调传奇》中再度与碧昂丝合作，并在电影中献声演唱。

在这部电影中，碧昂丝饰演最具传奇色彩的灵魂乐歌手埃塔·詹姆斯。埃塔·詹姆斯原名詹姆斯塔·霍金斯（Jamesetta Hawkins），于1938年出生在洛杉矶，她母亲生她时年仅14岁。埃塔那迷人的嗓音，能使任何音乐都变得美妙动听。尽管如此，她的个人生活，包括她的毒瘾都阻碍了她如日中天的演唱事业。她没有像蒂娜·琼斯那样名利双收。

这部由达内尔·马丁（Darnell Martin）执导的电影再一次重现了当时的美国社会。饰演韦利·迪克森的锡德里克说，电影将人物传记与想象结合起来，唤起了人们无限的追忆。当碧昂丝饰演的埃塔出现在荧幕上时，你会沉醉其中，甚至没能马上认出来她来。

据说埃塔·詹姆斯的父亲是美国台球界的传奇人物鲁道夫·万德罗恩（Rudolf Wanderone），他用1961年的电影《好色客》（*The Hustler*）中一个人物的名字为自己取了个绰号——“明尼苏达州的胖子”。电影中虚构了一场他与埃塔的会面。结束了这场由伦纳德·切斯安排的会面后，埃塔对切斯说，她这位传闻中的父亲没有认她“这个女儿”，而是把她当成“她母亲与其他某个男人苟合留下的孽种”罢了。后来，埃塔开始沉溺于毒品。这一场景对碧昂丝来说非常关键。从《王牌大贱谍之决战金盟友》到《蓝调传奇》，碧昂丝的演技有着很大的突破。

这部影片也是继《追梦女郎》后，碧昂丝与表演指导伊凡娜·丘伯克的二度合作。由于碧昂丝从来没有接触过毒品，为了帮助碧昂丝演好这个角色，丘伯克带着她进行了表演练习，模仿由药物引起的肌肉紧张。“有一场，我们要表演埃塔服用了大量的海洛因，”在丘伯克的网站上，碧昂丝证实说，“我不仅要在身体上感到药物带来的畅快，在情绪上也一样，这种感觉能减少感情上的悲伤。这种体验非常特别。”在这部电影中，碧昂丝充分证明了她的表演实力。片中，她以其精湛的唱功演绎了《最后》(*At Last*)、《相信我》(*Trust in Me*)、《我只能哭泣》(*All I Could Do Was Cry*)、《我希望我什么都没看到》(*I'd Rather Go Blind*)以及为电影新创作的歌曲《一生一次》(*Once in a Lifetime*)。

2008年11月24日，《蓝调传奇》在洛杉矶的埃及剧院举行了首映式；12月5日，电影在美国全线上映。尽管讲述雷·查尔斯的电影《雷》(*Ray*)以及《追梦女郎》的成功都显示出观众们对黑人明星传记电影的喜爱，但是《蓝调传奇》的票房收入并不理想，最后靠光盘的租售才勉强赚回了1200万的制作成本。此外，电影的时间线也存在一些出入：电影中，先是滚石乐队与切斯唱片合作(1964年)，之后，电视中播放了猫王在50年代末的表演；伦纳德·切斯去世(1969年)后，马迪·沃特斯去了欧洲(1967年)。但是，电影表达了对切斯公司的敬佩之情，作为对美国布鲁斯音乐及其商业化发展的回放，这部电影非常出色。

公众对电影的评价也是众说纷纭，来自纽约的两种对立的评论非常有趣。戴维·埃德尔斯坦(David Edelstein)在《纽约杂志》中写道：“这部电影的节奏很快，呈现了一个个事件，但是却缺少细节。不过总体来说非常棒，而且音乐非常有深度。”而在《每日新闻报》(*Daily News*)上，伊丽莎白·韦兹曼(Elizabeth Weitzman)评论道：“有一种电影，我们叫它路线指南电影，它带着你从第一点到第二点再到第三点，只是为了加油。《蓝调传奇》就是这样的电影。电影中，你看到所有主要的路标，但如果你都没有从高速公路上下来的话，这个路线图又有多大作用呢?”

碧昂丝曾经在拍摄《追梦女郎》的同时，发行了专辑《诞生日》；这一次，碧昂丝也丝毫没有浪费时间，在宣传专辑《双面碧昂丝》的时候，开始与电影方商谈拍摄《蓝调传奇》的事宜。“我想尝试一些更黑暗的角色，”接受《每日电讯报》采访时，碧昂丝说，“当我看剧本时，我想，‘哇，这个角色真的不错。我能演吗?’电影的第一场是埃塔第一次与父亲见面，但是父亲拒绝与她相认。这一场的台词有很多脏话，这和我的性格完全相反。人们把我当成那种甜美的女孩，而她则完全不同。她很叛逆，在政治上的观点并不正确；她很大胆，不会低头认错；她非常勇敢，同时她对一切都无所谓。”这段表演很短却很有力量，毫无疑问，这是迄今为止碧昂丝最好的表演。在说脏话和吸食海洛因的场景中，她表演得非常到位。尽管电影的宣传片是以碧昂丝的演唱为主，但是碧昂丝的整体演出也是相当出色的。

碧昂丝说，变成埃塔“对我是一种挑战，因为埃塔的一生面对了无数次的挑战，这些都是我从未经历过的事情。我真的非常深入地去感受，这样我才能演好她。从她身上，我学到的一点是：无畏。她永远是埃塔。她是那样的无畏，而且她从来不会为任何人改变自己，甚至不会去尝试改变。她是一位女王。如果她没有跨领域去演出——她是第一位在电台表演的黑人，我也不会拥有那些机遇。这也是我自认为最好的一次电影表演。它给予我力量、给予我自信走入我不敢尝试的领域。”

☆

2009年年初，碧昂丝参加了一次引发公众热议的活动，而她在这次活动中的表演也将会载入史册。碧昂丝受邀在总统就职舞会中献唱。2009年1月20日刚刚宣布就职的第44位美国总统贝拉克·奥巴马以及妻子米歇尔参加了这次舞会。此前，碧昂丝曾为总统选举多次演唱了李·格林伍德(Lee Greenwood)的歌曲《天佑美利坚》(*God Bless the USA*)，支持共和党执政。总统就任后，将会在华盛顿会议中心举行聚会，而就职舞会也是奥巴马总统向华盛顿特区的新邻居们伸出友谊之手的象征。“这是一次与所有美国人民一起参加的就职仪式，”奥巴马说，“我想确保这次活动能为我们在华盛顿特区的新邻居敞开大门，为全国人民敞开大门。我和米歇尔非常期待在这次舞会上与来自全国各地的人们一起舞蹈。”

为了这次舞会，碧昂丝精心挑选了歌曲《最后》，这首歌的原唱是埃塔·詹姆斯，首次出现是在1941年的电影《贤妻乐坊》(*Orchestra Wives*)中。评论家纷纷推测碧昂丝选择这首歌曲的原因，其中最多的是说碧昂丝暗示“最后”终于有一位黑人成为总统。这也正是1963年马丁·路德·金在底特律的演讲中说的“最后获得自由，最后获得自由”。当然，也包括乔治·布什“最后”终于离开白宫。“能为奥巴马总统和第一夫人演唱，我感到很荣幸，”在接受《今晚娱乐》节目采访时，碧昂丝说，“在他们跳起第一支舞的时候，我唱起《最后》，这是一个圆梦的时刻。他们邀请我参与了这历史性的一刻，我激动万分，同时也感到荣幸之至。”

但是对于这次活动，埃塔·詹姆斯本人却没有给出好评，尽管后来被指由于健康问题以及老年痴呆症才导致她如此行径。埃塔对全世界的媒体说：

“多伟大的碧昂丝啊。我真是受不了碧昂丝。她凭什么站在那里，为那个大耳朵总统唱我的歌。”她说奥巴马长着一对大耳朵，还说想打碧昂丝的屁股。这正所谓众口难调。

☆

在结束了电影和总统就职舞会的演出后，碧昂丝开始宣传她的新专辑《双面碧昂丝》。2009 年 3 月 26 日，“我是……”巡回演出在加拿大的埃德蒙顿启程，2010 年 2 月 18 日在特立尼达和多巴哥共和国首都西班牙港落幕。这场与甜心女孩乐队和歌手共同打造的演唱会，又是一次激动人心的演出。此次演出邀请了法国时装设计师蒂埃里·穆勒(Thierry Mugler)担任创意总监。蒂埃里负责从灯光到编舞等所有演出内容的创意设计，并且要保障演员的换装：他为巡回演出设计了一款可以装下 58 件衣物的衣柜。2008 年，碧昂丝在纽约的大都会博物馆看到过蒂埃里的作品，立即就被迷住了。于是，在拍摄《双面碧昂丝》专辑封面时，碧昂丝没有选择自己品牌的时装，而是选用了蒂埃里为她设计的裙子。就这样，蒂埃里开始了与碧昂丝的合作。就像戴上魔法帽一样，碧昂丝穿上这条裙子，化身为萨沙·菲尔斯。蒂埃里这样描述他的设计理念：“女性、自由、战士、凶猛。作为此次巡回演出的创意总监，我有责任把她的想象变为现实。”

这场演出围绕着碧昂丝的双重性格这一主题，演出中也播放了碧昂丝为这次巡演特别拍摄的短片。在片中，碧昂丝以抛硬币的形式来决定自己到底应该属于哪个性格。这场演出分为两个舞台：主舞台和副舞台。在主舞台上，甜心女孩乐队站在玻璃做的升降台上，这场景与猫王的《监狱摇滚》(*Jailhouse Rock*)的 MV 很相似。副舞台则位于演出场馆的中间区域。

门票很快就一抢而空，而碧昂丝则在考虑怎样在两个小时的演出中表演近十年来她的所有热门歌曲。这场演出就像一场告别演出一样。最初，整场演出分为三个不同的部分："危险的爱""万福玛利亚"以及一场讲述碧昂丝演艺生涯的压轴演出。后来，这场高水准的专业演出模式搬到整个巡回演出中。在伦敦O2体育馆举行的演唱会上，乔治·迈克尔(George Michael)与碧昂丝同台演唱了《如果我是一个男孩》，而碧昂丝则演唱了乔治的《再试一次》。

此次巡演的美国之行于2009年6月开始，碧昂丝承诺，除美国之行的最后一场演出外，她会为歌迷们保留至少1000张价值20美元的门票。美国的最后一场演出在韦恩拉斯维加斯酒店举行，碧昂丝在酒店预订了四天的住宿(7月30日到8月2日)，举行了一场名为"我是你的"的私人表演。

米歇尔·奥巴马带孩子们观看了6月24日碧昂丝在华盛顿特区中心球馆举行的演出。当碧昂丝演唱歌曲《最后》时，大屏幕上出现了奥巴马总统就职仪式的镜头，此刻，全场观众起立，献上了雷鸣般的掌声。每次在碧昂丝演唱《单身女郎》前，都会播放一段YouTube上网友模仿或制作的《单身女郎》的视频。在亚特兰大的演出中，碧昂丝播放了在网络上大红的卡比(Cubby)身着黑色紧身衣表演的《单身女郎》，影片中还剪辑加入了埃斯利兄弟组合"叫喊"的片段。

碧昂丝美国巡演期间，"电台大嘴"霍华德·斯特恩(Howard Stern)制作了一份恶搞碧昂丝的录音带。他声称这份录音带是从碧昂丝参加的《今夜脱口秀》(*The Tonight Show*)节目的调音台拿到的。录音带中碧昂丝演唱了《如果我是一个男孩》，声音非常刺耳，毫无立体感可言。

这件事情在美国的媒体和网络上迅速传播，碧昂丝在一次采访中才第一次听到了这份录音带。“如果有人错过了那次美国历史上最大的就职仪式，那他们应该感到羞愧。”在一次新闻发布会上，马修厉声反驳，“如果有人没有听到就职舞会上碧昂丝为奥巴马总统和第一夫人的第一支舞演唱的《美丽的美利坚》(*America the Beautiful*)和《最后》，并质疑碧昂丝的演唱实力的话，那他一定是个傻瓜。碧昂丝12岁就开始了她的歌唱事业，最毋庸置疑的就是她的演唱实力。怀疑碧昂丝的演唱，就好比质疑科比·布莱恩特是否会跳投一样。很明显，这份录音带中的声音被人动过手脚。”随后，这位恶搞碧昂丝的“无名氏”道歉说：“这次有些太过分了。任何一位头脑正常的人都不会唱出这样的歌，而且也没有人会为这种歌声喝彩。”这次风波也为碧昂丝的巡回演出带来了最大力度的“宣传”。

Jay-Z参加了碧昂丝6月22日在麦迪逊广场公园的演出。7月20日，碧昂丝在多伦多的莫尔森圆形剧场开唱，演出异常完美。“只需要加上情节，这场演出就会变成一部完整的音乐剧，这并不是由于服装的变化或是精致的场景，而是碧昂丝本人。有时候看她的演出就好像看到了现实生活中的艾薇塔一样。”在Eyeweekly网站上，戴夫·莫里斯(Dave Morris)写道。他为碧昂丝的表演深深折服，但可能他所看到的并不全面。“她的演唱非常有控制力，感觉就像是被糖衣炮弹击中了一样。毫无疑问，碧昂丝是最棒的流行歌手之一，仅仅是她的演唱就已处于流行音乐的顶尖位置。但是她为什么不满足于此呢？我真的想不通。”

在韦恩拉斯维加斯酒店举行的最后一场演出被制作成碧昂丝的第一张蓝光碟。根据《明星选票》(*Pollstar*)的报道，碧昂丝此次全球巡演总收入达1.03亿美元，成为全球年度排名前50名的巡回演出。碧昂丝能取得这样的成绩并不奇怪：这是一场完美地结合了音乐剧、灵魂乐、嘻哈乐和摇滚乐的演出。演出中也有一些伤感的歌曲，但是碧昂丝对舞台绝妙的控制力保证了演出没有沉浸在悲伤中。演出中，碧昂丝常常鼓励观众参与互动，每次演出也有很多即兴表演。

此次巡回演出贯穿2009年，于2010年2月在南非落下帷幕。11月，《双面碧昂丝》白金版唱片正式发行。在这张唱片中，歌曲被打乱收录在一张光盘中，这也失去了原双碟专辑的那种特别的感觉。这张白金版唱片中增加了一些新内容，如碧昂丝翻唱比利·乔的《忠贞不渝》(*Honesty*)。此外，还收录了八支MV，其中包括送给歌迷的《自我》特别版和后台花絮。

☆

2009年，由于其不断高涨的名气和活跃度，碧昂丝频频在媒体上亮相。她参演的电影、为宣传新专辑启动的全球巡演、她参加的慈善活动、她的明星丈夫以及父母的问题都使她成为公众眼中的超级巨星。当福布斯公布当年的美国富豪榜时，人们也在关注着碧昂丝是否会入选。2009年，在福布斯富豪榜评出的全球最具实力和最有影响力的名人中，碧昂丝排名第四位。2009年到2010年的年收入超过5200万美元的碧昂丝成为30岁以下最吸金的名人。

2009年年初，有传言称，碧昂丝计划终止与经纪人马修的合作，并且Jay-Z的经纪公司Roc Nation公司已经开始准备接替马修的工作。音乐世界娱乐公司很快澄清了这条传闻："与网上的传言恰恰相反，碧昂丝与经纪人马修明确表示会继续他们的合作。马修是碧昂丝唯一的经纪人。"但是这次声明实际上是为了掩盖碧昂丝与马修岌岌可危的工作关系。

第十五章

与 Lady Gaga 在一起

碧昂丝的表演最为精彩：她完美的外表下隐藏着愤怒和疯狂的一面。

《纽约时报》，2010 年

碧昂丝的新电影与《蓝调传奇》的平铺直叙可谓相差千里，《蓝调传奇》只能作为一部专业讲述蓝调音乐发展历程的作品。在 80 年代流行的心理惊悚片掀起回归的浪潮时，碧昂丝已经准备好投身电影行业。2009 年 4 月 24 日上映的电影《惊心迷情》(*Obsessed*)是碧昂丝的又一次尝试。在这部电影中与碧昂丝演对手戏的是因在美剧《火线》(*The Wire*)前三季中扮演拉塞尔·斯丁格·贝尔(Russell 'Stringer' Bell)而家喻户晓的伊德里斯·埃尔巴(Idris Elba)。但是埃尔巴并不是这个角色的第一人选，此前电影曾邀请饶舌界的传奇人物 LL Cool J 饰演这一角色。

这部电影由索尼幕宝影业公司(Sony's Screen Gems division)出品,导演是曾经执导过《火线》的英国导演史提夫·什尔(Steve Shill)。这部电影是一部扣人心弦的心理剧,碧昂丝在片中饰演德雷克·查尔斯(Derek Charles)的妻子莎伦·查尔斯(Sharon Charles)。为了能与妻子过上更好的生活,身为Gage Bendix法律公司资产管理经理的德雷克工作非常勤奋。莎伦为了照顾丈夫和孩子放弃了工作(她曾经是德雷克的助手),成为一名全职太太,但是她仍然向往读大学。德雷克性格开朗,善于调情,很快就与新来的临时雇员丽莎·谢里丹(Lisa Sheridan)打得火热。随后的剧情发展为《致命吸引力》(*Fatal Attraction*)的风格。

故事情节在背景音乐的渲染下起起伏伏。当丽莎在片中第一次出现时,背景音乐的钢琴变得悲伤、悬疑,观众们知道,有什么事情要发生了。丽莎很快就开始与德雷克调情,她说:"我想,你会发现我和你平时招来的临时雇员不一样。"这时电影的音乐也在暗示:"她是新来的临时雇员还是个狐狸精?"

德雷克与他的妻子谈论起丽莎的时候,说她是个很单纯的女孩。但是,当莎伦第一次见到丽莎时就觉得她并不像德雷克说得那样单纯。后来莎伦告诉德雷克:"你认为她很单纯?你可以用任何词去形容她,但是她一点都不单纯。"丽莎在看到德雷克·查尔斯办公室里的全家福照片后说:"说到完美家庭,你们真应该上杂志封面。"这引起了莎伦的怀疑。

丽莎向德雷克诉苦说找不到男朋友,德雷克以朋友的身份安慰了她。而这一举动被丽莎当作是一种默许,于是她开始更大胆的行动。有意思的是,丽莎使尽浑身解数,德雷克仍然无动于衷。丽莎试图在洗手间诱惑德雷克,随后又在地下停车场挑逗他,这一剧情也是对1993年的爱情惊悚剧《赤裸惊情》(*Body of Evidence*)的致意。但是这两次德雷克都坚决地避开了她。不过德雷克犯了一个低级错误，他没有把丽莎勾引他的事情告诉妻子。有一天晚上他打算将此事告诉莎伦，但被其他的事情打断了。当丽莎在德雷克的酒店房间里企图自杀时，莎伦并不知道丽莎的所作所为，因此最糟糕的事情发生了，她自然而然地对德雷克产生了怀疑。毕竟，莎伦曾经也是他的助手。最终，丽莎和莎伦两人在查尔斯家对峙，这场打戏设计得非常巧妙，场景充分衬托出莎伦的人物心理，如碧昂丝饰演的其他人物一样，当她内心紧张时，就会操着浓重的南方口音讲话。在经历了一系列的眼泪和伤痛后，莎伦最终取得了胜利，丽莎从顶楼跌落。

这部电影最吸引碧昂丝的是莎伦这个人物的内在力量。尽管在电影中，碧昂丝一首歌也没有唱，但是电影传递的信息与碧昂丝在她的音乐中宣扬的女人自强与独立的精神十分相符。莎伦非常有头脑，但是经常被忽视；然而当她的家人受到威胁时，她勇敢地保护了家人。在电影的结尾，扭转大局的不是男人，实际上，他只是虚弱地看着，却帮不上任何忙。莎伦勇敢地迎上去，保护了她的家人，这也是碧昂丝的音乐作品中一直贯穿的女性赋权主题的又一次胜利。

“能从事与唱歌跳舞没有关系的表演，我感到很骄傲。这很有趣。”接受美国哥伦比亚广播公司新闻台（*CBS News*）采访时，碧昂丝说。作为这部影片的执行制片人，碧昂丝参与了很多工作。除了她自己精彩的表演外，她还与导演什尔共同设计剧情。起初她对在片中用头撞击对手丽莎·谢里丹感到很不舒服，但是碧昂丝最终以她的专业精神出色地完成了表演。片中这场像芭蕾舞一样优雅的打斗大概持续了10分钟左右。在类似的电影情节中，通常你会认为两个人中的一位会走开，然后另一位会突然再次袭击。随着打斗的继续，碧昂丝饰演的莎伦内心的战火越烧越旺，最后她喊道：“你闯到我家来，要伤害我的孩子……你觉得自己疯狂吗？现在我就让你见识见识什么是疯狂……放马过来吧！"这场表演被 MTV 台评为 2010 年的"最佳打斗场景"。2009 年碧昂丝接受《More》杂志采访时说："我想现在的我应该尝试一些更加戏剧性的角色了。"

在整部电影中，碧昂丝饰演的莎伦都穿着棕色和米黄色的衣服，表现出一种慈母的形象。她坐在家中戴着针织帽，温柔地对孩子说："吃点东西吧宝贝。"然而，在电影最后她奋力保护家人时，她内心真正的自我才展现出来。

很有意思的一点是，电影像描写白人家庭一样展现了这对黑人夫妇的生活，没有提到任何种族问题。碧昂丝认为，她饰演的这个角色是她诠释过的最深刻的荧幕角色，这次，她没有饰演一位歌手或者哪位在剧中突然开口唱歌的人。

2010 年 4 月 23 日，电影在纽约的视觉艺术学院举行了首映式，影片全体演员以及娱乐名人金·卡戴珊（Kim Kardashian）、米基·多伦斯（Mickey Dolenz）以及碧昂丝的母亲蒂娜参加了首映式。尽管演员阵容豪华，但不得不说《惊心迷情》只是一部高成本的卡通片，因为所有人物的动机都没有体现，更没有给出合理的解释。为什么丽莎要追求德雷克？他们之间曾发生过什么？关于这些问题，电影没有给出答案。2007 年全球金融危机来袭，尽管电影中谈到了失业以及金融状况趋紧等问题，但是深度不够。即便故事情节升级到 80 年代的《致命吸引力》那种风格，却也再难"诱惑"二十年后的观众们。

这部电影得到了很多批评。乔·诺伊迈尔（Joe Neumaier）在纽约的《每日新闻报》上狠狠地讽刺了这部电影。他只给了电影一颗星，并且说："与《致命吸引力》相比，碧昂丝出演的《惊心迷情》更像是一份‘迟来的失败’。”《卫报》的评论家赞·布鲁克斯（Xan Brooks）也评论道：“碧昂丝饰演的全职太太，似乎除了歇斯底里地抱怨也没有什么其他事可做。不过令人高兴的是，经过晃来晃去的吊灯和小猫吵架一样的打斗，她终于胜利结束了这场荒谬的事件。”《每日电讯报》的评论一样尖酸：“除了两个女人在破碎的地板上像小猫一样打架，恐怕这部电影是最无趣的惊悚电影。碧昂丝的表演尤为难看，她把莎伦演成了一个只会乱喊乱叫、穿着高跟鞋都走不稳路的泼妇。”

博客网站 Syracuse. com 也评论道：“试想一下，如果《致命吸引力》的演员不是获得奥斯卡奖提名的格伦·克洛斯（Glenn Close）和安妮·阿彻（Anne Archer），而是由毫无突破的电视剧演员（艾里·拉特）和流行歌手（碧昂丝·诺尔斯）饰演，那么比电影剧情更可怕的事情就真的发生了。”《每日新闻报》又称：“导演史蒂夫·什尔把电影设计成了张牙舞爪的武打片，碧昂丝弯腰弓背地挥舞着拳头，在《追梦女郎》和《蓝调传奇》中的气质和优雅荡然无存。女人可以很凶猛，但是她应该出演更好的角色。”

尽管得到了这些负面评价，但是电影的整体表演并不算差。从批评的眼光看，自从 1993 年《赤裸惊情》中出现了麦当娜把蜡油滴到威廉·达福（Willem Dafoe）下身这样的情景后，这类电影就不再受到追捧。面对夸张的剧本，碧昂丝已经尽可能做到最好了。然而，碧昂丝、埃尔巴和拉特的个人魅力无法抵挡，尽管恶评缠身，这部电影仍然获得了票房冠军。仅在上映第一天，《惊心迷情》的票房收入就达到 1100 万美元；整个上映期间，在全美 2514 家电影院的票房总收入达到 2800 万美元。看来，碧昂丝已经成为电影票房的有力保障。

《惊心迷情》在全球的票房收入共计7100万美元。这也说明了观众们想看的是由他们认识和喜爱的演员出演的影片。看到碧昂丝饰演这样一个全职太太的角色也令人感到新奇，这一角色与碧昂丝歌迷的期待恰恰相反。

索尼幕宝影业公司全力支持这部电影，包括建立了一个名为“为艾里着迷”的网站。在这个网站上你可以看到朋友的详细信息，并且可以像电影中一样，网络跟踪他们。“别担心，这就是个玩笑。”该网站宣称。

☆

2009年6月，迈克尔·杰克逊逝世的消息震惊世界。尽管在过去的二十年间，这位超级巨星的生活经历了种种挫折，但是宣布将于2009年7月13日在伦敦O2体育馆举行复出演唱会的杰克逊已经准备开始他的新生活。碧昂丝曾与杰克逊有过几次会面，并在2001年杰克逊的30周年纪念演唱会上演出，她也借此机会表达了对杰克逊的崇敬之情。碧昂丝“我是……”全球巡演的曲目安排也由于杰克逊的逝世做出了相应的调整，碧昂丝演唱了歌曲《光环》向杰克逊致敬。

但是对杰克逊的逝世，碧昂丝有着更深的感悟——对家庭的感悟。碧昂丝懂得年轻时成名并在公众的注目下成长起来的潜在危险。正因为有了家人的支持，她才能很好地化解这些危险。她和她的父母以及丈夫都见识了名望那灿烂耀眼的外衣，她也逐渐懂得了所有的需求、赞助、代言以及合约都是当今美国的超级巨星生活的一部分。尽管有时要满足合作方一些强硬的要求，但是碧昂丝一定要确保自己不沾酒精和毒品，这也是她虔诚与否的证明。杰克逊的逝世像是一次强有力的号召，是时候该反思一下自己了。碧昂丝15年来第一次打算抽出时间去休假。

☆

2009年9月13日，碧昂丝间接卷入了一次非常轰动的事件，这次事件发生在MTV台在纽约无线电城音乐厅举行的一年一度的音乐录影带大奖的颁奖典礼上。在公众投票后，乡村音乐歌手、18岁的女孩泰勒·斯威夫特(Taylor Swift)凭借她的单曲《你属于我》(*You Belong with Me*)获得了最佳女性音乐录影带奖。而与她角逐这个奖项的正是由杰克·纳瓦执导的《单身女郎》。随着公众投票的进行，尤其是大批歌迷通过社交网络进行宣传，泰勒的优势非常明显。毕竟，泰勒才18岁，而碧昂丝已经28岁，碧昂丝的歌迷年龄段会高于泰勒的，所以与一直给电视台拨电话投票相比，碧昂丝的歌迷有很多其他的事情要做。当主持人宣布泰勒·斯威夫特获得这项大奖时，泰勒走上领奖台。她感谢每一位支持她的观众。她说道，在唱乡村音乐的时候，虽然曾经梦想着会有这样一天，但是也从未敢奢望。就在这时，坎耶突然从观众席中跳出冲上舞台，从一头雾水的泰勒手中抢过麦克风。随后当着所有观众的面，他镇定地对泰勒说："噢，泰勒，我真的为你感到高兴，我会让你讲完，但是碧昂丝的MV一直都是最好的……一直都是。"观众席顿时开始骚动。在观众席里准备表演《单身女郎》的碧昂丝一脸惊讶地望着台上。电视机前的观众可以清楚地看到她在说"天哪，坎耶"，她看起来很震惊并且极其尴尬。随后坎耶也回到嘘声不断的观众席里。泰勒一个人在舞台上，紧张得像受人欺负的小女孩一样。在接下来的颁奖典礼中，坎耶频频遭到观众的嘘声，所以不得不在保安的护送下离开典礼现场。凯蒂·佩里(Katy Perry)在博客上给坎耶的留言完美地总结了这次事件："这就像你踩到了一只小猫咪一样。"

碧昂丝很快就调整好状态。在接下来的演出中，Lady Gaga 表演了《狗仔队》(*Paparazi*)；珍妮·杰克逊演唱了歌曲《尖叫》(*Scream*)并与视频中的迈克尔·杰克逊一同跳舞，以此纪念她的哥哥；随后 Jay-Z 与阿莉西亚·基斯共同献上了《心中的帝国》(*Empire State of Mind*)。碧昂丝的《单身女郎》获得了最佳音乐录影带奖。当碧昂丝领奖时，她接过麦克风说："我依然记得 17 岁时，与天命真女第一次获得 MTV 大奖时的情形，那是我一生中最激动的一刻。所以现在我想邀请泰勒上台，享受这属于她的时刻。"泰勒来到了舞台上，碧昂丝这一举动完美地展现了她的风度。"这简直太棒了！她真的非常有魅力。"典礼结束后，泰勒接受采访时说道。第二天，媒体对整件事情进行了报道，这次事件的视频片段也在 YouTube 上流传。坎耶在自己的博客中向泰勒表达了歉意。然而随着这个故事的流传，泰勒的名气越来越大，而碧昂丝的亲切和对年轻艺人的支持也受到人们赞叹；与此同时，广为流传的还有坎耶冲动的性格。

☆

2009 年 11 月，蒂娜对马修提出了离婚申请。自 2009 年 1 月，蒂娜和马修就已经分居。曾经有传闻称马修有婚外情，2009 年 10 月，这一传闻得到证实。马修与《实习医生风云》(*Scrubs*)中的女演员亚历山德拉·赖特(Alexsandra Wright)发生了婚外情；2010 年，赖特为马修诞下儿子尼克松。

蒂娜与马修共同发表了声明："我们两人以和平的方式结束了我们的婚姻关系。我们仍然是朋友、孩子的父母以及工作伙伴。如果有人以为我们会掀起一场恶战，那么很抱歉，让你们失望了。希望我们在处理这件事的时候，大家能够尊重我们的隐私。"然而 2010 年，这场离婚风波却不了了之。休斯敦的哈里斯郡法庭审理了这起离婚诉讼，但是夫妻二人均未到场。所以他们仍然保持着婚姻关系。

2009年底，碧昂丝与亚瑟小子和Jay-Z一起参加了在加勒比海度假胜地圣·巴特岛的尼基海滩度假村举行的新年晚会。音乐世界娱乐公司称这是专为富有的外国商界人士举办的活动。然而仅仅几个月后，这次活动的赞助人被证实来自卡扎菲(Colonel Gaddafi)家族。在18个月中，许多艺人都参加了这一活动。

☆

2010年，碧昂丝终于宣布要休息一段时间，但是此前人们并未从她密密麻麻的工作计划中看出什么端倪。“确实该休息一下，充充电，”接受《今日美国》杂志采访时，碧昂丝说，“我想休息大概半年的时间，过我想过的生活，我需要再次从生活中获得灵感。”这一年，碧昂丝可能没有进过录音棚，但是她这一年所做的事情对整个娱乐界的影响都是不容小觑的。

对于21世纪的超级巨星来说，能够拥有自己的香水品牌是个人品牌开拓非常有意义的一步。21世纪头十年里，珍妮弗·洛佩兹、凯莉·米洛、布兰妮·斯皮尔斯、格温·斯蒂凡尼(Gwen Stefani)等人都创立了自己的香水品牌。2010年2月，在与全球最大的香水公司科蒂公司(Coty)的合作下，碧昂丝的“热力四射”(*Beyoncé Heat*)香水正式进入全球市场，并迅速取得成功。这款混合了红香草兰、木兰、橙花油、甜美红桃、金银花露、杏仁、麝香、巨红杉乳胶、香豆和琥珀气味的香水以“释放无限性感”的广告语吸引了无数消费者。

科蒂公司希望通过与碧昂丝的合作重新占领香水市场。“我用的很多款香水都用到‘火’的概念，所以我们想到了‘热力’，”碧昂丝介绍道，“而且，红色和金色也是我最喜欢的颜色。从瓶身的设计到香水的名字以及整体的概念都是我的风格。”这款香水的瓶身经过了精心设计。“富有曲线的圆弧底座”越来越细地向上延伸到“光滑的方形瓶颈，渐变的红色给人一种火焰的感觉”。“瓶盖边缘的镀金处刻有‘碧昂丝’和‘热力四射’的字样，尽显极致奢华”。这款香水的售价为39美元到59美元不等，由纽约的梅西商场独家销售。

这款香水进入市场后确实获得了巨大成功。香水博客Now Smell This评价说：“这款香水有一种温暖的水果麝香味。前调是甜美的蜜桃糖果，中调是花香。刚开始几分钟会感觉气味有些强烈，但是过一会儿，就会变得非常柔和，甜美的气味会一直伴随着你。我并不觉得这款香水的气味有点小性感，也不是那种让人难以忘怀的气味，但是这都不重要，因为这是碧昂丝的香水，而且相当不错。人们会喜欢的。”这款香水确实不错，前调的确非常浓，但是随后就是一种简单的水果香气了。据说这款香水上市第一个月的销售额就达300万美元。《人物》杂志报道说，为宣传这款香水，碧昂丝在梅西百货现身，仅仅一小时就售出了7.2万瓶。在这么短的时间内达到这么高的销量令人难以置信，这也为碧昂丝的香水投上了巨大的一张支持票。在英国，随着这款香水广告的播出，广告标准管理局（Advertising Standards Authority）收到了14份投诉。因此广告管理部门不得不禁止这条广告在白天播放，并发表声明说：“尽管我们认为这条广告对成年人或青少年并无害处，但是广告中碧昂丝的动作和衣裙滑落时的放慢镜头都给人一种性刺激，不适合小孩子观看。”尽管如此，这款香水在英国的销量丝毫未受到影响。

随着第一款香水的成功，其他版本的香水也迅速与消费者见面。2011

年1月，碧昂丝的第二款香水"热流"上市。这款香水被描述为"水果麝香调的香水，像一缕清风柔柔地流淌在你的心田。一滴，让你感受到阳光的温暖"。这款融合黄色虎头兰、芒果花、橙色芙蓉花、巴西樱桃、西番莲、血橙、里约麝香(柚木和琥珀蜜)的香水比上一款更为醇美，就好比"热力四射"是萨沙·菲尔斯，而"热流"尽管名字更为热辣，却是碧昂丝。

碧昂丝的第二款香水再次引起了全球媒体的关注。有媒体问到碧昂丝，不知Jay-Z更喜欢这两款中的哪一款？"你在开玩笑吗？"碧昂丝回答说，"我的香水最重要的一点就是要经过他的认可。你用香水就是希望你的男人能喜欢。他喜欢这气味，因为他也参与了决策。我不会用他不喜欢的香水。"美国圣何塞的《Examiner》这样描述这款香水："前调是稍浓的甜橙味，大概15分钟后，出现了甜美的花香。到傍晚时分，水果香气消失，甜香和兰花的味道也渐渐变淡，慢慢散发出温暖的麝香和琥珀蜜的气味。"这款香水主要在美国的梅西百货和英国的巨能连锁销售，并且再次受到消费者的青睐。

☆

2010年年初，碧昂丝依然很忙碌。1月22日，她参加了为援助十天前遭到地震侵袭的海地而特别制作的大型电视节目《关爱海地：抗震救灾全球动员》(*Hope for Haiti Now: A Global Benefit for Earthquake Relief*)。在这次由MTV台播出的节目上，碧昂丝深情地演唱了歌曲《光环》，酷玩乐队的克里斯·马丁(Chris Martin)担任钢琴伴奏。

2010年1月31日，碧昂丝出席了在斯台普斯中心举行的格莱美奖颁奖典礼。早在2009年12月初，碧昂丝就得知自己与劳伦·希尔和坎耶·韦斯特获得了10项大奖的提名，而目前获得格莱美奖提名最多的艺人是迈克尔·杰克逊，他在1984年获得了12项大奖的提名。但是，碧昂丝当时正在忙于庆祝她丈夫的40岁生日。“我当时专注于准备我丈夫的生日派对，”碧昂丝接受《今日美国》采访时说，“我知道我错过了一个大聚会……我当时真的没有想着这件事。但是对此我感到非常荣幸。”

能够获得这些由行业精英们投票选出的奖项，真的是一种荣誉。一些业内人士很诧异，在起起落落的流行音乐界，碧昂丝既能和Lady Gaga一起大红，也能与泰勒·斯威夫特成为密友。

《滚石》杂志的布莱恩特·希亚特（Brian Hiatt）认为碧昂丝可以超越一切，他说：“即使碧昂丝10个奖项都没有拿到，也不会对她的事业有任何影响。”

但是人们无须担心。碧昂丝拿走了6项大奖，创下了格莱美奖52年的历史中获奖最多的女性艺人的纪录。尽管泰勒拿走了年度最佳专辑奖，年度最佳唱片奖也属于莱昂国王（Kings of Leon），但是碧昂丝以歌曲《光环》获得了最佳女性流行演唱表演奖，以《单身女郎》获得了年度最佳金曲奖、年度最佳女性R&B演唱表演奖、年度最佳R&B金曲奖，以《双面碧昂丝》专辑获得了最佳当代R&B专辑奖，以歌曲《最后》获得了最佳传统R&B演唱表演奖。

典礼上，碧昂丝表演了《如果我是一个男孩》，中间穿插了埃拉妮斯·莫里赛特（Alanis Morissette）的歌曲《你应该知道》（*You Oughta Know*）。在领取她的最后一个奖项时，碧昂丝表达了对家人的感谢以及对Jay-Z的爱，她说：“这个奖献给我的丈夫……我爱你。”在这个时候选择休息真的是再好不过了，这是对她过去十年努力奋斗的肯定，也是对她2005年开始的个人事业的肯定。

格莱美奖颁奖后不久，Lady Gaga推出了歌曲《电话》（*Telephone*）的

MV，这也是与碧昂丝合作的《视频电话》的姐妹篇。2009 年 11 月，这首歌曲以单曲形式发行，以表达对《双面碧昂丝》白金版唱片的支持。《视频电话》的 MV 由来自布鲁克林的海普·威廉姆斯（Hype Williams）执导，Lady Gaga 出演。"当我和碧昂丝一起为拍摄做准备时，她打电话给我，问我的想法，"2009 年 10 月，Lady Gaga 告诉 Z100 无线电台，"我回答她，'在你的 MV 中，我不愿意做那个头发做成一个大蝴蝶结的时尚的 Lady Gaga。我想做一回你。'"

这部精彩的 MV 的部分灵感来源于昆汀·塔兰蒂诺（Quentin Tarantino）导演的电影《落水狗》（*Reservoir Dogs*）。片中，Lady Gaga 像碧昂丝一样，身穿白色无肩带紧身衣，戴着歌剧女演员的手套，梳着飘逸的长发。"我想做 Lady Gaga 版本的碧昂丝，"Lady Gaga 说，"所以在整个拍摄过程中，我一直在学习怎样设计舞蹈，他们也都叫我卡昂丝。"《视频电话》的 MV 非常奇异，尤其是碧昂丝手持 AK－47 步枪模仿贝蒂·佩吉（Bettie Page）的造型。

碧昂丝与 Lady Gaga 的合作非常成功，而 Lady Gaga 也邀请碧昂丝参与她的 MV 的拍摄。《电话》这首歌收录在 Lady Gaga 的第二张专辑《超人气女魔头》（*The Fame Monster*）中。尽管碧昂丝只有 30 岁，但是她却拥有 20 年的演艺经验。Lady Gaga 的表现力为碧昂丝增加了声誉，而碧昂丝也为 Lady Gaga 赢得了知名度，所以这是一次互惠的合作。

2009 年年底，充满着强劲的电子音乐节奏的歌曲《电话》（由罗德尼·杰金斯共同创作和制作）正式发行。2010 年 1 月，乔纳斯·阿克尔隆德（Jonas Akerlund）执导了这首歌曲的 MV。这部时长 10 分钟的 MV 带领观众快速地回忆了上世纪 80 年代中期音乐录影带的辉煌。在 Lady Gaga 的朋友昆汀以及导演鲁斯·迈耶（Russ Meyer）和罗格·科尔曼（Roger Corman）设计的剧情中，Lady Gaga 被关进了"坏女人监狱"。

片中，Lady Gaga 由于毒害男友被送入“坏女人监狱”。MV 一开始，Lady Gaga 被抓捕，并被关进监狱里，这时一位监狱长开玩笑说：“我告诉过你了，她没‘把儿’。”这暗示了媒体一直称 Lady Gaga 是男人的谣言。女子监狱中的每一句台词都是经过精心设计的。其中有暗示女同性恋的镜头（一位打扮得很男性化的女人亲吻了带着一副由香烟组成的眼镜的 Lady Gaga）。当 Lady Gaga 接到了碧昂丝打来的电话时，她开始了演唱。

碧昂丝扮演的蜜蜂模仿了昆汀 1994 年的杰作《低俗小说》（*Pulp Fiction*）中的人物“甜心兔子”。碧昂丝在 MV 大约进行到一半的时候才出现，她从监狱中保释出 Lady Gaga，开着昆汀的影片《杀死比尔》（*Kill Bill*）中的“猫咪小车”——雪佛兰西维拉多 SS 型货车离开。

她对 Lady Gaga 说：“你真是个坏女孩，Lady Gaga，你真的太坏了。”随后，碧昂丝一边驾车一边唱起了饶舌。然后，两人将车停到路边的小饭店旁，碧昂丝和 Lady Gaga 企图毒害片中碧昂丝的男友波波，但是她们最终毒害了所有没有下车用餐的顾客，并穿着美国国旗图案的衣服在一堆尸体中跳舞。影片结尾处，两个人开着车消失在夕阳下，就像电影《末路狂花》（*Thelma and Louise*）中的情节一样。警用直升机的影子吞噬了她们的车。

2010 年 3 月 11 日，这支 MV 在音乐视频网站 VEVO 上首映。《洛杉矶时报》认为这支 MV 是一部“视觉盛宴”。MTV 台评论道：“凭借着《电话》，Lady Gaga 成为可以与麦当娜和迈克尔·杰克逊相媲美的流行音乐教主之一。”《纽约杂志》的艾米·奥德尔（Amy Odell）认为这支 MV 真的是空前绝后，“碧昂丝的表演最为精彩：她完美的外表下隐藏着愤怒和疯狂的一面”。《卫报》认为，人们需要用眼睛去看，而不是仅仅听说“有一些被认为禁忌的事情仍然存在着。Lady Gaga 和碧昂丝‘性虐’一样的 MV 充斥着女同性恋、鸡奸和监狱中发生的斗殴和伤害，这激起了人们的愤怒”。据报道，这支 MV 在网上发布不到 12 小时，浏览量就超过了 50 万。凭借着 MV 的势头，这首单曲也获得英国排行榜冠军以及美国排行榜第三名的成绩。

☆

2010 年 2 月，碧昂丝在秘鲁、智利、阿根廷和巴西举行了“我是……”全球巡演的最后 9 场演出。2010 年 2 月 6 日，碧昂丝在能容纳 5.7 万观众的巴西圣保罗的莫伦比球场举行演唱会，这也是碧昂丝的个人演唱会中观众最多的一次。

2010 年 3 月，碧昂丝在纽约布鲁克林创立了碧昂丝医学美容中心(Beyoncé Cosmetology Center)。在这里，曾经沾染毒瘾的患者可以学习一些有用的技术来帮助自己。这一位于凤凰村职业学院的医学美容中心是碧昂丝在《蓝色传奇》中饰演埃塔·詹姆斯时就在筹划的康复计划。此外，2010 年 4 月 16 日，碧昂丝与 Jay-Z 参加了在加利福尼亚州印地欧举行的科切拉山谷音乐艺术节(Coachella Valley Music and Arts Festival)，表演了哈德逊先生(Mr Hudson)的歌曲《永远年轻》(*Forever Young*)。演出中，碧昂丝身穿的 T 恤引起了争议，在衣服上印有这个传奇组合的照片，但是周围却涂鸦式地乱写着“去他妈的朋克”。碧昂丝非常享受没有巡回演出和录音的日子。

2010 年 6 月，网上充斥着各种关于天命真女复合的谣传。对此，马修立即发表声明：“网上流传着关于天命真女复合的谣言，但是实际上几位成员并没有一起演出或出专辑的计划，这只是一次谣传。天命真女曾对当代音乐产生了空前的影响，一直以来也是最受欢迎的组合之一。碧昂丝、凯莉·罗兰和米歇尔·威廉姆斯在个人事业上都取得了成功。她们的关系仍然非常亲密，但是不会再作为一个组合重新在一起。”即使真的要复合，现在也太迟了。虽然米歇尔·威廉姆斯和凯莉·罗兰的事业无法与碧昂丝相提并论，但是她们也都成了卓有成就的艺术家。

实际上，2010 年的大部分时间里，碧昂丝都在休假。2011 年 4 月，在接受《时尚》(*Cosmopolitan*)杂志采访时，碧昂丝说：“我给自己放了一年假。虽然听上去有点放纵自己，但是我从 15 岁就开始工作，从来没有休息过。我的人生中一直都是下一步、下一步再下一步，从未停止过。所以这次我决定停下来。这是我做过的最棒的决定，也是非常重要的决定。我抽出时间和我的丈夫、朋友、家人在一起。我可以一夜又一夜的在我自己的床上睡觉，这对我来说真的是件大事。”在这一年中，碧昂丝像游客一样去旅行、去餐馆吃饭、去美术馆参观，甚至尝试自己动手为 Jay-Z 下厨。虽说如此，但成为碧昂丝就意味着总要做点事情。“我成立了一家制作公司，”她继续说道，“我学习编辑，做了很多录音，并且执导了 MV 的拍摄。”但是与以往的工作不同的是，这次碧昂丝固定回到一个地方——她纽约的家里。“能够过上这种朝九晚五的正常生活感觉很棒，我晚上正常睡觉，早上起床去上班，然后下班回家。能够每天回家真的是一件非常美妙的事情。”

第十六章

玩转世界

当周日夜幕降临时，格拉斯顿伯里将会是一片荒凉：在大批吸毒者身后隐藏的是泥泞的不毛之地、废弃的氮氧化物容器以及轰隆隆的吸污车。而碧昂丝将会给这一片死寂带来光明。

《新音乐快递》，2011 年

威廉王子和凯特·米德尔顿都是碧昂丝和 Jay-Z 的忠实歌迷，还有什么比邀请自己喜爱的偶像为婚礼献唱更特别呢？

一位发言人，2011 年，伦敦

对每一件事，我都分析得过于透彻，因为我希望能做到最好。也许正是由于这个原因，每件事情我都能做得更好。

碧昂丝，2008 年

2011 年上半年，当碧昂丝即将参加格拉斯顿伯里音乐节的消息发布后，立即引起了强烈反响，而她与经纪人父亲解约的消息更是受到了各路媒体的争相报道。

2011 年，碧昂丝的媒体曝光率比以往更高。在一个星期内，除埃及国内革命的新闻外，铺天盖地的都是关于碧昂丝的消息。2011 年 2 月 11 日，一位来自伦敦北部名为克劳迪娅·艾德罗蒂米(Claudia Aderotimi)的女性为了拥有像偶像碧昂丝和珍妮弗·洛佩兹那样迷人的臀部曲线，在美国进行硅胶植入手术后不幸身亡。这一事件揭示了偶像崇拜的负面影响，同时也证明了碧昂丝的公众影响力。人们一直想模仿碧昂丝，希望自己更像碧昂丝，哪怕是像年轻时的碧昂丝也觉得很满足。

随后，就在同一个星期，有新闻称碧昂丝将参加6月26日的格拉斯顿伯里音乐节闭幕式演出。同2008年的Jay-Z一样，碧昂丝将作为主要嘉宾与U2和酷玩乐队一起在音乐节上表演。碧昂丝的加盟不仅显示了主办人艾米丽·伊维斯和迈克尔·伊维斯勇于尝试的态度，也凸显了碧昂丝在全球的知名度。自1970年创办以来，格拉斯顿伯里音乐节逐渐成为全球最著名、最具影响力的摇滚事件。凭借其崇高的理念，格拉斯顿伯里音乐节成为全球最顶尖的摇滚音乐节。尽管这一活动融合了多元化和跨文化的音乐元素，许多黑人音乐家和来自全球各地的音乐家都在这个舞台上表演过爵士乐和舞蹈等，但是占主流位置的仍然是白人音乐家。

2008年Jay-Z参加这一盛事时，以绿洲乐队创立者埃诺尔·加拉格尔为首的反对声此起彼伏。而在碧昂丝参加音乐节的消息发布后，《观察家报》的专栏作家芭芭拉·埃伦（Barbara Ellen）撰写了一篇标题为《震撼摇滚之神的碧昂丝》的文章。芭芭拉认为，在格拉斯顿伯里的演出中，碧昂丝会令那些质疑她的人折服。在文章中，芭芭拉回忆起2009年布兰妮·斯皮尔斯和碧昂丝在同一星期举行的伦敦站巡演，“当可怜的布兰妮像离异的中年妇女一样迷茫地等待下一场宿醉时，碧昂丝依然是一位受人追捧的女神。碧昂丝的出现让格拉斯顿伯里的那些摇滚小子黯然失色。尽管抱怨去吧，摇滚小子们！”

英国摇滚乐队Elbow的队长盖伊·加维（Guy Garvey）接受BBC第一电台的采访时认为，碧昂丝的加入将会为音乐节画上一个圆满的句号。“当时邀请Jay-Z来表演，也引起了很大的争议，但是结果Jay-Z的表演是多么成功，”加维说，“那是音乐节的金字塔舞台第一次在嘻哈音乐领域受到人们如此热烈的追捧。那么，让他们（迈克尔·伊维斯和艾米丽·伊维斯）自己去决定吧。他们比任何人都更权威，我相信，这次音乐节也一定会和往届一样棒的。”毋庸置疑，以碧昂丝丰富的表演经验，她的魅力一定会席卷音乐节的舞台。“去年我观看了碧昂丝的现场演出，我被她在表演中显示出的力量深深地吸引住了，”艾米丽·伊维斯说，“她拥有自己的魅力，拥有天籁的嗓音和一支全部由女性组成的非常棒的乐队。她懂得怎样控制现场，她的亮相定会嗨翻全场！”

卢克·刘易斯（Luke Lewis）在《新音乐快递》杂志的博客上发表博文：“当周日夜幕降临时，格拉斯顿伯里将会是一片荒凉：在大批吸毒者身后隐藏的是泥泞的不毛之地、废弃的氮氧化物容器以及轰隆隆的吸污车。而碧昂丝会给这一片死寂带来光明。但愿她演唱《疯狂的爱》的歌声足以淹没那些因为后悔而抽泣的声音。”

☆

2011 年 2 月，利比亚反对派公开反对统治利比亚 40 年之久的卡扎菲上校。为阻止利比亚内战，联合国在利比亚境内设定了禁飞区。2011 年 3 月，西方国家对卡扎菲上校的统治区域展开了一系列空袭。正当全世界媒体对利比亚事件的谴责声此起彼伏时，2009 年新年时在圣·巴特的演出使碧昂丝陷入尴尬境地。网络上有消息披露，碧昂丝、亚瑟小子、莱昂内尔·里奇、玛丽亚·凯莉以及奈莉·弗塔多（Nelly Furtado）曾多次出席卡扎菲的儿子萨义夫·伊斯拉姆（Saif al-Islam）和穆塔西姆（Mutassim）举行的私人聚会。消息传出后，参加过聚会的弗塔多立即宣布她所得的演出费用已经全部捐给慈善机构。不久，碧昂丝的发言人伊薇特·埃诺尔·舒尔也发表声明："2009年，碧昂丝在圣·巴特尼基海滩度假中心的演出所得以及邀约机构的所得佣金已经在一年前全部捐献给受地震影响的海地。希望大家了解，这次与卡扎菲家族有关的演出是由第三方发起的，并且艺人的演出所得全部用于公益事业。"

进入21世纪后，为国外的亿万富豪和大企业表演保障了艺人的收入，特别是全球金融危机的影响和音乐行业的变化，使艺人的传统收入来源并不如从前那样有保障。那么，仅仅是碧昂丝和其他艺人太不幸了才选择了错误的演出对象吗？"坦白地讲，这也是所有艺人应该吸取的一个教训，"接受《卫报》采访时，玛丽亚·凯莉表示，"我们应该更谨慎一些，无论是谁邀请我们去演出，我们都应该更谨慎些。因为，作为艺人，我们应该对公众负责。"在这场风波中，碧昂丝也担负起了艺人所应该承担的责任。

当这一风波还未平息时，为纪念尼日利亚的传奇音乐家、被誉为"非洲皇后"的费拉·库蒂(Fela Kuti)，碧昂丝为《巴黎时尚公报》(*L'officiel Paris*)拍摄了一组照片。在2011年3月版的《巴黎时尚公报》中，碧昂丝身穿非洲民族服装，画着非洲部落女性的妆容。该杂志声称，这样的碧昂丝"与那个魅力四射的萨沙·菲尔斯相差甚远"，并且把这当作碧昂丝"回归非洲血统的标志，图片上碧昂丝的肤色明显地做了美黑。"碧昂丝的这一形象立即引发众议。《亚特兰大邮报》(*The Atlanta Post*)评论称："黑皮肤并不时髦，依我之见，这是一种公然的冒犯。"由于肤色问题的敏感性，碧昂丝此举似乎有些出格。或许她的这一举动仅仅是因为Jay-Z曾经出资制作音乐剧《费拉》(*Fela*)，而这样一桩丑闻真的能为他们带来丰厚的商业利益吗？同样，这次风波也是对2008年碧昂丝在为欧莱雅拍摄的照片中美白自己这一行为的极大讽刺。

“时尚与化妆都是娱乐，而时尚一直寻求标新立异，”《Jezebel》杂志的多戴·斯图尔特(Dodai Stewart)说，“但是如果你为了让自己看起来更像‘非洲人’而把肤色画得更黑，这是否使这个拥有众多民族、部落、文化和历史的大陆仅仅成为毫无个性的棕色肤色了呢?”

☆

一直以来，碧昂丝在人们心中都是一位独立坚强的女性，而在她的一生中，对她影响最大的两位男性就是Jay-Z和马修。2011年3月8日，碧昂丝的发言人伊薇特·诺埃尔·舒尔发表声明，称碧昂丝的经纪人将不再由马修担任。尽管这一消息在意料之中，但是也着实令人感到惊讶。声明中并没有宣布碧昂丝的下一任经纪人，不久后，碧昂丝开始自己经营各类事务。2010年，天命真女前成员米歇尔·威廉姆斯和凯莉·罗兰分别与马修解除了经纪合约。“这并非易事，”米歇尔·威廉姆斯在接受采访时说，“但是我们必须这么做……如果我们三个人有一天决定重组天命真女，那么他仍然是我们的经纪人。但是作为一位独立的艺人，我必须这么做。”这是自1995年以来，马修第一次没有为天命真女任何一位成员担任经纪人。抛开凯莉和米歇尔的解约不谈，碧昂丝的离开对马修精心建立的帝国以及他所有的骄傲和幸福都是沉重的打击。

碧昂丝的声明简洁得当。她说：“我感谢父亲教会我的一切。从小到大，我看着我的父母一步步建立他们自己的事业。他们非常努力，我将紧跟他们的步伐。他永远是我的父亲，我深爱我的父亲。”尽管马修出轨的事情对父女的感情产生一定影响，但是他们之间的关系是不会改变的。碧昂丝发自内心地感谢父亲为她所做的一切。正如查克·D在《梦碎大道》(*Boulevard of Broken Dreams*)中所言:“马修和碧昂丝的关系犹如大树一样坚固,无论发生什么事,都无法影响他们的关系。”

第二天,马修通过美联社(Associated Press)发表了他的个人声明:“作为一名将近30岁的女性,她希望能掌控自己的事业,这完全可以理解。我认为,碧昂丝现在是一流的艺术家,无论是作为父亲还是经纪人,我都为她感到高兴。”

马修计划全力打造音乐世界娱乐公司的福音音乐歌手:Trin-i-tee 5:7、迈卡·斯坦普利(Micah Stampley)和瓦内萨·贝尔·阿姆斯特朗(Vanessa Bell Armstrong)。“事业和家庭应该分清楚。我爱我的女儿,我为她和她取得的成就感到骄傲,我期待她的事业能够更上层楼。”

早在2003年,碧昂丝就有意与马修解除经纪关系。在接受《观察家》报采访时,她说:“人越长大,就越希望掌握自己的命运。当我们17岁时,会依赖很多人,他们可以为我们做很多决定。但是现在,我的日程表上的所有记录,杂志、视频、制片人、导演,包括我专辑中的歌曲,每一件事和我息息相关,所以我才愿意去做。另外,我也没有时间让父亲替我做决定。”

但是,这也正如《追梦女郎》中的蒂娜·琼斯打算与她的经纪人兼爱人柯蒂斯·泰勒脱离经纪关系时内心的挣扎。“蒂娜需要自由,但是她完全沦陷在柯蒂斯为她制造的梦想中。”碧昂丝接受《今日美国》采访时说。为专辑《双面碧昂丝》挑选的70首歌曲中的《控制》这首歌,也可以看作是碧昂丝对父亲的暗示。

碧昂丝的官方网站对此事并未报道。2011年3月28日,为支援在2011年3月遭受地震、海啸和核泄漏侵袭的日本东北部地区,碧昂丝的官方网站宣布将歌曲《无可取代》捐给iTunes的“日本特辑”(*Songs for Japan*)。

☆

5 月 9 日，碧昂丝宣布，她将加入由美国第一夫人米歇尔·奥巴马和美国国家广播公司联盟教育基金会(The National Association of Broadcasters Education Foundation)发起的一场以“让我们动起来，为了孩子的健康，全美行动起来”为口号的全国范围的活动，此次活动旨在帮助青少年远离肥胖的烦恼。碧昂丝再次录制了专辑《诞生日》中的歌曲《贴身热舞》，并重新命名为《舞动你的身体》，还在结尾加入了《挥动美国国旗》(*Wave the American Flag*)中的片段。这首歌曲的 MV 很快问世，片中青少年聚在一起跳舞、运动。不久，碧昂丝也为这首歌曲录制了示范舞蹈动作。“能参加这次活动，我很激动，”她说，“第一夫人米歇尔·奥巴马发起的这次活动特别有意义，同时，美国国家广播公司联盟教育基金会为青少年做出的努力也令人赞叹。”5 月 3 日，由碧昂丝录制的 MV 正式与观众见面，片中碧昂丝穿着高跟鞋在学校的食堂中大秀舞姿，在她身旁与她一起跳舞的则是身材各异的学生们。

5 月初，米歇尔·奥巴马在访问华盛顿特区的爱丽丝·蒂尔初级中学时也跳起了《舞动你的身体》，并被录制下来。她说：“碧昂丝是我最喜爱的艺术家之一。当她答应为这首歌曲录制舞蹈时，我特别高兴，因为这就是我们的目标：让运动变得更有趣。这支 MV 是以舞蹈的方式让孩子们动起来。”

从 2011 年 3 月到 5 月，全球媒体似乎都在关注碧昂丝的新动向。与马修解约的消息发布后，有传言称碧昂丝的新专辑将在格拉斯顿伯里音乐节举行时发行。据说，此次碧昂丝将返璞归真，回归她自己的音乐风格。3 月，在宣布与马修解约的同一个星期，有媒体拍到碧昂丝在新泽西的一家酒店与艾伦·凡·安乌尔斯(Ellen Von Unwerth)为新专辑拍摄照片。碧昂丝梳着金色的长直发，穿着粗棉布的连衣裤和一件栗色的狐狸皮外套，这样的装扮使碧昂丝看起来更成熟。

2010年12月，碧昂丝在陪同Jay-Z为U2在新西兰和澳大利亚的演出担任嘉宾时，为索尼音乐澳大利亚公司的总经理丹尼斯·翰德林（Denis Handlin）演唱了一些歌曲的小样。“这真是太棒了”，翰德林说，“她为我们表演了专辑中的6首歌曲。她想通过这张唱片做一次大型的巡回演出……对这些歌曲，我能给出的最恰当的描述就是‘创新’。她已经进入更高水准的级别了。”

碧昂丝提前发布的声明证实，她确实在新专辑中加入了代表自己的音乐风格，这是她在前三张专辑的基础上，再次迈出的理性一步。“我觉得我并不是创造一种新的音乐形式，”接受采访时，碧昂丝说，“我将自己喜欢的音乐体裁进行融合，每一种体裁都给了我灵感……我不会把自己局限在一个框内。这种音乐不是R&B，不是典型的流行音乐，也不是摇滚，仅仅就是我钟爱的各种元素的大融合。”接受MTV台采访时，碧昂丝说，她的新专辑受到了她目前正在听的音乐的影响。“当然肯定有费拉·库蒂的音乐。我听音乐很随意，有很多人的，像劳伦·希尔、史蒂维·旺德，还有迈克尔·杰克逊的《墙外》……我将所有这些音乐元素融合在了一起。”

2011年4月4日，英国媒体铺天盖地的都是关于碧昂丝为新单曲《玩转世界》拍摄MV的报道。据称，碧昂丝从世界各地召集了200名舞蹈演员，耗资6万英镑，在加利福尼亚州的莫哈韦沙漠为新单曲拍摄MV。曾执导《玩美当家》的弗朗西斯·劳伦斯担任此次MV的导演。“这将是一部大作，”接受MTV台采访时，劳伦斯说，“这支MV会成为碧昂丝最重要的MV之一。我可以保证，这首歌曲绝对是一首超凡脱俗的作品。”

2011年，由戴维德·泰勒、碧昂丝和谢尔·泰勒共同创作的《玩转世界》在iTunes发布，这首动感的歌曲使音乐的旋律让位于旋转的节拍和精心编排的演唱。这首主要由人声和电子节拍构成的歌曲汇集了碧昂丝、泰勒、纳什、尼克·范德沃(Nick ‘Afrojack’ van de Wall)、韦斯利·潘茨(Wesley ‘Diplo’ Pentz)和阿迪加·帕米尔(Adidja Palmer)的创作才智。灵感来源于狄普罗(Diplo)的《Pon de Floor》和纳什的制作团队Major Lazer。这首大胆无畏的未来主义歌曲采用了硬派的金属风格，是碧昂丝对女性赋权的又一次呐喊。歌曲中，很容易听出狄普罗、纳什和M. I. A. 的影子。

《乡村之声》评论道："这首歌开头咏唱'女孩'的校园合唱团式的演唱和军乐队的鼓点听上去像威露·史密斯(Willow Smith)的歌曲。要知道，今年9月碧昂丝就30岁了。但是当她的声音慢慢出现时，你会发现，这就是她的音乐。"《滚石》杂志认为，"碧昂丝放弃了时尚的声音——没有采用欧洲迪斯科的电子合成音，而是转向了狄普罗和纳什的强劲的舞曲节奏。这是一种来自心底的女性主义的释放"。该杂志还注意到，当碧昂丝发行专辑的时候，流行音乐市场也不平静：Lady Gaga、泰勒·斯威夫特、凯蒂·佩里、蕾哈娜，甚至是复出的布兰妮·斯皮尔斯都在2011年的上半年发行了唱片或举办了巡回演出。碧昂丝敏锐地嗅到了流行音乐市场的新动向，所以《玩转世界》MV的大张旗鼓就是为了给碧昂丝的新专辑造势。2011年5月，在与《公告牌》杂志谈到这首单曲时，碧昂丝说："这次的尝试肯定会更冒险。但是我一听到这首歌就喜欢上了它，因为它太特别了：有一丝非洲的味道、一点电子音乐的风格还有一些未来主义的元素。这首歌曲给了我灵感，能让我把我所喜爱的不同文化和时间的元素都融合在一起。尽管有些音乐根本无法相融，但是我不喜欢一成不变。我始终在尝试不同的风格，一直在与主流背道而驰，我要用自己喜欢的音乐创造出新的声音。我做完一件事,就要为自己制定更高的目标。这就是我能拥有今天这样的事业和成就的原因。”然而这首歌曲并没有受到排行榜的青睐,在英国排名第11位,而在美国仅排名第33位。

这首歌曲的MV于2011年5月18日在《美国偶像》节目中首播。几天后,碧昂丝宣布,她的新专辑叫作《4》,就像曾经的齐柏林飞船(Led Zeppelin)和“外星人”(Foreigner)一样。劳伦斯执导的MV果然不负众望,承载着碧昂丝的标志性理念,带领着这张专辑走向了一个新的高度。

☆

当英国正在度过闷热又令人倦怠的复活节假期时,媒体小报正趁着专辑《4》的发行,对在巴黎度假的碧昂丝和Jay-Z一路追踪。巴黎是碧昂丝最喜欢的城市之一,她一直希望能去巴黎度假。碧昂丝在巴里富凯耶尔酒店的阳台上,尽情享受着艾弗尔铁塔的美景。各路媒体(尤其是《每日邮报》)一再将碧昂丝与迈克尔·杰克逊相比较,这仅仅是因为碧昂丝在休假期间曾到过巴黎的迪士尼主题乐园。

就在这个周末,最子虚乌有的一条报道就是《每日星报》(*Daily Star*)的报道,一位“发言人”称碧昂丝和Jay-Z将于4月29日在威廉王子和凯特·米德尔顿(Kate Middleton)的婚礼上演唱《疯狂的爱》,因为威廉和凯特都是碧昂丝和Jay-Z的忠实歌迷,“还有什么比邀请自己的偶像为婚礼献唱更特别呢?”碧昂丝很快澄清了这条传闻,但是这也足以显示碧昂丝和她丈夫的实力和品牌效应。

然而就在这场英国皇室婚礼举行的前一天,英国《卫报》报道,美国软件开发公司Gate Five对碧昂丝提起诉讼,声称碧昂丝“一时兴起的决定损害了公司的商业利益”。该公司曾与碧昂丝联手打造一款游戏，在游戏中玩家可以与虚拟的碧昂丝共舞《单身女郎》和《疯狂的爱》。任天堂的 Wii 游戏机、索尼的 PS 游戏机和微软公司开发的“歌唱明星”“吉他英雄”和“摇滚乐队”等互动类游戏为该行业带来了丰厚的利润。然而，2010 年 12 月，碧昂丝突然变卦，使该公司被迫在圣诞节前解雇了 70 名雇员。该公司的律师称，碧昂丝已经同意了合作条款，但是她“随意要求增加利润”，并且后来单方面终止合作，使得该公司遭受巨额损失。Gate Five 公司的创始人格里·伊斯利（Grey Easley）称，他将陆续披露“更多碧昂丝违约的细节”。

然而人们却无暇顾及那些所谓的“细节”。5 月 5 日，有报道称，碧昂丝将受邀参加在苏格兰金罗斯市的巴拉多公园举行的有着苏格兰的“格拉斯顿伯里”之称的“公园音乐节”。与碧昂丝一同参加此次音乐盛会的有北极猴子乐队（Arctic Monkeys）、酷玩乐队、喷火战机乐队（Foo Fighters）、果浆乐团（Pulp）、鼓击乐团、B 计划乐队（Plan B）、手创乐团（The Script）、Slash、蒂尼·坦帕（Tinie Tempah）和汤姆·琼斯（Tom Jones）。同时宣布的另一条消息称，碧昂丝也将受邀参加第二天晚上在都柏林举行的“氧气音乐节”（Oxegen festival）。看来，在离开马修后，碧昂丝开始了她的摇滚梦。

当天晚上，碧昂丝参加了英国金牌主持人皮尔斯· 摩根（Piers Morgan）主持的《皮尔斯今夜秀》，表演了在奥巴马总统竞选时她曾演唱的李·格林伍德的歌曲《天佑美利坚》。就在这个星期，美国的一支海豹突击队在巴基斯坦的阿伯塔巴德被奥萨马·本·拉登（Osama Bin Laden）杀害。当“作为美国人，我感到骄傲，至少这里有我的自由”的歌声响起时，碧昂丝的这次演出被赋予了更重大的意义。随后，这首歌曲立即在 iTunes 上发行。在《玩转世界》的反叛后，这首歌曲为碧昂丝在保守派的阵营中保留了一席之地。

5月5日，奥巴马总统在曼哈顿的世贸大厦遗址为受害者献上了圣洁的花环。当天，碧昂丝也发表了声明，她说："我们都为'911'事件感到深深的悲痛，我们一直努力让那些失去至亲的人们能够感受到温暖。李·格林伍德，这首歌曲的作者也在尽心尽力地帮助'911'事件的受害者。感谢皮尔斯·摩根，感谢CNN，感谢你们能将这些信息传递给每一位美国同胞。"

☆

2011年6月，碧昂丝的第四张专辑《4》正式发行。这张专辑再次启用了大量优秀的制作人，包括狄普罗和DJ戴夫·泰勒(Dave Taylor)。在接受《公告牌》采访时，碧昂丝说，"我们每个人都有一个幸运数字，我的幸运数字就是4，因为4不仅是我的生日数字，也是我妈妈和我许多朋友的生日数字，而且4月4日是我的结婚纪念日。"2011年5月，在索尼唱片纽约总部举行的视听派对上，碧昂丝透露说，她为新专辑收集了72首歌曲，目前正在认真的挑选中。

在制作新专辑时，曾有消息称，碧昂丝将参演她的第四部电影——由克林特·伊斯特伍德(Clint Eastwood)执导的《星海沉浮录》(*A Star Is Born*)。这部由朱迪·加兰(Judy Garland)主演的电影在1954年红遍美国，讲述了一位事业蒸蒸日上的歌手与一位正在走下坡路的歌手之间的情感纠葛。"真是梦想成真了，我真的不敢相信这是真的，"2011年5月接受MTV台采访时，碧昂丝说，"克林特·伊斯特伍德绝对是一流的导演，能参演这部电影，我感到很荣幸，也受宠若惊。我并不急于拍我的下一部电影，除非是真的适合我的影片。但我现在希望马上开始工作。"2011年下半年，这部电影正式开拍。而碧昂丝的故事并没有结束……

后记

永远？

此刻，我很清楚自己是谁，我觉得没有必要把自己限制在某个领域。
我不怕冒险——任何人都无法给碧昂丝下定义。

碧昂丝，2011 年

题记中的引言便是典型的碧昂丝风格。自出道后的 15 年来，她在公众的关注中不断成长。从一些小的叛逆行为，例如在 MV 里吸烟、穿胸前印着“去他妈的朋克”字样的 T 恤到约会（并嫁给）饶舌歌手 Jay-Z 都是她反叛与成熟的标志。如今家庭美满的她，已成为一位 30 岁的熟女，不再是那个高唱着“不，不，不” 的 17 岁叛逆少女；她也过上了那种她曾经只在休斯敦的美发沙龙里听人们谈起过的生活。

如今，碧昂丝已成为一种全球现象。她拥有一个享誉全球的品牌。斯塔福德郡大学的埃利斯·卡什莫尔教授在他的论文《购买碧昂丝》中这样写道：

“碧昂丝不只是向我们贩售这些产品。在销售的过程中，她其实还卖给我们一些别的东西，一些能平衡白人负疚感的东西。在这个种族歧视仍旧存在的美国社会里，碧昂丝就像一个广告，让人们觉得种族主义已经不再是挥之不去的可怕怪物，而像是虽然惹人厌但起码能被赶走的蚊子。”

在碧昂丝走红的同时，音乐的传播方式也经历了急速的转变。在她刚出道时，网络刚刚兴起，从万维网时代到有了 Facebook(2004)、YouTube(2005) 再到 Twitter(2006)。途中的每一步，碧昂丝的团队及其所属的索尼唱片都确保能够覆盖所有网络平台，通过它们来向大众宣传碧昂丝的作品。在本书写作时，碧昂丝在 Twitter 上的粉丝已逾百万，而 Facebook 的粉丝数已升至 20,134,543 人。

据说，在 2005 年组合解散时，天命真女的主页里有每位成员的个人主页链接。考虑到网络的瞬息万变，没有人认为这几个网站能长期存活下去。可是到了 2011 年，当你再次点进这些网址，便会发现碧昂丝的主页依然很活跃。凯莉·罗兰和米歇尔·威廉姆斯的事业发展得也很成功，可是即便是在她们的事业巅峰期也无法与碧昂丝的成就相比。

碧昂丝与 Jay-Z 的关系也引起了人们的广泛关注。2008 年，《每日电讯报》写道：“她的婚姻有一些引人注目的地方。Jay-Z 与她的结合，是来自布鲁克林阴暗面的、曾经的毒贩子和骗子与来自得克萨斯州优渥地区上等学校的、虔诚、清白又努力的女孩的结合。他们一起开创出黑人艺人的新图景，并有了巨大的飞跃——从仅仅是娱乐公司的员工变成自主独立的老板。”在一切事物瞬息万变的今天，碧昂丝和 Jay-Z 经营事业和感情的方式令人耳目一新。在 2010 年的自传《解码》中，Jay-Z 除了间接地在自己歌词的脚注中标着“共同作战搭档接唱”外，一次也没有提到碧昂丝。在“一切早已有迹可循，就像我的夫人，对吗宝贝？”这一句歌词的脚注中，简单写着“《有迹可循》是天命真女的专辑名”。

评论家莫拉·约翰斯顿（Maura Johnston）在《乡村之声》杂志中提出了一个有趣的理论，即碧昂丝不断上升的事业与唱片业不断下滑的趋势相互对映。“可以说，流行音乐的过度扩张是对唱片业一落千丈现象的合理解释，竞争对手不止来自本行业，还有其他娱乐业（电视、游戏、网络社交）。这一做法试图获得最大的参与度，有点像是你们街区里的面包店经营不善，于是就决定再装一个酸奶冷冻机或卷饼计数器之类的。事实就是这样。但是，这样就能满意吗？”时间会告诉我们，碧昂丝对此是否满意，但是，她的出道时间已经超过了 TLC 组合、美声姊妹合唱团和风尚合唱团等，而这些人只是她早期的同行和灵感的来源。

“这是工作。在现实生活中我并不是这样。”2004 年《滚石》杂志专访中的这句话给她的批评者落下口实，认为她并不诚心唱歌，而是在作秀。从 10 岁开始就是歌手的她，由于成熟的外表和造型，使大家常常误认为她比实际年龄要长一些。对此，她自己也感到惊讶。到现在为止，她已经有 20 年的职业生涯了。2011 年 3 月她告诉《时尚》杂志：“我从来没有想过我会如此成功。我以为发一张专辑就够了不起了，我没想到能有今天这一切。我从没想过得奖、拍电影……我至今仍无法相信。我对一切都很感激，并没有觉得理所当然。我做每一件事都会全力以赴。”

上世纪 90 年代，她的父母马修和蒂娜在休斯敦为她制定了人生规划，从此她过上了与普通青少年不一样的生活。她只能不断练习，力争上游。而 2011 年 9 月，当她 30 岁的时候，付出的一切都有了回报。她拥有了如戴安娜·罗斯和艾瑞莎·富兰克林等前辈所拥有的光环和名望，但是她从来都不会要大牌。她的歌曲传遍全球，而她那种积极向上、勇往直前的形象，和她辛勤工作、彬彬有礼、保证高水准演出的品格，也成为无数人的榜样。

碧昂丝完成了她在还是刚出道的新人时立下的所有目标。尽管那些目标于一个年轻女孩而言是那么遥不可及。可是，她的音乐虽有变化，但她所忠实的核心信仰一直都没有动摇。“力量是幸福，力量也是努力和牺牲。于我而言，一切的一切就是树立一个榜样，不浪费你的力量！你要始终保持谦逊的态度：我希望看到你是如何被榜样带动而不是被恐惧牵着走的。去埃及的那次经历对我影响特别大。在那里，日落后女人就不出门了，这种反常的现象对我来说很新奇也很震撼。我在街上遇到的全是男人，他们在酒吧社交，在清真寺做祷告——没有一个女人。当我在舞台上表演时，当那些女性从我的音乐中获得力量时，我觉得特别骄傲。还有，我记得天命真女在日本推出《玩美当家》时，那里的女性都觉得，有自己的工作、能够独立思考、有自己的目标的感觉特别好。这样的感觉真的很棒，同时，也使我意识到从更深的层面去激励女性同胞们也是我的责任之一。”即使大家对她的生活和事业有着诸多猜测，碧昂丝仍然保持着她纯真的一面。

而她只有30岁。

她“疯狂的爱”，定能搅动最坚硬的心。

作品列表

1. 专辑

天命真女专辑

《天命真女》

哥伦比亚唱片公司，1998 年

01 Second Nature 第二天性

02 No, No, No Part II 不，不，不 II

03 With Me Part I 和我在一起 I

04 Tell Me 告诉我

05 Bridges 桥

06 No, No, No Part I 不，不，不 I

07 With Me Part II 和我在一起 II

08 Show Me the Way 让我知道

09 Killing Time 消磨时光

10 Illusion 幻觉

11 Birthday 生日

12 Sail On 起航

13 My Time Has Come 我的时刻已到来

14 Know That 懂得

15 You're the Only One 你是唯一

16 No, No, No (Camdino Soul Extended Remix) 不,不,不(卡米诺灵魂超长混音版)

17 DubiLLsions

《有迹可循》

哥伦比亚唱片公司,1999 年

01 Intro (The Writing's on the Wall) 序曲

02 So Good 如此美妙

03 Bills, Bills, Bills 账单满天飞

04 Confessions 忏悔

05 Bug a Boo 烦人精

06 Temptation 诱惑

07 Now That She's Gone 既然她已离开

08 Where'd You Go 你去了哪里

09 Hey Ladies 嗨,女士们

10 If You Leave 如果你离开

11 Jumpin, Jumpin 跃跃欲试

12 Say My Name 呼唤我

13 She Can't Love You 她不爱你

14 Stay 留下

15 Sweet Sixteen 甜蜜十六岁

16 Outro (Amazing Grace... Dedicated to Andretta Tillman) 尾声(奇异恩典……献给安德莱塔·蒂尔曼)

17 Get on the Bus 搭公车

《百战娇娃》

哥伦比亚唱片公司,2001 年

01 Independent Women 玩美当家

02 Survivor 百战娇娃

03 Bootylicious 秀色可餐

04 Nasty Girl 野丫头

05 Apple Pie à la Mode 冰淇淋苹果派

06 Sexy Daddy 性感老爸

07 Perfect Man 完美男人

08 Independent Women Part II 玩美当家 II

09 Happy Face 幸福的笑脸

10 Dance With Me 与我共舞

11 My Heart Still Beats 我的心依然为你跳动

12 Emotion 爱恋心情

13 Brown Eyes 棕色眼眸

14 Dangerously in Love 危险的爱

15 The Story of Beauty 美的故事

16 Gospel Medley 福音组曲

17 Outro (DC - 3) Thank You 尾声(天命真女)谢谢你

《快乐的圣诞节》

音乐世界娱乐公司/哥伦比亚唱片公司,2001 年

01 8 Days of Christmas 快乐的圣诞节

02 Winter Paradise 冬季天堂

03 A'DC' Christmas Medley 天命真女圣诞组曲

04 Silent Night 平安夜

05 Little Drummer Boy 小鼓手

06 Do You Hear What I Hear 听我所听

07 White Christmas 白色圣诞节

08 Platinum Bells 白金钟

09 O'Holy Night 噢,圣诞夜

10 Spread a Little Love on Christmas Day 圣诞节献爱

11 This Christmas 这个圣诞

12 Opera of the Bells 钟声歌剧

13 The Proud Family 荣耀家族

《最新混音畅销精选》

哥伦比亚唱片公司,2002 年

01 No, No, No II 不,不,不 II(怀克里夫·吉恩超长版)

02 Emotion 爱恋心情(海王星二人组混音版)

03 Bootylicious 秀色可餐(蓝调摇滚版)

04 Say My Name 呼唤我(提姆巴兰版)

05 Bug a Boo 烦人精(流亡者组合与怀克里夫·吉恩改编)

06 Dot 圆点(埃罗尔·波比的混音版)

07 Survivor 百战娇娃(达·布莱特超长混音版)

08 Independent Women Part II 玩美当家 II

09 Nasty Girl 野丫头(莫里斯的新灵魂乐混音电台版)

10 Jumpin', Jumpin' 跃跃欲试(杰曼·杜普利、达·布莱特和里尔·鲍沃的超长混音版)

11 Bills, Bills, Bills 账单满天飞(莫里斯的特别现场混音版)

12 So Good 如此美妙(莫里斯的灵魂乐混音版)

13 Heard a Word 听到

《魅行天下》

索尼城市音乐/哥伦比亚唱片公司,2004 年

01 Lose My Breath 无法呼吸

02 Soldier 真爱斗士

03 Cater 2 U 只为你

04 T-Shirt T 恤

05 Is She the Reason 原因是她吗

06 Girl 女孩

07 Bad Habit 坏习惯

08 If 如果

09 Free 自由

10 Through with Love 结束爱

11 Love 爱

12 Game Over 游戏结束

《最好的》

索尼城市音乐/哥伦比亚唱片公司,2005 年

01 Stand Up for Love 为爱守护

02 Independent Women 玩美当家

03 Survivor 百战娇娃

04 Soldier 真爱斗士

05 Check on It 玩美心机

06 Jumpin', Jumpin' 跃跃欲试

07 Lose My Breath 无法呼吸

08 Say My Name 呼唤我

09 Emotion 爱恋心情

10 Bug a Boo 烦人精

11 Bootylicious 秀色可餐

12 Bills, Bills, Bills 账单满天飞

13 No, No, No II 不,不,不 II

14 Cater 2 U 只为你

15 Feel the Same Way I Do 你我同心

个人专辑

《危险的爱》

哥伦比亚唱片公司,2003 年

01 Crazy in Love 疯狂的爱

02 Naughty Girl 调皮女孩

03 Baby Boy 小男孩

04 Hip Hop Star 嘻哈明星

05 Be with You 在一起

06 Me, Myself and I 我、我和我自己

07 Yes 是的

08 Signs 星座

09 Speechless 无言以对

10 That's How You Like It 这就是你所爱的

11 The Closer I Get to You 愈来愈近

12 Dangerously in Love II 危险的爱 II

13 Beyoncé Interlude 碧昂丝的插曲

14 Gift from Virgo 来自处女座的礼物

15 Work It Out 妙不可言

16 03 Bonnie & Clyde 03 邦妮和科莱德

《诞生日》

索尼城市音乐/哥伦比亚唱片公司,2006 年

01 Déjà Vu 似曾相识

02 Get Me Bodied 贴身热舞

03 Suga Mama 甜心女孩

04 Upgrade U 提升自己

05 Ring the Alarm 敲响警钟

06 Kitty Kat 爱情小猫

07 Freakum Dress 魔力裙

08 Green Light 绿光

09 Irreplaceable 无可取代

10 Resentment 恨

11 Listen 听(献给歌迷的歌)

《双面碧昂丝》

音乐世界娱乐公司/哥伦比亚唱片公司,2008 年

CD1 我是……

01 If I Were a Boy 如果我是一个男孩

02 Halo 光环

03 Disappear 消失

04 Broken-Hearted Girl 伤心女孩

05 Ave Maria 万福玛利亚

06 Smash into You 疯狂爱上你

07 Satellites 卫星

08 That's Why You're Beautiful 为何你如此美丽

CD2 萨沙·菲尔斯

01 Single Ladies (Put a Ring on It) 单身女郎

02 Radio 无线电台

03 Diva 玩美女神

04 Sweet Dreams 甜蜜的梦

05 Video Phone 视频电话

06 Hello 你好

07 Ego 自我

08 Scared of Lonely 害怕寂寞

《我是……全球巡演》

音乐世界娱乐公司/哥伦比亚唱片公司，2010年

01 Intro 开场曲

02 Crazy in Love 疯狂的爱

03 Naughty Girl 调皮女孩

04 Tomorrow I Am ... Sasha Fierce 明天我是萨沙·菲尔斯

05 Freakum Dress 魔力裙

06 Get Me Bodied 贴身热舞

07 Smash into You 疯狂爱上你

08 Ave Maria 万福玛利亚

09 Broken-Hearted Girl 伤心女孩

10 If I Were a Boy / You Oughta Know 如果我是一个男孩/你应该知道

11 Robot 机器人

12 Diva 玩美女神

13 Radio 无线电台

14 Socks & Stilettos 袜子与高跟鞋

15 Ego 自我

16 Hello 你好

17 Sasha vs Beyoncé 萨沙对战碧昂丝

18 Baby Boy / You Don't Love Me, No No No 小男孩/你不爱我(不,不,不)

19 Irreplaceable 无可取代

20　Check on It 玩美心机

21　Bootylicious 秀色可餐

22　Upgrade U 提升自己

23　Video Phone 视频电话

24　Are You Filming Me with That? 你拍我了吗

25　Say My Name 呼唤我

26　At Last 最后

27　Listen 听

28　Single Ladies (Put a Ring on It) 单身女郎

29　Halo 光环

《4》

帕克伍德娱乐公司/哥伦比亚唱片公司，2011 年

01　1+1

02　I Care 我在意

03　I Miss You 我想你

04　Best Thing I Never Had 从未拥有过的幸福

05　Party 派对

06　Rather Die Young 不能没有你

07　Start Over 从头再来

08　Love on Top 真爱至上

09　Countdown 倒数计时

10　End of Time 结束

11　I Was Here 我在这里

12 Run the World (Girls) 玩转世界

2. 电影作品

《卡门:嘻哈歌剧》

MTV台,2001年

导演:罗伯特·汤森

角色:卡门

《王牌大贱谍之决战金盟友》

新线影业,2002年

导演:杰伊·罗奇

角色:福克希亚·克里奥佩特拉

《亿万唱诗班》

派拉蒙电影公司,2003年

导演:乔纳森·林恩

角色:莉莉

《消失在黑暗中》

派拉蒙经典影片,2004年

导演:帕特里克·鲍尔森,迈克尔·约翰·沃伦

角色:碧昂丝

《粉红豹》

米高梅电影公司,2006年

导演:肖恩·利维

角色:哈尼亚

《追梦女郎》

派拉蒙电影公司,2006 年

导演:比尔·康顿

角色:蒂娜·琼斯

《蓝调传奇》

哥伦比亚三星电影集团公司/索尼影业,2008 年

导演:达内尔·马丁

角色:埃塔·詹姆斯

《惊心迷情》

幕宝影业公司/索尼影业,2009 年

导演:史提夫·希尔

角色:莎伦·查尔斯

特别感谢

在本书的编写过程中，得到了各界人士的支持，特此感谢：

致朱尔斯和弗洛拉，本书得以完成有你们一半的功劳；

致 Easleas and Absaloms 所有成员；

致格雷厄姆·詹姆斯·布朗先生、温迪、南森和凯蒂；

致沃尔斯坦顿文化中心以及地滨海利组；

致克里斯·查尔斯沃斯先生、戴维德·巴勒克拉夫先生以及露西·比弗小姐；

致查克威尔公园、滨海绍森德铁路宾馆；

致 Curly Dan and DanTan Clan、大师亚当、雷切尔、西蒙、Southern Fi、Chadders™、Hammo™、JC、Uncle Al、BMK、Bernobie、Andreas Straße、TFH、Selv、Pete、Debs and Tiny Pete、Andy、Ronnie、Harland、Amelia、Isaac、Nicky 和 Jazz Magus；

致 RC、《Mojo》杂志、环球音乐专业市场部、bbc. co. uk 和 big love；

致奈杰尔、杰森、海伦、利博斯特、休伯特、马帕；

致乔治和艾薇；

致 FM Switch Off，希望你们能继续用迪斯科的节奏演奏反迪斯科音乐。

参考文献

主要文献资料来源

Arenlfsky, Janice. *Beyoncé Knowles: A Biography* (Greenwood Press, Westport 2009)

Boyrer, Paul S., Clark Jr., Clifford E., Kett, Joseph F., Salisbury, Neal, Sitkoff, Harvard and Woloch, Nancy (eds.). *The Enduring Vision: A History Of The American People* (D. C. Heath, Lexington, Toronto 1996)

Bronson, Fred. *The Billboard Book Of Number 1 Hits: Updated and Expanded 5th Edition* (Billboard Books, New York, NY 2003)

Carter, Shawn (Jay-Z). *Decoded* (Virgin Books, London 2010)

Colson, Mary. *Beyoncé: A Life In Music* (Raintree, London 2011)

Dickson, Paul. *From Elvis To E-Mail: Trends, Events And Trivia From The Postwar Era To The End Of The Century* (Federal Street Press, Springfield, MA 1999)

Guenin, Chaya. *The Beyoncé Handbook: Everything You Need To Know About Beyoncé Knowles* (Creative Commons Attribution-Share Alike 3. 0 Unported, LaVergne, TN 2010)

Keener, Rob and Pitts, George. *VX: 10 Years Of Vibe Photography* (Vibe Books, New York, NY 2003)

Knowles, Beyoncé, Rowland, Kelly, Williams, Michelle and Herman, James Patrick. *Soul Survivors: The Official Autobiography Of Destiny's Child* (Boxtree, London 2002)

Kutner, Jon and Leigh, Spencer. *1000 UK Number One Hits* (Omnibus Press, London 2005)

Larkin, Colin. *The Virgin Encyclopedia Of Popular Music, Concise Fourth Edition* (Virgin, London 2002)

Morley, Paul. *Words And Music—A History Of Pop In the Shape Of A City* (Bloomsbury, London 2003)

Seymour, Craig. *Luther: The Life And Longing Of Luther Vandross* (Harper Entertainment, New York, NY 2004)

Shapiro, Peter. *The Rough Guide To Hip-Hop* (Rough Guides, London 2001)

Southall, Brian. *The A - Z Of Record Labels, Second Edition* (Sanctuary Publishing, London 2003)

Walker, John. *Halliwell's Film Video &DVD Guide 2006* (Harper Collins, London 2006)

主要报刊资料来源

Many publications including *Vibe*; *The Metro*; *The Times*; *The Sunday Express*; *Time Out New York*; *Muzik*; *The Independent*; *Billboard*; *The Mirror*; *Q*; *Mojo*; *New Musical Express*; *Clash Magazine*; *The Guardian*; *The LA Times*; *Uncut*; *Ebony*, *Newsweek*; *Houston Chronicle*; *People Magazine*; *USA Today*; *Entertainment Weekly*; *Essence*; *News Of The World*

Cashmore, Ellis. 'Buying Beyoncé', *Celebrity Studies* 1:2,135 - 50(2010)

视频资料

The Beyoncé Experience Tour 2007 Programme

网络资料

4 information: www. billboard. biz/bbbiz/others/features/beyonce-q-a-the-billboard-music-awards-millennium-1005176882. story

Bassplayer: www. bassplayer. com/article/beyonces-deja-vu/dec-06/24360

BBC:

Review: www. bbc. co. uk/music/reviews/55jw

Destiny's Child lawsuits: news. bbc. co. uk/1/hi /entertainment/3203417. stm

BC Jean: www. songwriteruniverse. com/bcjean123. htm

***B'Day* reviews**:

Boston Globe: www. boston . com/news/globe/living/articles/2006/09/04/04 beyonce shows rage and range on new release/

Classic Web: classicweb. archive. org/web/20071015051436/http://musicworldentertainment. com/beyonce. php

Billboard:

Chart history: www. billboard. com/#/artist/Destiny%27s+Child/chart-history/248498?f=379&g=Singles

Mathew Knowles: http: // www. billboard. biz/bbbiz/industry/legal-and-management/beyonce-s-father-mathew-knowles-is-no-longer-1005097802. story

Mathew Knowles split: www. billboard. biz/bbbiz/industry/legal-and-management/mathew-knowles-says-split-with-beyonce-shows-1005099342. story? utm_source=twitterfeed&utm_medium=twitter

Sanctuary buys MWE: http://books. google. co. uk/books?id=GREEAAAAMBAJ&pg=PA10&lpg=PA10&dq=date+of+destiny's+child's+initial+contract+with+sony+music&source=bl&ots=hPYmBm6B8m&sig=8yZRndeS4U4VLkKhYHXxESojnAA&hl=en&ei=V5GhTbHVEcbJhAfmt8n 1 BA&sa=X&oi=book result&ct=result&resnum=6&ved=0CD0Q6AEwBQ#v=onepage&q&f=false

Blackface: www. usmagazine. com/stylebeauty/news/beyonce-gets-flack-for-blackface-photo-shoot-2011242

Cadillac Records reviews:

New York Daily News: http://www. nydailynews. com/entertainment/movies/2008/12/05/2008-12-05 cadillac records takes a greatesthits ap. html#ixzzILqOasNYc

New York Magazine：nymag. com/movies/reviews/52586/

Daily Telegraph：www. telegraph. co. uk/culture/music/3563004/Beyonce-dream-girl. html

***'Déjà Vu'* controversy**：www. petitiononline. com/dejavu06/petition. html

Entertainment Weekly：

The Writing's On The Wall：www. ew. com/ew/article/0,,272373,00. html

B'Day：www. ew. com/ew/article/0,,1516025,00. html

I Am ...：www. ew. com/ew/article/0,,20237810,00. html

Fat Joe interview：web. archive. org/web/20080224081629/http://www. mtv. com/onair/moviehouse/cameo/16/index. jhtml

Ebony:findarticles. com/p/articles/mi_m1077/is_11_56/ai_77556552/

Ellis Cashmore：www. timesonline. co. uk/tol/news/uk/article566248. ece

Fox News：

B'Day first look：www. foxnews. com/story/0, 2933, 208884, 00. html # ixzz1KeeZNyEt

B'Day:www. foxnews. com/story/0,2933,208884,00. html

Glamour magazine:www. dennishensley. com/Beyonce. htm

Grammy Awards 2004：www. people. com/people/article/0,,627723,00. html

The Guardian：

Beyoncé B'Day：www. guardian. co. uk/music/2006/aug/18/urban. popandrock

Beyoncé Etta James：www. guardian. co. uk/music/2009/feb/06/

beyonce-etta-james-barack-obama

Kelly Rowland：www. guardian. co. uk/music/2003/feb/07/popandrock. artsf eaturesl

Heat perfume :

Advertising Standards ruling: http://www. dailymail. co. uk/tvshowbiz/article-1330408/Beyonce-perfume-advert-sexy-bannded-daytime-TV. html #ixzzlMKCSxgLG

Beyoncé catches Heat: rap. up. com-www. rap-up. com/2009/12/29/beyonce-catches-heat-in-fragrance-ads-#more-34785

Beyoncé perfume: www. beyonceparfums. com/en/gb#/beyonce-heat

Heat sales figures: stylenews. peoplestylewatch. com/2010/03/18/beyoncs-perfume-sells-3-million-in-just-one-month/

Now Smell This: www. nstperfume. com/2010/02/04/beyonce-heat-perfume-review

San José Examiner review of Heat: www. examiner. com/fragrance-in-san-jose/beyonce-heat-rush-eau-de-toilette-review-review

Hollywood: www. foxnews. com/story/0,2933,189491,00. html?sPage=fnc/entertainment/beyonce

House of Deréon: www. houseofdereon. com

Houston Chronicle : www. chron. com/CDA/archives/archive. mpl?id=1992_1074953

Huffington Post : www. huffingtonpost. com/2011/03/28/beyonces-father-mathew-kn_n_841769. html

Ivana Chubbuck: www. chubbucktechnique. com

Jake Wade: www. whosampled. com/sample/view/3359/Beyoncé-Suga%

20Mama Jake%20Wade%20and%20The%20Soul%20Searchers-Searching%20for%20Soul/

Kayt Jones: www. kaytjones. com

The LA Times: http://latimesblogs. latimes. com/music_blog/2008/11/snap-judgment-b. html

Lawsuits: www. greekchat. com/gcforums/archive/index. php/t-14447. html

Lyndell Locke: celeb. wohoo. co. uk/2009/09/beyonce-knowles-ex-boyfriend-lyndell-locke-speaks/

The Mail: http: www. dailymail. co. uk/tvshowbiz/arricle-448400/Diana-Ross-mixed-feelings-Dreamgirls-movie. html#ixzz1lvTAghJa

Metacritic: www. metacritic. com/music/destiny-fulfillde/critic-reviews

Michelle Williams: thatgrapejuice. net/2010/10/michelle-williams-talks-leaving-mathew-knowles-destinys-child-future-plans

Mimi Valdes. *The Metamorphosis*:

http://books. google. co. uk/books?id=tyUEAAAAMBAJ&pg=PA114&lpg=PA114&dq=the+metamorphosis+mimi+valdes&source=bl&ots=IZQUz7ZZ9G&sig=MphJFOZovXwtauZPDs8rADWg-rs&hl=en&ei=RRA4TfnfNo26hAfD4fGLCg&sa=X&oi=book result&ct=result&resnum=1&ved=0CBYQ6AEwAA#v=onepage&q=the%20metamorphosis%20mimi%20valdes&f=false

MTV:

Lady Gaga: www. mtv. com/news/articles/1624883/lady-gaga-talks-about-collaborating-with-beyonce. jhtml

'Destiny's Child: What's Their Destiny': www. mtv. com/bands/archive/d/

destiny00 2/index2. jhtml

Reunion: www. mtv. com/bands/d/destinys child/newsfeature/041108/index. jhtml

Reunion rumours: www. mtv. com/news/articles/1641185/destinys-child-reunion-rumors-quashed-by-beyonces-dad. jhtml

Beyoncé injury: www. mtv. com/news/articles/1491496/beyonce-injured-at-dance-rehearsal. jhtml

Beyoncé recovery: www. mtv. com/news/articles/1492003/beyonce-healing-fast-thanks-serena-williams. jhtml

Beyoncé women: www. mtv. com/news/articles/1534575/beyonce-wants-women-battle-over-her. jhtml

Petition against Halo video: www. mtv. com/news/articles/1536961/fans-petitioning-against-beyonces-new-video. jhtml

Beyoncé releases: www. mtv. com/news/articles/1596573/beyonce-releases-two-tracks-from-i. jhtml

B'Day videos: www. mtv. com/bands/b/beyonce/videos07/news feature 040207/index3. jhtml

Beyoncé and Michael Jackson: www. mtv. com/news/articles/1652928/beyonce-inspired-by-michael-jackson-lauryn-hill-new-album. jhtml

Run The Word(Girls) video: www. mtv. com/news/articles/1662164/francis-lawrence-beyonce-girls-video. jhtml

New music videos: www. mtv. com/news/articles/1596842/beyonce-releases-two-very-different-new-music-videos. jhtml

Newsweek: http://www1. essence. com/news entertainment/entertainment/articles/destinyschildsoulsurvivors#ixzz1EseVE4ZB

New York Times:

Neighborhood Ball: thecaucus. blogs. nytimes. com/2009/01/05/obama-to-attend-neighborhood-ball

Madison Square Garden review: www. nytimes. com/2007/08/06/arts/music/06beyo. html?ex=1344052800&en=c1ef16024c49370c&ei=5088

NME:

Release of *4*: www. nme. com/news/beyonce/55891

Dangerously In Love review: www. nme. com/reviews/beyonce/7130

The Numbers: www. the-numbers. com/movies/2009/OBSES. php

The Observer: www. guardian. co. uk/music/2006/sep/17/shopping4

Obsessed:

New York Daily News review: www. nydailynews. com/entertainment/movies/2009/04/24/2009 - 04 - 24 obssessed. html

Syracuse. com: blog. syracuse. com/moviereviews/2009/04/obsessed_has_fatal_flaws. html

PETA: www. peta. org/b/thepetafiles/archive/2006/11/14/Pink-Reveals-That-Beyonce-Is-a-Bitch. aspx

Pollstar: www. pollstarpro. com/specialfeatures2010/2010MidYearTop50WorldwideTours. pdf

Rob Fusari interview: steveleeds. wordpress. com/2010/02/22/lady-gaga-and-rob-fusari/

RocksBackPages：

Nick Hasted：Destiny's Child/2005/Nick Hasted/The Independent/

Destiny's Child：Earl's Court，London/25/04/2011

Precious Williams：Destiny's Child/2001/Precious Williams/

Evening Standard/Destiny's Child：The Joys Of Child-ish

Behaviour/11/04/2011 08：56：19/http://www. rocksbackpages. com/article. html? ArticleID = 16397 12：35：51/http://www. rocksbackpages. com/article. html?ArticleID=8046

Simon Warner：Destiny's Child/2001/Simon Warner/popmatters. com/

Destiny's Child：*Survivor* (Columbia)/20/01/2011 09：52：00/http://www. rocksbackpages. com/article. html?ArticleID=10659

Roger Ebert：rogerebert. suntimes. com/apps/pbcs. dll/article? AID =/20060209/REVIEWS/60131010/1023

Rolling Stone：

The Rolling Stone Album Guide/Beyoncé：www. rollingstone. com/music/artists/beyonce/albumguide

'Run The World (Girls)'：www. rollingstone. com/music/songreviews/run-the-world-girls-20110427

***Rolling Stone* comments**：http://showbiz. sky. com/jay-z-talks-beyonce

***Rolling Stone*, May 2001**：www. stjohnsdowntown. org/newsite/Date%20With%20Destiny. htm

Screech tape：www. entertainmentwise. com/news/48139/Beyonce-Screech-Tape-Exposed-As-A-Hoax

Sound On Sound/Stargate: www. soundonsound. com/sos/may10 / articles / stargate. htm

Sydneγ Moring Herald : www. smh. com. au/news/cd-reviews/bday/2006/09/08/1157222307561. html

Survivor Foundation: findarticles. com/p/articles/mi_m0EIN/is_2005_Sept_16/ai_n15395927

'Telephone': www. guardian. co. uk/music/2010/mar/12/internet-lady-gaga-provocative-video-telephone

Thierry Mugler: www. marieclaire. co. uk/news/fashion/289751/thierry-mugler-to-design-beyonce-tour. html

Thread: www. thread. co. nz/article/554

The Times: http://entertainment. timesonline. co. uk/tol/ arts and entertainment/music/article6243174. ece

Toronto review: www. eyeweekly. com/music/liveeye/article/66814

Warner Roberts: htexas. com/features/tina-knowles. html

William Carrigan. 'The Complicated Struggle For Civil Rights In Texas After 1865': www. h-net. org/reviews/showpdf. php?id=26456

The village Voice: blogs. villagevoice. com/statusainthood/2006/06/beyonce_and_jay. php

USA Today:

Beyoncé break: www. usatoday. com/life/music/news/2010-01-11-beyonce N. html

Pink Panther review: www. usatoday. com/life/movies/reviews/2006-02-09-panther-review x. htm

B'Day：www. usatoday. com/life/people/2006 – 08 – 30-beyonce-bday x. htm

YOUTUBE HIGHLIGHTS

2003 MTV Awards'Grazy In Love'：

www. youtube. com/watch? v=nVRA6bzQflo

Blackface for *L'Officiel Paris*：www. thehollywoodgossip. com/videos/beyonce-blackface-for-lofficiel-paris

Canadian television 1998：www. youtube. com/watch?v=31IhvRmF7oI&NR=1

E! The Boulevard Of Broken Dreams：www. youtube. com /watch? v = 9I0rInWOp68&feature=related

'Killing Time'：www. youtube. com /watch? v = du UH _ tdJ4v4&feature =fvwrel

Mathew knowles：

ruthlessblogs. com/2011/02/02/in-video-mathew-knowles-talks-family-on-fox's-"american-story"-appointed-to-board-of-trustees-at-fisk-university /

Missy Elliott：www. youtube. com/wathch? v=X2LAN2C1QhE

Pepsi Cola （Britney，Beyoncé，Pink）：www. youtube. com/watch? v = CfxwXneCtEM

Planet Groove：www. youtube. com/watch?v=9dPtOIHexzw&NR=1

Pop Sugar / VMA Awards 2009：www. youtube. com/watch?v=t_25IN71AYU

LP / CD 资料

The Concert For New York City To Benefit The Robin Hood Relief Fund （Sony 2001）